财政部规划教材
“十四五”普通高等教育规划教材
“双一流”专业系列教材

会 计 学

（第2版）

叶志锋 主 编
苏 艺 副主编
李春友 主 审

中国财经出版传媒集团
中国财政经济出版社

图书在版编目（CIP）数据

会计学 / 叶志锋主编. --2版. --北京：中国财政经济出版社，2023.8（2024.1重印）
财政部规划教材 “十四五”普通高等教育规划教材 “双一流”专业系列教材
ISBN 978-7-5223-2363-3

Ⅰ.①会… Ⅱ.①叶… Ⅲ.①会计学-高等学校-教材 Ⅳ.①F230

中国国家版本馆CIP数据核字（2023）第136709号

责任编辑：蔡　宾　　　　责任校对：张　凡
封面设计：陈宇琰

会计学（第2版）
KUAIJIXUE (DIERBAN)

中国财政经济出版社 出版
URL：http：//www.cfeph.cn
E-mail：cfeph@cfeph.cn

社址：北京市海淀区阜成路甲28号　邮政编码：100142
营销中心电话：010-88191522　编辑部门电话：010-88190666
天猫网店：中国财政经济出版社旗舰店
网址：https：//zgczjjcbs.tmall.com
北京富生印刷厂印刷　各地新华书店经销
成品尺寸：185mm×260mm　16开　17.75印张　431 000字
2023年8月第2版　2024年1月北京第2次印刷
定价：48.00元
ISBN 978-7-5223-2363-3
（图书出现印装问题，本社负责调换，电话：010-88190548）
本社质量投诉电话：010-88190744
打击盗版举报热线：010-88191661　QQ：2242791300

再版说明

乘着深入学习贯彻党的二十大精神的东风，在吸收会计理论实务发展最新动态的同时，结合第1版教材的使用情况，我们对《会计学》进行了全面修订，主要体现在以下几个方面：一是增加以党的二十大精神为主的思政内容；二是补充业务流程图与会计数智化元素；三是强化业务融合中的会计信息应用；四是更新了案例公司的数据；五是增加T型账户介绍与账户之间的结转；六是优化了例题与习题；七是删减了一些较为抽象的内容。

本次修订的具体分工为：广西财经学院陈洁教授负责第一章、第二章，赵瑾老师负责第三章、第四章、第五章、第六章，钟金萍副教授负责第七章、第八章、第九章，苏艺副教授负责第十章、第十二章，叶志锋教授负责第十一章。全书由李春友教授担任主审，叶志锋教授担任主编，苏艺副教授担任副主编。

相信《会计学》（第2版）的出版将为广大学子与读者带来“大会计”的知识体系，与此同时，帮助大家建立“会计+”的思维，掌握会计信息生成与使用的方法，增强评估业务收益与风险的能力。

最后，要感谢领导、朋友与同行为本书再版所给予的指导与支持！书中难免还有不妥之处，敬请广大读者批评指正。

编　者

2023年6月28日

第1版前言

经济越发展、会计越重要；人人都要有会计思维，会计思维能力不是你的选择，而是时代对你的要求。正值我校会计学专业获批国家一流本科专业建设点及“会计学”课程被认定为省级一流本科课程之际，我们的编写团队遵循立德树人的教育宗旨，经过多年积淀，在参阅大量文献的基础之上，吸收“基于‘业财融合’理念的‘会计学’课程教学改革研究”等多项教改工程项目的研究成果，精心编写了这本具有创新与特色的《会计学》教材。“业财融合”既需要财务人员学习业务知识，也需要业务人员学习财务知识，促使企业在流程与信息方面实现高效融合，从而创造更大的价值，期待本书能够提供一些帮助，这是我们最大的心愿。

面对会计数智化的发展趋势，对于非会计类学生与在职人员，应该学习哪些会计学知识？这个问题我们思考已久，并力求在这本普及型教材中有所突破，可以归纳总结为以下几点：一是融合“会计、财务、税务、内控”等知识，破除“重核算、轻管理”的陈旧观念；二是培养“会计+”思维能力，赋能其他专业与业务；三是按照“业务流程”设计课程体系与内容，区别于传统的核算流程或会计要素模式。

为了让教材更加丰富生动、激发学生的学习兴趣，我们选用著名企业——美的公司作为本书主要的案例材料。在每一章的开始，我们引用了知名企业家学习会计学的事例；加入了“学习目标”“本章重点”等内容；在每章之后设有“思考与练习”供学习者复习参考使用。

本教材共分为十二章，由叶志锋教授担任主编，何珊老师担任副主编，广西财经学院李春友教授担任主审。参编老师包括：广西财经学院陈洁教授（第一章），刘卫教授（第二章），何珊老师（第三章、第四章），赵瑾老师（第五章），何劲军副教授（第六章），钟金萍副教授（第七章），叶志锋教授（第八章），苏艺副教授（第九章、第十章、第十二章），陈亮教授（第十一章）。全书由何珊、叶志锋进行统稿，由叶志锋、李春友总纂定稿。

在本书出版之际，感谢广西财经学院和中国财政经济出版社各级领导的支持，感谢对本书提出宝贵意见的高校同仁与实务界朋友。我们对本书倾注了大量心血，但由于作者能力和水平有限，书中难免存在问题和不足，恳请广大读者批评指正，以助我们进步！联系邮箱：552005830@ qq. com。

编 者

2021 年 6 月

目　　录

第一章　总论

“我担任高山异形玻璃厂采购员期间，福州水表厂会计科的陈科长向我推荐会计学的书。在近两年的时间里，我学完了会计学的所有相关知识。会计学，让我知道了什么是原始凭证，原始凭证的重要性，如何归类，如何分析财务报表，进而如何透过各种数字，分析企业的实际经营状况，了解市场的动态和未来的走向。如果说中外名著打开了我的视野，提升了我的素质，那么，会计学，则让我掌握了经营企业的钥匙。”

——曹德旺，福耀集团创始人，入选“世界最具影响力十大华商人物”

学习目标

1. 了解企业与会计的关系
2. 理解并掌握会计的定义及会计的发展历程
3. 理解会计主体假设、货币计量假设、持续经营假设和会计分期假设的内涵
4. 掌握会计信息的作用与质量要求
5. 理解资产、负债、所有者权益的定义、特征及确认条件
6. 掌握会计恒等式的基本理论
7. 理解收入、费用的定义、特征及确认条件
8. 掌握利润的核算和利润表的构成
9. 掌握权责发生制和收付实现制的区别与联系
10. 掌握现金流量的分类及现金流量表的构成

本章重点

会计定义；会计假设；会计信息；资产负债表及其要素；利润表及其要素；现金流量表及其要素；会计等式；权责发生制和收付实现制的区别与联系；会计信息质量要求。

本章内容提要

▷企业与会计
▷会计概述
▷资产负债表及其要素
▷利润表及其要素
▷现金流量表及其要素

课堂思政

党的二十大指出：高质量发展是全面建设社会主义现代化的首要任务。2022 年 2 月 28 日，习近平总书记主持召开中央全面深化改革委员会第二十四次会议，审议通过了《关于加快建设世界一流企业的指导意见》。《指导意见》提出“产品卓越、品牌卓著、创新领先、治理现代”16 字标准，为加快建设世界一流企业和深化企业改革指明了方向。同期，国务院国资委发布《关于中央企业加快建设世界一流财务管理体系的指导意见》，为推动中央企业进一步提升财务管理能力，加快建设世界一流财务管理体系提出了总体要求和行动指南。

财务管理是企业管理的中心环节，建设世界一流财务管理体系有助于有力支撑服务国家战略，有力支撑建设世界一流企业，有力支撑增强国有经济竞争力、创新力、控制力、影响力、抗风险能力。围绕世界一流财务管理体系建设，《关于中央企业加快建设世界一流财务管理体系的指导意见》实现了“财务视角”与“大局观念”的统筹。一方面立足财务自身，全面系统阐述构建世界一流财务管理体系的内在逻辑与主要内容；另一方面将财务管理放到企业改革发展大局中考虑，主动顺应国有企业改革、国有资本布局优化和结构调整、科技创新等重大部署要求，加快企业提升财务管理水平，更好助力世界一流企业建设，支撑企业实现高质量发展。

第一节　企业与会计

在市场经济中，企业是最基本、最重要的市场活动主体，必须遵循市场经济固有的竞争规律和优胜劣汰法则，自主经营、自负盈亏、依法纳税，会计在企业的经营管理中发挥重要作用。本书主要介绍企业会计的基本原理和方法。

一、企业概述

（一）企业组织形式

企业是社会发展的基本单位，主要从事生产、贸易、运输、服务等经济活动，为社会提供产品和服务，以营利为目的，进行自主经营、独立核算的经济组织，如工厂、商场和运输公司等。

企业有不同的组织形式，一般可以分为独资型企业、合伙型企业和公司型企业三种，其主要特征，如表 1－1 所示。

表 1－1　　不同组织形式企业的特征

类型	特征
独资型企业	全部资产归出资者一人所有，企业的所有权与经营权统一；非国有独资型企业不具有法人资格，企业所有者对企业的债务负有无限的清偿责任。

续表

类型	特征
合伙型企业	两个或两个以上的合伙人按照协议共同出资，共同承担经营风险，并且对企业债务承担连带无限责任。
公司型企业	依据一定的法律程序申请登记设立，并以营利为目的的具有法人资格的经济组织；通常分为无限责任公司、有限责任公司和股份有限公司。

下面以美的公司为例，讲解其发展历程与主要特征。

美的公司是一家全球领先的家电企业，深耕家电领域50余载。公司前身是成立于1968年的北滘街办塑料生产组，当时近似于合伙型企业。1985年进入空调行业，是国内最早进入空调领域的企业之一，组织形式属于有限责任公司。2013年实现整体上市，成为现代化的股份有限公司。

美的公司迄今在全球拥有约200家子公司、28个研发中心和34个主要生产基地，员工约15万人，业务覆盖200多个国家和地区；形成美的、小天鹅、东芝、华凌、布谷、COLMO、Clivet、Eureka、库卡、GMCC、威灵在内的多品牌组合。2022年在《财富》中国500强榜单中排名第35位，连续8年蝉联同行业第一，在国内家电行业处于相对稳定的龙头位置。美的公司发展历程，如图1－1所示。

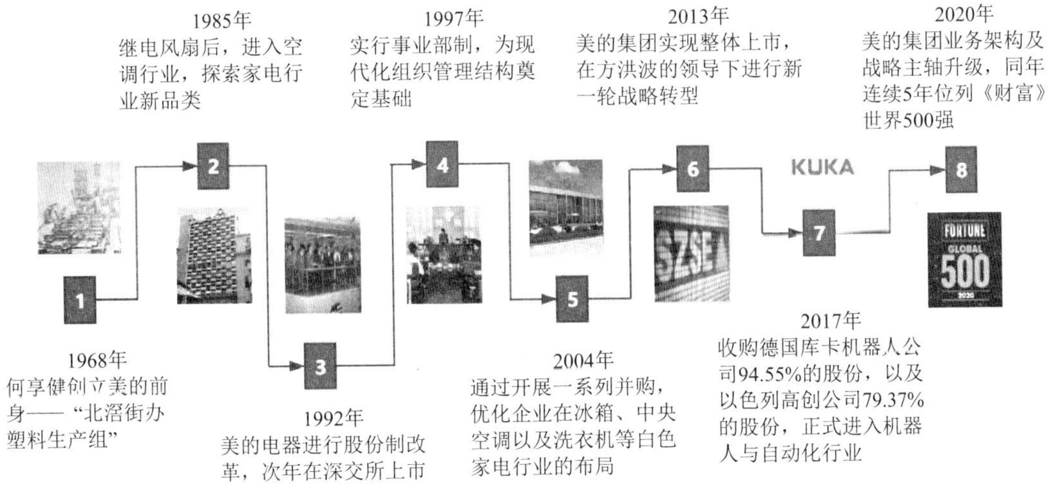

图1－1　美的公司发展历程

美的公司实际控制人为何享健、卢德燕，二者为一致行动人，截至2022年12月31日，二者合计持股比例为31.00%。美的公司的股权结构，如图1－2所示。

（二）经济业务

企业在经营过程中，会进行各种各样的经济活动，具体包括筹资活动、投资活动、供应活动、生产活动、销售活动以及分配活动等。资金是企业财产物资的价值表现，上述活动一般会导致企业的资金发生运动。

筹集资金是资金运动的起点，企业要进行生产经营活动，必须有一定的资金，因此，筹资是企业重要的经济业务。企业的筹资渠道主要有两个方面：一是吸收投资者投入的资本

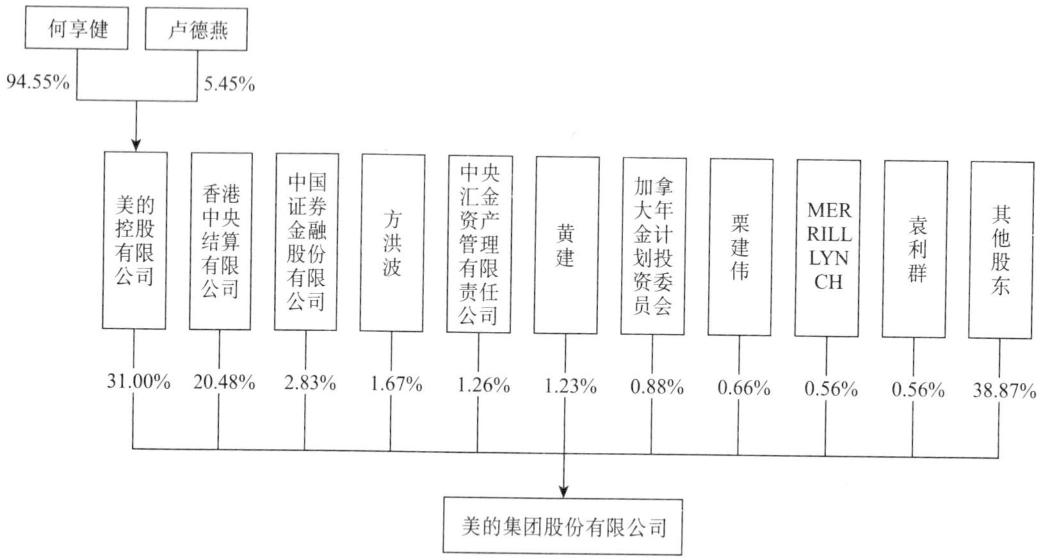

图 1-2　美的公司股权结构图（截至 2022 年 12 月 31 日）

（包括经营后的收益留存）；二是从银行或其他金融机构等借入资金。这两种资金构成了企业的主要资金来源。

投资活动是企业将前述筹集到的资金投入使用的行为。企业的投资活动包括对内投资和对外投资。对内投资是企业将资金投入本企业用于购置固定资产、无形资产及其他资产等行为。对外投资是企业将资金购买其他企业的股票、债券或与其他企业联营或投资于外部项目等行为。

供应过程是企业产品生产的准备过程，企业用筹集的货币资金购买各种材料，进行备料，保证生产需要。因此，供应过程的主要经济业务有：采购材料、结算材料价款和采购费用、将材料验收入库。

生产过程是生产企业生产经营的中心环节，它既是产品的制造过程，又是物化劳动和活劳动的耗费过程。生产过程的主要经济业务有：领用原材料、生产加工、计提固定资产折旧、完工产品入库等。

销售过程是产品价值的实现过程，企业通过销售商品，收回货款，将产成品资金转化为货币资金，回到资金的起点形态，完成资金的一次循环。在销售过程中，企业一方面按合同规定向客户发送产品或提供服务；另一方面要与客户办理结算，收取货款及相关税费。

分配活动是指企业根据有关规定、企业章程和投资者决议，对企业当年可供分配的利润进行分配。分配活动的经济业务包括提取法定盈余公积和任意盈余公积、向投资者分配利润等。

下面以美的公司的空调业务板块为例，说明企业的经济业务。

美的公司在空调研发设计阶段，会发生相关的研发支出；在供应阶段，需要计算和结算采购钢、铜、铝箔等材料的成本，包括买价和采购费用，并将采购的材料验收入库；在生产阶段，需要结转生产空调所耗原材料的成本、生产工人的人工费、固定资产的折旧费等；在销售阶段，美的公司将生产的空调产品销售出去，需要确认空调的销售收入，并结转空调的销售成本，同时进行货款及相关税费的结算。

（三）企业对会计的需求

随着企业组织形式的变革演进，会计的作用越来越重要。

（1）会计工作有助于企业提高经济效益。企业经济效益的高低取决于多种因素，包括经济结构、经济体制和科技进步等。但就企业内部来讲，降低消耗、降低成本是其中的一个重要方面。会计既核算耗费和成本，又核算成果，做好会计工作，可以及时发现生产、经营和管理中的问题，及时采取措施，从而有利于增产节约、增收节支，提高经济效益。

（2）会计工作有助于反映管理层的受托责任履行情况。由于企业所有权和经营权的分离，资源的受托者（企业管理层）负有对资源的委托者（所有者）解释、说明其经营管理活动及结果的义务。会计报表等是企业管理层（受托者）向委托者（所有者）报告履行经营管理责任的重要信息。

（3）会计信息有助于企业通过金融市场融通资金。现代经济体系以金融市场为核心，金融市场的投融资主体是企业与投资人，它们之间存在信息不对称。现代会计通过降低信息不对称而服务于金融市场交易。会计信息的质量直接影响企业与投资人的投融资决策，是金融市场规范的重要内容。

（4）会计工作有助于维护相关者的利益。相关者利益最大化目标是企业价值最大化目标的进一步发展，它要求企业经营中应充分考虑股东及其他利益相关者的利益，通过合作共赢促使企业实现相关者利益最大。在市场经济条件下，企业的利益相关者包括员工、股东、经理、顾客、供应商、当地社区、政府等。它们在决策时通常会利用企业提供的会计信息，以对企业的财务状况、经营成果、规范运作以及未来的发展前景进行分析判断。

二、企业财会机构设置及人员配备

企业组织机构是按照一定的原则设置的，是企业内部各组织职能分配的一种体现。根据《中华人民共和国会计法》（以下简称《会计法》）的规定，各单位应当根据会计业务的需要，设置会计机构，或者在有关机构中设置会计人员并指定会计主管人员；不具备设置条件的，应当委托经批准设立从事会计代理记账业务的中介机构代理记账。国有的和国有资产占控股地位或者主导地位的大、中型企业必须设置总会计师。总会计师的任职资格、任免程序、职责权限由国务院规定。

会计工作岗位是指一个单位会计机构内部根据业务分工而设置的职能岗位。会计工作岗位可以一人一岗、一人多岗或者一岗多人。目前，企业会计工作岗位一般可分为：会计机构负责人或会计主管人员、出纳、财产物资核算、工资核算、成本费用核算、利润核算、资金核算、往来核算、总账报表、稽核、档案管理等。同时，会计岗位的设置，应当遵守《内部会计控制规范》关于“不相容职务分离”的规定。所谓不相容职务是指如果由一个人担任，既可能发生错误和舞弊行为，又可能掩盖其错误和弊端行为的职务。不相容职务分离的核心是“内部牵制”，它要求每项经济业务都要经过两个或两个以上的部门或人员的处理，使得单个人或部门的工作必须与其他人或部门的工作相一致或相联系，并受其监督和制约。根据“不相容职务分离”的原则，出纳人员不得兼管稽核、会计档案保管和收入、费用、债权债务账目的登记工作。

大数据、人工智能、移动互联网和云计算等信息技术的快速发展对企业会计机构设置及人员配置等产生了重要影响。企业需要充分利用大智移云技术设置集财务、会计、管理、大数据等于一体的财会机构，创新财务管理工作模式，提高财务管理水平。

第二节　会计概述

一、会计的定义

会计在其漫长、曲折的发展过程中，其内涵与外延不断丰富。美国会计学会对会计所下的定义是："确认、计量和传达经济信息的过程，以使信息使用者做出明智的判断和决策。"本教材将会计定义为：会计是以货币作为主要计量单位，采用一系列专门的程序和方法，对社会再生产过程中的资金运动进行完整、连续、系统的核算和监督，旨在提供经济信息和提高经济效益的一种管理活动。

会计的特点，主要表现为以下几点：

（1）以货币为主要计量单位。计量单位有实物量度、劳动量度和货币量度。只有采用货币计量，会计才能全面、综合地反映企业的财产物资的实有价值及其增减变动、费用的发生和成本的形成、各种营业收入的取得和财务成果的形成与分配等情况。

（2）对经济活动的核算和监督具有完整性、连续性、系统性和综合性。会计核算只有符合完整、连续、系统、综合的基本要求，才能综合核算和监督经济活动的过程和结果，正确评价经济活动的效益。

（3）具有一整套系统、完整的专门方法。会计方法包括会计核算方法、会计分析方法和会计检查方法。其中，会计核算方法包括设置账户、复式记账、填制和审核凭证、登记账簿、成本计算、财产清查和编制财务报表等。这些专门方法相互配合与综合利用，构成了计量和记录、控制和监督经济活动的一套完整的会计核算方法体系。

二、会计的发展历程

生产活动是人类社会最基本的实践活动。人类要生存，社会要发展，就必须进行物质资料的生产。生产过程既是人力、物力和财力的耗费过程，同时也是新的物质财富的创造过程。无论哪一个社会形态，人们都力求用较少的劳动耗费创造出较多的劳动成果。为了达到这一目的，人类需要对劳动耗费和劳动成果进行记录、计算与分析。"结绳记事""刻竹为书""垒石记事"是最初的会计手段，这些原始的计量方式，适应了当时社会生产力的发展水平。在当时的原始社会里，会计只是"生产职能的附带部分"，没有成为一项专门的工作。当社会生产力发展到一定阶段，会计才逐渐从生产职能中分离出来，形成特殊的、专门的独立职能，成为专职人员从事的一项经济管理工作。到奴隶社会晚期，随着社会剩余产品的增多，在劳动者之外，出现了一些专门记录、报告劳动过程和结果的人员。进入封建社会后，对财富和经济活动的记录，是通过文字叙述的方式进行的，这一时期的会计基本上属于单式簿记。随着资本主义的产生，各种商业活动开始活跃起来，此时，不仅会计知识得到空前普及，而且产生了复式簿记。1494年，意大利数学家卢卡·帕乔利出版了《算术、几何、比及比例概要》一书，系统介绍了复式簿记法，标志着会计从单式簿记时期进入到复式簿记时期，成为会计发展史上一个重要的里程碑。会计的发展历程，如图1-3所示。

图 1-3　会计发展的三个重要阶段

三、会计的职能

会计的职能是指会计在经济管理中所具有的功能，即人们在经济管理中用会计干什么。会计具有会计核算和会计监督两项基本职能，还具有预测经济前景、参与经济决策、评价经营业绩等拓展职能。在会计发展的历史长河中，会计的每次重大进步都会使其职能随之扩大和发展，但其基本职能仍为会计核算和监督。

（一）会计核算职能

会计的核算职能又称会计反映职能，是指按照会计准则等会计规范的要求，通过一定的程序和方法，全面、系统、及时、准确地将会计主体在一定会计期间内所发生的会计事项反映出来，旨在揭示会计事项的本质，为内部的经营管理者和外部的信息相关者提供决策有用的信息。具体地说，会计的核算职能就是对会计主体的每项经济业务进行及时合理的确认、计量、记录和报告，进而反映其资金运动的过程和结果。

会计对象是指会计所要核算和监督的内容，包括一般对象和具体对象。会计的一般对象是社会再生产过程中能够以货币表现的经济活动，即资金运动。由于各单位的性质不同，经济业务内容不同，企业的资金运动也不尽相同。前已述及，生产企业的主要经济业务包括资金筹集业务、供应过程业务、生产过程业务、产品销售业务以及财务成果形成与分配业务。因此，生产企业会计的具体对象包括：资金投入；供应过程购买原材料等劳动对象；生产过程发生原材料消耗、人工费消耗以及折旧费等；销售过程确认收入、结转成本、发生销售费用、收回货款等业务；财务成果形成与分配过程、所得税的上缴以及向所有者分配利润等。

下面以美的公司空调板块为例，说明会计核算的具体对象。

美的公司空调板块主要从事空调产品的生产与销售活动。从事空调生产必须拥有一定数量的货币资金，这就是资金的投入。在供应过程中，美的公司运用这些货币资金去购买生产空调的压缩机、铜管、铝箔和塑胶原料等，发生材料费、运输费、装卸费等材料采购成本，此时货币资金转化为储备资金。在生产过程中，劳动者借助于劳动手段将原材料加工成空调产品，发生原材料消耗的材料费、生产工人劳动耗费的人工费、固定资产磨损的折旧费等，此时，储备资金转变为生产资金和产成品资金。在销售过程中，美的公司将生产的空调等产品销售出去，收回货款，又回复到货币资金，即资金的循环。周而复始地循环，称为资金的周转。

企业资金循环与周转，如图 1-4 所示。

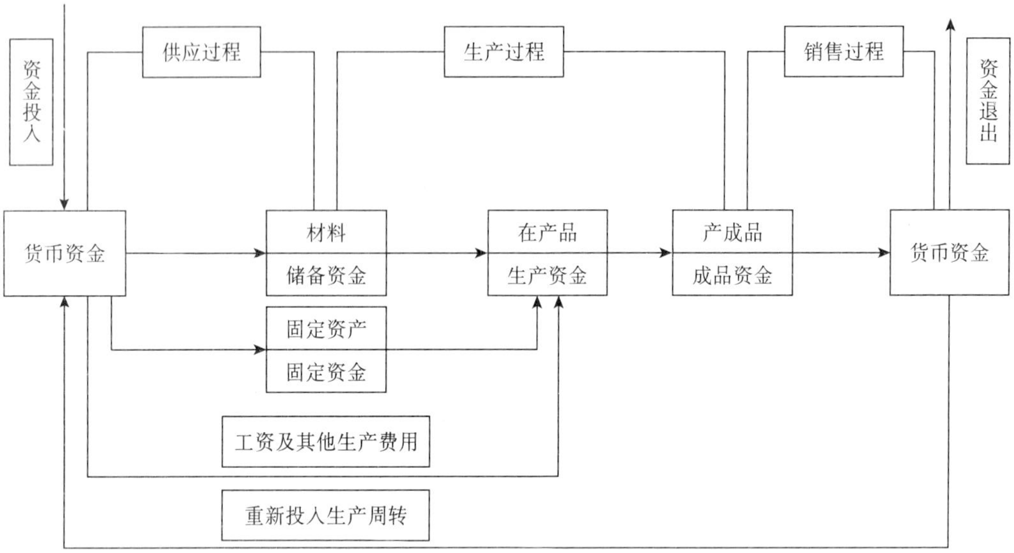

图1－4　企业资金循环与周转

企业资金运动在数量方面涉及资产、负债、所有者权益、收入、费用和利润的增减变动，此六项内容在会计上被称为“会计要素”，会计要素是会计对象的具体化。

各单位必须根据实际发生的经济业务事项进行会计核算，填制会计凭证，登记会计账簿，编制财务会计报告。会计核算的流程，如图1－5所示。

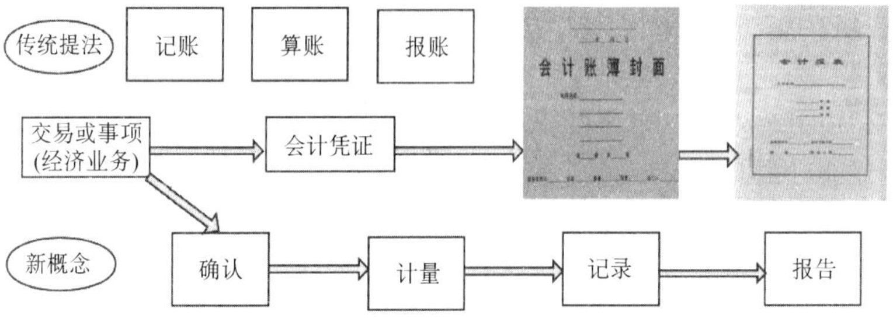

图1－5　会计核算流程

（二）会计监督职能

会计的监督职能是指会计按照一定的目的和要求，利用会计核算所提供的信息，对会计主体的经济活动进行控制，使之达到合理、合法、有效，以实现预期目标。会计的监督以会计核算资料为基础，没有会计核算提供的信息，就不可能进行会计监督；会计核算只有以会计监督为保证，才能为信息需求者提供真实可靠的会计信息。

企业要想提高经济效益，获得长远发展，必须重视会计监督工作。在现代企业制度的构成方面，会计监督的目的是帮助企业领导人实行最优化的经营管理，合理有效地组织各项经济活动和运用各项资金，努力增收节支，提高经济效益，从而保证企业各项经济活动和财务收支在国家法律、法规、制度允许的范围内进行。会计监督的最终目标是保证企业的会计信息质量，提高企业效益。

目前，会计监督的力度仍远远不够，各级政府和企业应重视内部控制对会计监督的重要影响，不断地完善会计监督体系，保障企业各项资产的安全和有效使用、企业行为的合法化，形成良好的社会经济秩序，不断提高企业经济效益。

会计监督分为内部监督和外部监督。

1. 内部监督

内部监督是单位内部实施的会计监督。内部会计监督活动是内部控制监督体系中不可或缺的一部分。各单位应当建立、健全本单位内部会计监督制度。单位负责人应当保证会计机构、会计人员依法履行职责，不得授意、指使、强令会计机构、会计人员违法办理会计事项。会计机构、会计人员对违反《会计法》和国家统一的会计制度规定的会计事项，有权拒绝办理或者按照职权予以纠正。会计机构、会计人员发现会计账簿记录与实物、款项及有关资料不相符的，按照国家统一的会计制度的规定有权自行处理的，应当及时处理；无权处理的，应当立即向单位负责人报告，请求查明原因，做出处理。

单位内部会计监督制度应当符合下列要求：①记账人员与经济业务事项和会计事项的审批人员、经办人员、财物保管人员的职责权限应当明确，并相互分离、相互制约；②重大对外投资、资产处置、资金调度和其他重要经济业务事项的决策和执行的相互监督、相互制约程序应当明确；③财产清查的范围、期限和组织程序应当明确；④对会计资料定期进行内部审计的办法和程序应当明确。

2. 外部监督

外部监督又分为国家监督和社会监督。有关法律、行政法规规定，须经注册会计师进行审计的单位，应当向受委托的会计师事务所如实提供会计凭证、会计账簿、财务会计报告和其他会计资料以及有关情况。任何单位或者个人不得以任何方式要求或者示意注册会计师及其所在的会计师事务所出具不实或者不当的审计报告。

财政、审计、税务、人民银行、证券监管、保险监管等部门应当依照有关法律、行政法规规定的职责，对有关单位的会计资料实施监督检查。各单位必须依照有关法律、行政法规的规定，接受有关监督检查部门依法实施的监督检查，如实提供会计凭证、会计账簿、财务会计报告和其他会计资料以及有关情况，不得拒绝、隐匿、谎报。

财政部门对各单位的下列情况实施监督：①是否依法设置会计账簿；②会计凭证、会计账簿、财务会计报告和其他会计资料是否真实、完整；③会计核算是否符合《会计法》和国家统一的会计制度的规定；④从事会计工作的人员是否具备专业能力、遵守职业道德。

会计监督具有执行的强制性和严肃性、时间的连续性和内容的完整性等特点。会计监督贯穿于会计主体经济活动的全过程。它既包括对经济活动的事前预测、事中的控制，也包括事后的评价和分析；既监督经济活动的合法性，也监督其合理性和合规性。

为了强化企业内部管理，实现企业管理目标，企业应依据《会计法》《企业会计准则》等法律法规制定企业会计制度、财务管理制度、会计工作操作流程、会计信息报送流程、会计岗位工作手册，作为企业财务管理和会计核算的依据。具体包括：制定完善的会计档案保管和财务交接制度；建立计划和预算管理体制，强化会计的事前和事中控制；建立完善的财务收支审批制度和费用报销管理办法；制定资金管理和融资管理等相关制度；建立健全各项资产管理制度，确保资产的安全完整。

四、会计的核算前提与原则

（一）会计核算前提

1. 会计主体

会计主体也称会计实体、会计个体，是会计为之服务的特定单位，界定会计核算的空间范围。我国《企业会计准则——基本准则》明确规定："企业应当对其本身发生的交易或事项进行会计确认、计量和报告。"这一规定意味着，就某一特定企业而言，其会计确认、计量、记录和报告的对象，只能是该企业自身所发生的交易或事项，不应该包含该企业之外的其他任何组织或个人发生的交易或事项。因此，按照会计主体假设的要求，会计人员在进行会计处理时，不仅要将该会计主体的经济业务与会计工作和其他的会计主体区别开来，而且也要独立于企业所有者之外。

需要说明的是，会计主体不同于法律主体。法律主体一定是会计主体。例如，一个作为法律主体的法人企业，必须建立完整的财务会计系统，提供其独立的财务状况、经营成果和现金流量等相关会计信息。但是，会计主体不一定是法律主体。如企业内部进行独立核算的班组、车间或者分公司等，它是一个独立核算的经济实体，是一个会计主体，但它不是一个法律主体。又如，一个企业集团的母公司拥有若干个子公司，母公司和其拥有的子公司分别属于不同的法律主体，但母公司拥有对子公司的控制权，为提供整个企业集团的财务状况、经营成果和现金流量的会计信息，就应将由母公司和子公司组成的企业集团作为一个会计主体，编制合并财务报表，而这个企业集团并不是法律主体。

2. 持续经营

我国《企业会计准则——基本准则》规定："企业会计确认、计量和报告应当以持续经营为前提。"持续经营，是指在可以预见的将来，会计主体的经营活动将按照既定的目标无限期地持续下去，不会破产、清算。按照这一假定，会计主体的资产就可以按照预定的目标在正常经营过程中被耗用或者出售，其所承担的债务也将如期偿还。企业的固定资产可以采用历史成本进行计量，并按照固定资产的使用寿命采用折旧的方法，将固定资产的历史成本分摊到各个会计期间的损益或相关产品的成本中。

持续经营假设界定了企业会计核算的时间范围。在市场经济条件下，任何企业都存在破产、清算的风险。当企业终止经营时，企业就不能再采用这一假设以及以这一假设为前提的会计程序和方法，而应采用以清算为基础的会计处理方法。

3. 会计分期

我国《企业会计准则——基本准则》规定："企业应当划分会计期间，分期结算账目和编制财务会计报告。"

会计分期又称为会计期间，是指为了管理的需要而将一个会计主体持续经营的生产经营活动过程人为划分为若干连续的、长短相同的期间。会计分期假设是持续经营假设的补充。正是由于会计分期，才产生了当期与以前期间、以后期间的差别，才使不同类型的会计主体有了记账的基准，也才出现了权责发生制和收付实现制的区别，并进而出现应收、应付、折旧、摊销等会计处理方法。

会计分期假设界定了会计计算盈亏和提供会计信息的时间。对于会计年度的划分，世界各国的起讫日期并不一致。我国《会计法》规定："会计年度自公历1月1日起至12月31

日止”；有的国家规定自当年的7月1日起至次年的6月30日止作为一个会计年度，也有的国家自当年的4月1日起至次年的3月31日止作为一个会计年度。为了更及时地满足会计信息使用者对会计信息的需求，企业除了提供年度财务报告之外，往往还需要提供中期财务报告，包括月度财务报告、季度财务报告和半年度财务报告。

4. 货币计量

货币计量假设是指会计主体在进行会计确认、计量和报告时，应以货币作为计量单位，反映会计主体的财务状况、经营成果和现金流量。《企业会计准则——基本准则》规定：“会计确认、计量和报告选择货币作为计量单位。”《企业会计准则第19号——外币折算》规定：“企业通常应当以人民币作为记账本位币，业务收支以人民币以外的货币为主的企业，可以选定某种外币作为记账本位币进行会计核算，但是编制的财务报表应当折算为人民币。”如美的公司规定记账本位币为人民币，但其下属境外子公司可根据其经营所处的主要经济环境确定记账本位币，可能为欧元、日元、美元、港元等。

货币计量假设的作用是界定会计核算的计量单位。但需要说明的是，货币计量假设并不是说货币是会计核算的唯一计量单位，会计核算也采用其他辅助计量单位，如重量、体积、台、件等实物量单位和工时等劳动量单位。

（二）会计核算原则

1. 权责发生制

权责发生制以权利与责任的发生来决定收入与费用的归属期，即凡是当期已实现的收入和已经发生或应当负担的费用，无论款项是否收付，都应当作为当期的收入和费用，计入利润表；凡是不属于当期的收入和费用，即使款项已在当期收付，也不应当作为当期的收入和费用。

在实务中，企业交易或事项的发生时间与相关货币收支时间有时并不完全一致。例如，企业3月份已按合同发出商品，并向银行办妥了托收货款的手续，而货款在4月份才能收到，在权责发生制下，该销售收入应计入3月份。相反，有时款项已经收到，但销售并未实现。在费用方面，有时款项已经支付，但并不是因本期生产经营活动而发生的，则不应作为本期的费用处理；而有些应属于本期的费用，但尚未支付，则应作为应付费用处理。为了更加真实、公允地反映特定会计期间的财务状况和经营成果，我国《企业会计准则——基本准则》明确规定，企业应当以权责发生制为基础进行会计确认、计量和报告。

2. 收付实现制

收付实现制是与权责发生制相对应的一种会计基础，以收到或支付的款项作为收入和费用的确认依据。如前述的3月份已按合同发出商品，并向银行办妥了托收货款的手续，而货款在4月份才能收到时，在收付实现制下，该销售收入将计入4月份。

权责发生制与收付实现制的比较，如表1－2所示。

表1－2 权责发生制与收付实现制的比较

主要不同	权责发生制	收付实现制
确认标准不同	应收应付	实收实付
配比要求不同	强调收入与费用的配比	忽略收入与费用的配比
会计调整的要求不同	期末必须进行账项调整	期末无需进行账项调整
账户设置要求不同	需要设置相关调整账户	无需设置相关调整账户
损益的结果不同	损益更为客观合理	损益不够客观合理
应用范围不同	应用于企业基本核算	应用于编制企业现金流量表等

五、会计准则与会计信息质量要求

（一）企业会计准则

《企业会计准则》也称会计标准，是企业会计核算工作的基本规范。其作用主要是通过规范企业财务会计确认、计量和报告内容，提高会计信息质量。

我国的企业会计准则体系由基本会计准则、具体会计准则、会计准则应用指南和解释公告组成。其中，基本准则在整个体系中扮演着概念框架的角色，起着统驭作用；具体准则是在基本准则的基础上，对具体交易或事项进行会计处理的规范；应用指南是对具体准则的一些重点难点问题做出的操作性规定；解释公告是随着《企业会计准则》的贯彻实施，就实务中遇到的问题而对准则做出的具体解释。

1992 年 11 月，我国财政部正式发布了《企业会计准则》（称为基本会计准则），规定从 1993 年 7 月 1 日起正式施行。2006 年财政部重新发布和修订了《企业会计准则——基本准则》和 38 项具体会计准则，这标志着我国已基本建立起与国际会计准则趋同的企业会计准则体系。该准则自 2007 年 1 月 1 日已开始在上市公司中执行。之后陆续修订和完善原有会计准则，继续修订和发布新的会计准则，目前共有 42 项具体准则，如表 1－3 所示。

表 1－3　　我国现行会计准则体系中的 42 项具体准则

序号	名称	序号	名称
1	存货	22	金融工具确认和计量
2	长期股权投资	23	金融资产转移
3	投资性房地产	24	套期保值
4	固定资产	25	保险合同
5	生物资产	26	再保险合同
6	无形资产	27	石油天然气开采
7	非货币性资产交换	28	会计政策、会计估计变更和差错更正
8	资产减值	29	资产负债表日后事项
9	职工薪酬	30	财务报表列报
10	企业年金基金	31	现金流量表
11	股份支付	32	中期财务报告
12	债务重组	33	合并财务报表
13	或有事项	34	每股收益
14	收入	35	分部报告
15	建造合同	36	关联方披露
16	政府补助	37	金融工具列报
17	借款费用	38	首次执行企业会计准则
18	所得税	39	公允价值计量
19	外币折算	40	合营安排
20	企业合并	41	在其他主体中权益的披露
21	租赁	42	持有待售的非流动资产、处置组和终止经营

（二）会计信息质量要求

会计信息是指会计单位通过财务报表、财务报告或附注等形式向投资者、债权人或其他信息使用者揭示单位财务状况和经营成果的信息。会计信息必须达到一定的质量要求，根据我国《企业会计准则——基本准则》的规定，会计信息质量要求包括：可靠性、相关性、可理解性、可比性、实质重于形式、重要性、谨慎性、及时性。

1. 可靠性

可靠性要求企业应当以实际发生的交易或者事项为依据进行会计确认、计量和报告，如实反映符合确认和计量要求的各项会计要素及其他相关信息，保证会计信息真实可靠、内容完整。

2. 相关性

相关性要求企业提供的会计信息应当与财务会计报告使用者的经济决策需要相关，有助于财务会计报告使用者对企业过去、现在或者未来的情况作出评价或者预测。应当指出的是，会计信息的相关性是以可靠性为基础的，但这并不意味二者之间是矛盾的、对立的，在有些情况下，可靠性和相关性是可以达到统一的。

3. 可理解性

可理解性要求企业提供的会计信息应当清晰明了，便于财务报告使用者理解和使用。如果财务报告所提供的会计信息不够清晰明了，不便于财务报告使用者理解，那么，再可靠、再相关的会计信息也是徒劳无用的。

4. 可比性

可比性要求企业提供的会计信息应相互可比。具体而言，可比性包括以下两层含义：

（1）纵向可比。纵向可比即同一企业在不同时期提供的会计信息应该相互可比。纵向可比要求同一企业在不同时期发生的相同或相似的交易或事项应当采用一致的会计政策，不得随意变更，但这并不是说企业绝对不能变更会计政策，如果企业原来采用的会计政策已不符合可靠性或相关性的要求，或者企业会计准则要求变更或变更会计政策以便能够提供更可靠、更相关的会计信息，企业可以变更所采用的会计政策，同时应当在财务报表附注中说明会计政策变更的有关情况。例如，某企业对发出存货的计量选择采用先进先出法确定发出存货成本，一般情况下该企业就不能随意变更存货计量方法。但如果物价变动比较大，采用先进先出法已不能真正反映发出存货的真实成本，为了提供更可靠、更相关的会计信息，企业可变更其存货发出的计量方法，但应在财务报表附注中说明变更的原因及其财务影响。

（2）横向可比。横向可比即不同的企业在同一时期提供的信息应该相互可比。这要求不同企业对于发生相同的或者相似的交易或事项，应当采用规定的会计政策，确保会计信息口径一致、相互可比。当然，可比性并不要求不同企业或不同类型的交易或事项采用相同的会计政策或会计处理方法。例如，对于投资性房地产的后续计量，有的企业采用成本模式，有的企业采用公允价值模式；对于固定资产折旧，有些固定资产（如房屋）采用年限平均法计提折旧，有些固定资产（如生产设备）采用年数总和法计提折旧。对于这些不同会计处理方法的选择与会计信息的可比性要求并不冲突。

5. 实质重于形式

实质重于形式要求企业应当按照交易或事项的经济实质进行会计处理，不应仅以交易或事项的法律形式为依据。企业发生的交易或事项在大多数情况下，其经济性质与法律形式是一致的。但随着市场经济的不断发展，经济现象日趋复杂，有些交易或事项的经济实质与其法律形式存在不一致的情形，比如租赁业务。

6. 重要性

重要性要求企业提供的会计信息应当能够反映与企业财务状况、经营成果和现金流量等有关的所有重要的交易或事项。实务中，企业可从交易或事项的性质和金额大小两方面加以判断。从性质方面讲，只要该项交易或事项发生就可能对财务报告使用者的决策产生重大影响，该交易或事项就具有重要性；从金额方面讲，当某一交易或事项的金额占该类交易或事项的金额达到一定比例时，一般认为该交易或事项具有重要性。

7. 谨慎性

谨慎性也称之为稳健性。谨慎性要求企业在对不确定因素进行职业判断时保持应有的谨慎，既不能高估资产和收益，也不低估负债和费用。会计实务中，对相关资产计提资产减值准备、对售出商品可能发生的保修义务确认预计负债、对固定资产采用加速折旧法（双倍余额递减法和年数总和法）等会计处理方法都是会计信息谨慎性要求的体现。

8. 及时性

及时性要求企业对于已经发生的交易或事项应当及时进行会计确认、计量和报告，不得提前或延后。会计信息对于会计信息使用者的经济决策而言是有时效性的，其价值会随着时间的流逝而降低。因此，即便是可靠的、相关的会计信息，如果不能及时提供，对投资者、债权人等财务报告使用者而言就失去了它应有的效用，甚至会误导财务报告使用者的经济决策。

为了满足会计信息的及时性要求，企业在会计确认、计量和报告时，一要及时收集会计信息；二要及时处理会计信息；三要及时传递会计信息。例如，《上市公司信息披露管理办法》（中国证券监督管理委员会令第182号）规定：年度报告应当在每个会计年度结束之日起四个月内，中期报告应当在每个会计年度的上半年结束之日起两个月内编制完成并披露。

财务报表是对企业财务状况、经营成果和现金流量的结构性表述，是会计信息的重要载体。根据《企业会计准则第30号——财务报表列报》，财务报表至少应当包括：资产负债表、利润表、现金流量表、所有者权益（股东权益）变动表与附注。本课程主要学习前三张报表。

第三节　资产负债表及其要素

资产负债表是反映某一会计主体在特定日期财务状况的报表，它反映特定会计主体在某一特定日期所拥有或控制的经济资源、所承担的现时义务和所有者对净资产的要求权。资产负债表由资产、负债与所有者权益三个要素构成。

一、资产

（一）资产的定义及其特征

资产是指企业过去的交易或者事项形成的、由企业拥有或者控制的、预期会给企业带来经济利益的资源。企业从事生产经营活动必须具备一定的物质条件或资源，在会计上，这些被企业拥有或控制的资源称为资产。例如，美的公司 2022 年 12 月 31 日拥有或控制的资产总额为 4 225.55 亿元。

根据上述定义，资产具有以下特征：

(1) 资产是由过去的交易或事项所形成的。能否形成资产，应先判断形成该资产的交易或事项是否已经发生，企业不能根据未发生的交易或事项（如未履行的合同）来确认资产。

(2) 资产应该为企业所拥有或者控制。作为资产，企业应拥有该项资源的所有权，或者虽然没有拥有该资源的所有权，但能够控制该项资源。由此可见，拥有所有权并不是确认资产的绝对标准。如果企业不拥有某项资源的所有权，但能够控制该项资源，能够享有与该资源所有权有关的经济利益，并承担相应的风险，那么，也应该将其作为企业的资产予以确认、计量和报告，如融资租入的固定资产。

(3) 资产预期会给企业带来经济利益。资产应具有直接或者间接为企业未来的现金净流入做出贡献的能力，这种贡献既可以直接增加企业未来的现金流入，也可以表现为现金流出的减少。资产预期能为企业带来经济利益是资产的一项重要特征，如果一项经济资源，未来不能够为企业带来经济利益，那么就不应该再将其列为企业的资产，如企业已腐烂变质、无法再使用的存货。

（二）资产的确认条件

将一项资源确认为资产，首先应当符合资产的定义。除此之外，还需要同时满足以下两个条件：

(1) 与该资源有关的经济利益很可能流入企业。资产的本质特征是能够为企业带来经济利益。但是由于经济环境瞬息万变，与资产有关的经济利益能否流入企业或者能够流入多少具有不确定性。因此，资产的确认应与经济利益流入的不确定程度的判断结合起来。如果根据编制财务报表时所取得的证据，判断与企业所拥有的资源有关的利益很可能流入企业，那么就应该确认为资产；反之，就不应该确认。

(2) 该资源的成本或者价值能够可靠地计量。可计量性是所有会计要素确认的重要前提，资产的确认也是如此。只有当该项资源的成本或者价值能够可靠计量时，才能够确认为资产，否则，就不能确认为资产。

（三）资产的分类

企业拥有的资产形态是不断发生变化的，常常由一种形态变为另一种形态。资产变现或被耗用的速度快慢或难易程度可以用来衡量资产的流动性，“速度”快，则流动性强，“速度”慢，则流动性弱。按照资产的流动性不同，可以分为流动资产和非流动资产。

资产满足下列条件之一的，应当归类为流动资产：

(1) 预计在一个正常营业周期中变现、出售或耗用。主要包括存货、应收账款等资产。需要指出的是，变现一般针对应收账款等而言，指将非现资产变为现金；出售一般针对产品等存货而言；耗用一般指将存货（如原材料）转变成另一种形态（如产成品）。

(2) 主要为交易目的而持有。比如根据《企业会计准则第 22 号——金融工具确认和计量》划分的交易性金融资产，但是，并非所有交易性金融资产均为流动资产，比如自资产负债表日起超过 12 个月到期且预期持有超过 12 个月的衍生工具，应当划分为非流动资产或非流动负债。

（3）预计在资产负债表日起一年内（含一年，下同）变现。

（4）自资产负债表日起一年内，交换其他资产或清偿负债的能力不受限制的现金或现金等价物。

流动资产以外的资产应当归类为非流动资产。

美的公司 2022 年 12 月 31 日的流动资产总额为 2 610.99 亿元，其中：库存现金、银行存款等货币资金 552.70 亿元，交易性金融资产 32.85 亿元，应收票据 47.58 亿元，应收账款 282.38 亿元，钢板、塑料膜、家居电器等存货 460.45 亿元，其他流动资产等（略）1 235.03 亿元；非流动资产总额为 1 614.56 亿元，其中：长期股权投资 51.89 亿元；厂房场地、机器设备等固定资产 260.83 亿元；土地使用权、专利及非专利技术、商标权等无形资产 169.09 亿元，其他非流动资产等（略）1 132.75 亿元。

一般企业的资产构成，如图 1－6 所示。

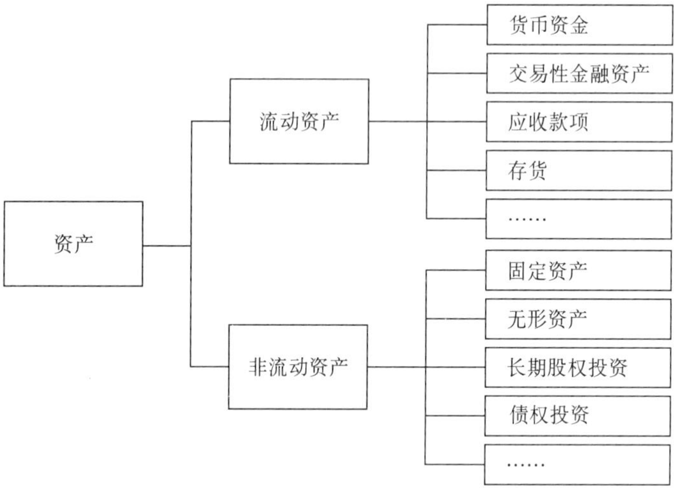

图 1－6　企业资产构成

二、负债

（一）负债的定义及其特征

负债是指企业过去的交易或事项形成的、预期会导致经济利益流出企业的现时义务。美的公司 2022 年 12 月 31 日的负债总额为 2 706.31 亿元。

负债具有以下特征：

（1）负债是企业承担的现时义务。现时义务是指企业在现行条件下已承担的义务。未来发生的交易或事项形成的义务，不属于现时义务，不应确认为负债。

（2）负债的清偿会导致经济利益流出企业。负债作为企业的一项现时义务，其最终的履行会导致经济利益流出企业。如果不会导致经济利益流出企业，就不符合负债的定义。企业履行义务导致经济利益流出企业的方式具体可表现为交付资产、提供劳务或者将负债转为资本等。

（3）负债是过去的交易或事项形成的。负债应当由企业过去的交易或事项所形成，即只有过去的交易或事项才形成负债。企业将在未来发生的承诺、签订的合同等交易，不形成负债。

（二）负债的确认条件

企业要将一项现时义务确认为负债，该现时义务首先需要符合负债的定义，除此之外，还需同时满足以下两个条件：①与该义务有关的经济利益很可能流出企业；②未来流出企业的经济利益的金额能够可靠计量。

（三）负债的分类

负债有一定的偿还到期日，负债的偿还期限长短就是负债的流动性。偿还期限短，则流动性强，偿还期限长，则流动性弱。企业的负债按其流动性可划分为流动负债和非流动负债。

负债满足下列条件之一的，应当归类为流动负债：①预计在一个正常营业周期中清偿；②主要为交易目的而持有；③自资产负债表日起一年内到期应予以清偿；④企业无权自主地将清偿推迟至资产负债表日后一年以上。

企业的负债如不符合流动负债的判断标准，应当归类为非流动负债。

美的公司 2022 年 12 月 31 日的流动负债为 2 063. 42 亿元，其中：短期借款 51. 69 亿元，应付票据 255. 72 亿元，应付账款 642. 33 亿元，其他流动负债（略）；非流动负债为 642. 90 亿元，其中长期借款 506. 86 亿元，其他非流动负债（略）。

一般企业的负债构成，如图 1－7 所示。

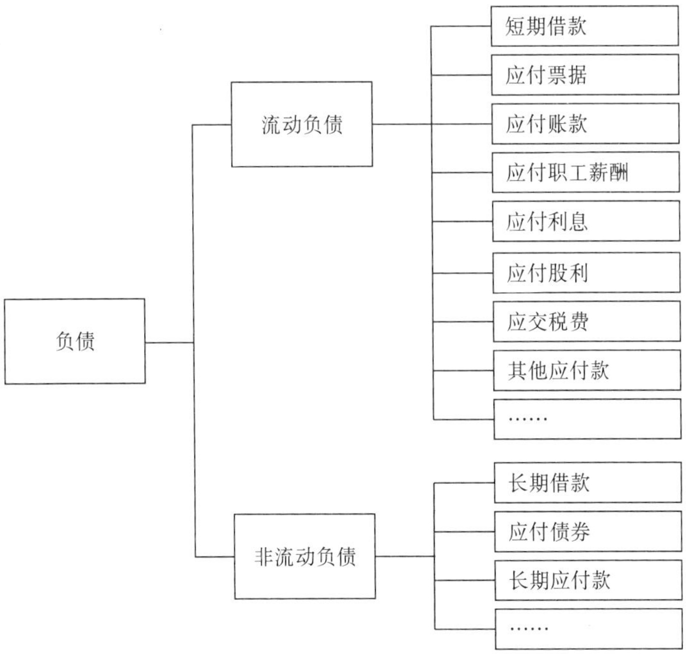

图 1－7　企业负债构成

三、所有者权益

（一）所有者权益的定义与特征

我国《企业会计准则——基本准则》规定："所有者权益是指企业资产扣除负债后，由所有者享有的剩余权益。"股份公司型企业的所有者权益又称为股东权益。所有者权益是所有者对企业资产的剩余索取权，它是企业资产中扣除债权人权益后应由所有者享有的部分，既反映所有者投入资本的保值增值情况，又体现保护债权人权益的理念。美的公司 2022 年 12 月 31 日的所有者权益总额为 1 519.24 亿元。

所有者权益具有以下特征：

（1）所有者权益不像负债那样需要偿还，除非发生增减、清算，否则企业不需要偿还所有者权益；

（2）企业清算时，所有者权益只有在清偿所有的负债后才返还给所有者；

（3）所有者依法享有法定管理企业和委托他人管理企业的权利以及参与企业利润分配的权利。

（二）所有者权益的来源构成

所有者权益的来源通常由实收资本（或股本）、其他权益工具、资本公积和留存收益（盈余公积和未分配利润）等构成。

实收资本（或股本）是指投资者按照企业章程，或合同、协议的约定，实际投入企业的资本。所有者在该部分的占资比例是所有者参与股东大会表决和利润分配的主要依据。美的公司 2022 年 12 月 31 日的股本为 69.97 亿元。

其他权益工具主要指企业发行的除普通股以外的归类为权益工具的各类金融工具，如优先股。

资本公积包括资本溢价（或股本溢价）及其他资本公积。资本溢价（或股本溢价）是指投资者投入资本超过其享有实收资本（或股本）份额的部分。其他资本公积是指直接计入所有者权益的利得和损失。美的公司 2022 年 12 月 31 日的资本公积为 196.93 亿元。

盈余公积是企业按照规定的比例从税后利润提取、存留于企业内部、具有特定用途的收益积累，包括法定盈余公积和任意盈余公积。美的公司 2022 年 12 月 31 日的盈余公积为 107.03 亿元。

未分配利润是指企业留存以后年度分配的累计留存利润（或累计未弥补亏损）。盈余公积和未分配利润又合称为留存收益。美的公司 2022 年 12 月 31 日的未分配利润为 1 196.79 亿元。

一般企业的所有者权益构成，如图 1－8 所示。

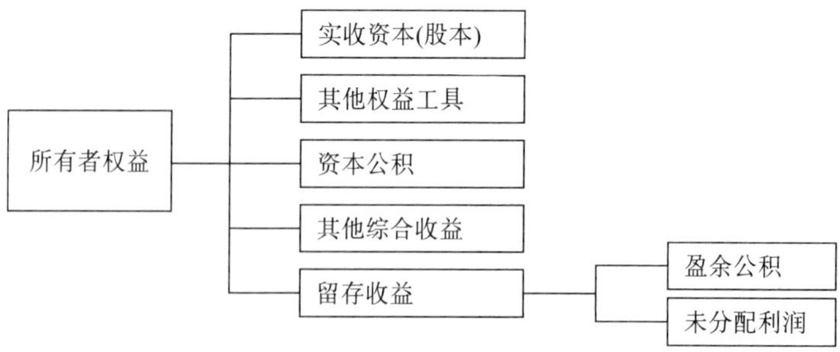

图 1－8　所有者权益来源构成

四、会计恒等式与资产负债表

（一）会计恒等式

资产、负债、所有者权益三个要素之间具有内在的联系，即会计等式：

资产＝负债＋所有者权益　　（等式 1－1）

又称为会计恒等式，它是设置账户、复式记账和编制资产负债表的理论依据。

会计恒等式揭示了会计主体的产权关系和基本财务状况。会计等式左边的资产反映了企业经济资源的分布和存在形式，是资金的占用。会计等式右边的负债和所有者权益反映了资金的来源，负债是向债权人借入的资金，所有者权益是所有者投入的资本。负债和所有者权益总称为权益。因此，该等式也可以简化为：

资产 = 权益　　（等式 1 - 2）

企业有多少金额的资产必须有与其等量的负债和所有者权益，即在任何情况下企业的资产总是等于负债和所有者权益之和。不管经济业务如何发生变化，都不会破坏会计恒等式。企业发生经济业务，引起会计等式要素的变化，归纳起来有以下四种类型：

第一种，经济资源投入，资产与权益同时增加。经济业务的发生引起等式左右两边金额同时增加，总额相等，会计等式仍然保持恒等。

第二种，经济资源退出，资产与权益同时减少。经济业务的发生引起等式左右两边金额同时减少，总额相等，会计等式仍然保持恒等。

第三种，资产内部变化。经济业务的发生引起等式左边即资产内部的项目此增彼减，增减金额相等，资产总额不变，会计等式仍然保持恒等。

第四种，权益内部变化。经济业务的发生引起等式右边即权益内部的项目此增彼减，增减金额相等，权益总额不变，会计等式仍然保持恒等。

由于权益包括负债与所有者权益两大要素，因此，可以演变为以下九种情况：

（1）一项资产和一项所有者权益同时增加。

【例 1 - 1】美的公司最初成立时，投资者投入资金 5 000 元。

这项经济业务的发生，使美的公司的资产（银行存款）增加了 5 000 元，同时所有者权益（实收资本）也增加了 5 000 元。资产和所有者权益同时增加 5 000 元，即会计等式左右两边同时增加 5 000 元，会计等式仍然保持恒等。本例属于上述第一种经济业务类型。

（2）一项资产和一项负债同时增加。

【例 1 - 2】美的公司向银行借入期限为 6 个月的借款 10 000 元。

这项经济业务的发生，使美的公司的资产（银行存款）增加了 10 000 元，同时负债（短期借款）也增加了 10 000 元。资产和负债同时增加 10 000 元，即会计等式左右两边同时增加 10 000 元，会计等式仍然保持恒等。本例属于上述第一种经济业务类型。

（3）一项资产和一项所有者权益同时减少。

【例 1 - 3】假如美的公司为了实施股权激励，拟回购股票 2 000 股，每股回购价格 3 元，每股面值 1 元。办妥手续后，美的公司以银行存款支付该款项。

这项经济业务的发生，使美的公司的资产（银行存款）减少了 6 000 元，同时所有者权益中的股本减少了 2 000 元，资本公积减少 4 000 元。资产和所有者权益同时减少 6 000 元，即会计等式左右两边同时减少 6 000 元，会计等式仍然保持恒等。本例属于上述第二种经济业务类型。

（4）一项资产和一项负债同时减少。

【例 1 - 4】假如美的公司以银行存款偿还前欠货款 11 300 元。

这项经济业务的发生，使美的公司的资产（银行存款）减少了 11 300 元，同时负债（应付账款）也减少了 11 300 元。资产和负债同时减少 11 300 元，即会计等式左右两边同时减少 11 300 元，会计等式仍然保持恒等。本例属于上述第二种经济业务类型。

（5）一项资产增加，另一项资产减少。

【例 1-5】假如美的公司从银行提取现金 3 000 元备用。

这项经济业务的发生，使美的公司的资产（银行存款）减少了 3 000 元，同时资产（库存现金）增加了 3 000 元。表现为一项资产增加，另一项资产减少，但资产总额不变，会计等式仍然保持恒等。本例属于上述第三种经济业务类型。

（6）一项负债增加，另一项负债减少。

【例 1-6】假如美的公司从银行借入 3 个月的短期借款 10 000 元偿还前欠货款。

这项经济业务的发生，使美的公司的负债（短期借款）增加了 10 000 元，同时负债（应付账款）减少了 10 000 元。表现为一项负债增加，另一项负债减少，但负债总额不变，会计等式仍然保持恒等。本例属于上述第四种经济业务类型。

（7）一项所有者权益增加，另一项所有者权益减少。

【例 1-7】假如美的公司经批准将资本公积转增资本 20 000 元。

这项经济业务的发生，使美的公司的所有者权益（资本公积）减少了 20 000 元，同时所有者权益（股本）增加了 20 000 元。表现为一项所有者权益增加，另一项所有者权益减少，但所有者权益总额不变，会计等式仍然保持恒等。本例属于上述第四种经济业务类型。

（8）一项负债增加，一项所有者权益减少。

【例 1-8】假如美的公司向投资者分配利润 10 000 元。

这项经济业务的发生，使美的公司的所有者权益（利润分配）减少了 10 000 元，同时负债（应付股利）增加了 10 000 元。表现为一项负债增加，一项所有者权益减少，但权益总额不变，会计等式仍然保持恒等。本例属于上述第四种经济业务类型。

（9）一项负债减少，一项所有者权益增加。

【例 1-9】假如美的公司将已发行的债券 100 000 元转为股本。

这项经济业务的发生，使美的公司的负债（应付债券）减少了 100 000 元，同时所有者权益（股本）增加了 100 000 元。表现为一项所有者权益增加，一项负债减少，但权益总额不变，会计等式仍然保持恒等。本例属于上述第四种经济业务类型。

综合上述业务可以看出，企业在日常经营活动中发生的各种经济业务，无论属于哪种类型，都不会破坏“资产 = 负债 + 所有者权益”这一会计等式的恒等关系。

经济业务的发生对会计等式的影响，如图 1-9 所示。

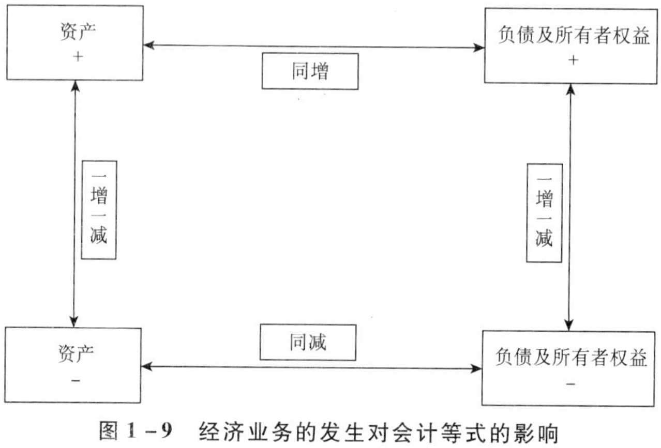

图 1-9　经济业务的发生对会计等式的影响

（二）资产负债表

资产负债表是反映企业某一特定日期财务状况的会计报表。它是根据“资产 = 负债 + 所有者权益”的会计等式，按照一定的分类标准和一定的顺序，把企业在一定日期资产、负债、所有者权益各项目予以适当排列，并对日常工作中形成的大量数据进行高度浓缩整理后编制而成的。

资产负债表能够提供资产、负债和所有者权益的全貌。信息使用者通过资产负债表可以了解企业某一日期的资产总额及其结构，表明企业拥有的经济资源及其分布情况，是分析企业生产经营能力的重要资料；了解企业某一日期的负债总额及其结构，表明企业未来需要用多少资产或劳务清偿债务；了解所有者权益的情况，表明投资者在企业资产中所占的份额，了解权益的结构情况。资产负债表还可提供进行财务分析所需的基本资料，通过计算流动比率、速动比率、资产负债率等指标，可以了解企业的短期和长期偿债能力等。

美的公司的资产负债表，如表 1－4 所示。

表 1－4　　美的公司资产负债表（简表）

编制单位：美的公司　　2022 年 12 月 31 日　　单位：亿元

资　产	期末数	期初数	负债和所有者权益	期末数	期初数
流动资产：			流动负债：		
货币资金	552.70	718.76	短期借款	51.69	53.82
交易性金融资产	32.85	58.79	应付票据	255.72	327.52
应收票据	47.58	47.85	应付账款	642.33	659.84
应收账款	282.38	246.36	……	……	……
其他应收款	22.11	31.04	流动负债合计	2 063.41	2 228.51
存货	460.45	459.24	非流动负债：		
……	……	……	长期借款	506.86	197.34
流动资产合计	2 610.99	2 488.65	……		……
			非流动负债合计	642.90	302.70
非流动资产：			负债合计	2 706.31	2 531.21
长期股权投资	51.89	37.97	所有者权益：		
投资性房地产	8.10	8.59	实收资本（或股本）	69.97	69.87
固定资产	260.83	228.53	资本公积	196.93	205.17
无形资产	169.09	171.73	其他综合收益	1.08	－17.59
……	……	……	盈余公积	107.03	94.5
			未分配利润	1 196.79	1 029.83
			……	……	……
非流动资产合计	1 614.56	1 390.82	所有者权益合计	1 519.24	1 348.26
资产总计	4 225.55	3 879.47	负债和所有者权益总计	4 225.55	3 879.47

数据来源：美的公司 2022 年年报（因四舍五入，金额产生小数点后两位的差异）。

第四节　利润表及其要素

利润表是反映企业一定期间经营成果信息的报表。利润表由收入、费用、利润三个要素构成。

一、收入

（一）收入的定义及特征

收入是指企业在日常活动中形成的、会导致所有者权益增加的、与所有者投入资本无关的经济利益的总流入。其中，日常活动是指企业为完成经营目标所从事的经常性活动以及与之相关的活动。例如，工业企业制造并销售产品、商品流通企业销售商品、咨询公司提供咨询服务、软件公司为客户开发软件、安装公司提供安装服务、建筑企业提供建造服务等，均属于企业的日常活动。日常活动所形成的经济利益的流入应当确认为收入。

收入具有以下特征：①收入是从企业的日常活动中产生的；②收入会导致经济利益的流入，该流入不包括所有者投入的资本；③收入最终会导致所有者权益的增加。

（二）收入的确认条件

按照《企业会计准则第14号——收入》，企业确认收入的方式应当反映其向客户转让商品（或提供服务）的模式，确认收入的金额应当反映企业因转让这些商品（或服务）而预期有权收取的对价金额，并设定了统一的收入确认和计量的五步法模型：

第一步，识别与客户之间的合同；

第二步，识别合同中的单项履约义务；

第三步，确定交易价格；

第四步，将交易价格分配至单项履约义务；

第五步，在企业履行履约义务时确认收入。

（三）收入的分类

收入按其在经营业务中所占比重，可分为主营业务收入和其他业务收入。

主营业务收入，是指企业为完成其经营目标所从事的主要经营活动实现的收入。不同行业的企业具有不同的主营业务。例如，工业企业的主营业务是制造和销售产成品及半成品，商业企业的主营业务是销售商品。美的公司主营业务收入主要来自暖通空调、消费电器、机器人及自动化系统三大块的销售。2022年度，美的公司的主营业务收入总额为3 164.65亿元，其中暖通空调销售收入为1 506.35亿元，消费电器销售收入为1 252.85亿元，机器人及自动化系统的销售收入为299.28亿元。

其他业务收入，是指企业除主要经营业务以外的其他经营活动实现的收入，如工业企业出租固定资产、出租无形资产、出租周转材料类、销售不需用的原材料等实现的收入。2022年，美的公司的其他业务收入为274.53亿元，主要来自材料销售收入，金额为241.15亿元。

二、费用

(一) 费用的定义和特征

费用是指企业在日常活动中发生的、会导致所有者权益减少的、与向投资者分配利润无关的经济利益的总流出。费用具有以下特征：①费用是企业在日常活动中发生的；②费用会导致经济利益的流出，该流出不包括向所有者分配利润；③费用最终会导致所有者权益的减少。

(二) 费用的确认条件

费用的确认除了符合费用的定义以外，还应当满足严格的确认条件。费用的确认至少应当同时满足下列条件：①与费用有关的经济利益很可能流出企业；②经济利益流出企业的结果可能导致企业资产的减少或负债的增加；③经济利益流出的金额能够可靠地计量。

(三) 费用的分类

费用按其经济用途，可以分为生产费用和期间费用两部分。

(1) 生产费用。生产费用是指企业为生产产品、提供劳务等发生的可归属于产品成本、劳务成本等的费用，包括原材料、人工费和制造费用等。

(2) 期间费用。期间费用是指企业本期发生的不能直接或间接归入某种产品成本的，而是直接计入当期损益的各项费用，包括管理费用、销售费用、财务费用等。

美的公司 2022 年的主营业务成本为 2 370.07 亿元，其中暖通空调 1 162.34 亿元，消费电器 874.49 亿元，机器人及自动化系统 236.65 亿元；其他业务成本为 235.32 亿元。管理费用主要为职工薪酬费用、折旧与摊销费用、技术维护费、办公费、仓储服务费及物业管理费等，金额为 115.83 亿元。销售费用主要为维修费、宣传促销费、职工薪酬费用、电商服务费、仓储服务费及物业管理费等，金额为 287.16 亿元。财务费用主要为集团从事金融业务产生的利息收入与支出，共计 -33.87 亿元，其中利息收入 58.38 亿元，汇兑收益 -5.07 亿元，利息费用 18.31 亿元，其他费用 1.12 亿元。研发费用主要为职工薪酬费用、折旧与摊销费用及试制产品与材料投入等，金额为 126.19 亿元。

三、利润

利润，是指企业在一定会计期间的经营成果，包括企业在一定会计期间内实现的收入总额减去费用总额后的净额、直接计入当期利润的利得和损失等。直接计入当期利润的利得和损失，是指应当计入当期损益、会导致所有者权益发生增减变动的、与所有者投入资本或者向所有者分配利润无关的利得或者损失。

利润可分为营业利润、利润总额和净利润。营业利润是指企业在销售商品、提供劳务的日常活动中所产生的利润，为营业收入减去营业成本、税金及附加、销售费用、管理费用、研发费用、财务费用和资产减值损失，加或减公允价值变动损益和投资收益后的净额。利润总额是指营业利润加上营业外收入，减去营业外支出后的净额。其中，营业外收入是指企业发生的与其生产经营无直接关系的各项收入，如非流动资产毁损报废利得、罚款利得、无法支付的应付款项、捐赠利得等；营业外支出是指企业发生的与其生产经营无直接关系的各项支出，如非流动资产毁损报废损失、罚款支出、捐赠支出、非常损失等。净利润是指利润总额减去所得税后的金额。美的公司 2022 年度的营业利润为 347. 63 亿元，利润总额为 349. 56 亿元，净利润为 298. 10 亿元。

收入、费用和利润三个要素之间的关系可以表示为：

收入 - 费用 = 利润　　（等式 1 - 3）

由于利润也属于所有者权益的一种，收入和费用的发生是日常经营活动中影响所有者权益增减变动的两大要素，收入的增加意味着所有者权益的增加，费用的增加意味着所有者权益的减少，平时未结转利润之前，采用收入类账户和费用类账户进行暂记，会计期末，将收入与费用相减得出企业利润。利润在按规定程序进行分配以后，留存企业的部分再转化为所有者权益的增加（或减少）。因此，可以将等式 1 - 1 和等式 1 - 3 结合起来得到等式 1 - 4，即：

资产 = 负债 + 所有者权益 + 收入 - 费用　　（等式 1 - 4）

四、利润表

利润表是反映企业经营成果信息的报表，具体反映企业某一期间收入的实现情况和费用的发生情况，如企业某一期间实现的营业收入、投资收益及营业外收入各有多少；发生的营业成本、税金及附加、销售费用、管理费用、研发费用、财务费用及营业外支出有多少，从而可以分析企业的利润构成情况，并对企业的经营成果做出评价。美的公司的经营成果信息，如表 1 - 5 所示。

表 1 - 5　　美的公司利润表（简表）

编制单位：美的公司　　2022 年度　　单位：亿元

	2022 年度	2021 年度
一、营业总收入	3 457. 09	3 433. 61
减：营业成本	2 605. 96	2 646. 26
税金及附加	15. 65	16. 09
销售费用	287. 16	286. 47
管理费用	115. 83	102. 66
财务费用	- 33. 87	- 43. 86
其中：利息费用		13. 58
利息收入		- 51. 82
研发费用	126. 19	120. 15
信用减值损失	5. 14	3. 83
资产减值损失	5. 33	4. 83
加：投资收益	2. 08	23. 66
公允价值变动损益	- 2. 51	- 1. 66
……	……	……
二、营业利润	347. 63	332. 81
加：营业外收入	3. 95	6. 24
减：营业外支出	2. 03	1. 88
三、利润总额	349. 55	337. 17
减：所得税费用	51. 45	47. 02
四、净利润	298. 10	290. 15

数据来源：美的公司 2022 年年报（因四舍五入，金额产生小数点后两位的差异）。

第五节　现金流量表及其要素

从信息生成的角度，企业利润是按照权责发生制原则核算的。在实务中，现金类资产及其流动情况亦受到高度重视与关注，特别是在不确定性增加的趋势下，现金流的顺畅与否往往决定企业的生死存亡。为了及时反映与监控现金流的相关信息，企业有必要按照现金收付制原则编制现金流量表。

现金流量表是反映企业在一定会计期间现金和现金等价物流入和流出的报表，其基本计算公式为：现金流入－现金流出＝现金净流量。我国《企业会计准则第 31 号——现金流量表》根据企业业务活动的性质和现金流量的来源，将企业一定期间产生的现金流量分为三类：经营活动产生的现金流量、投资活动产生的现金流量和筹资活动产生的现金流量。

现金流量信息是指企业在一定会计期间提供的经营活动、投资活动和筹资活动中现金和现金等价物流入和流出的信息，便于信息使用者了解和评价企业获取现金和现金等价物的能力，据以预测企业未来现金流量，有助于信息使用者对企业整体财务状况做出客观评价。

一、经营活动产生的现金流量

经营活动是指企业投资活动和筹资活动以外的所有交易和事项。各类企业由于行业特点不同，对经营活动的认定存在一定差异。对于工商企业而言，经营活动主要包括销售商品、提供劳务、购买商品、接受劳务、支付税费等。2022 年，美的公司销售商品、提供劳务收到的现金流量为 3 169.98 亿元，购买商品、接受劳务收到的现金流量为 2 213.46 亿元，经营活动产生的现金流量净额为 346.58 亿元。

二、投资活动产生的现金流量

投资活动是指企业长期资产的购建和不包括在现金等价物范围内的投资及其处置活动。这里所讲的投资活动，既包括企业对外的投资，如长期股权投资、债权投资、其他债权投资、其他权益工具投资等；也包括企业对内的投资，如购置固定资产、无形资产、投资性房地产等。2022 年，美的公司投资活动产生的现金流量净额为－135.10 亿元。其中，收回投资所收到的现金 985.65 亿元。购建固定资产、无形资产和其他长期资产所支付的现金 73.52 亿元，投资所支付的现金 1081.49 亿元。

三、筹资活动产生的现金流量

筹资活动是指导致企业资本及债务规模和构成发生变化的活动。这里所说的资本，既包括实收资本（或股本），也包括资本溢价（或股本溢价）；这里所说的债务主要指短期借款、长期借款、应付债券、长期应付款、应付利息和应付股利等。通常情况下，应付账款、应付票据、应付职工薪酬等属于经营活动，不属于筹资活动。2022 年，美的公司筹资活动产生的现金流量净额为－108.55 亿元，其中，吸收投资收到的现金 13.48 亿元，取得借款收到的现金 464.76 亿元，偿还债务支付的现金 409.21 亿元，分配股利、利润或偿付利息所支付的现金 137.40 亿元。

美的公司的现金流量信息，如表 1－6 所示。

表 1－6　　　美的公司现金流量表（略表）

编制单位：美的公司　　　2022 年度　　　单位：亿元

项目	2022 年度	2021 年度
一、经营活动产生的现金流量		
销售商品、提供劳务收到的现金	3 169.98	3 104.90
……	……	……
经营活动现金流入小计	3 437.68	3 304.15
购买商品、接受劳务支付的现金	2 213.46	2 092.16
……	……	……
经营活动现金流出小计	3 091.10	2 953.24
经营活动产生的现金流量净额	346.58	350.91
二、投资活动产生的现金流量		
收回投资所收到的现金	985.64	1 216.28
取得投资收益所收到的现金	38.00	56.48
……	……	……
投资活动现金流入小计	1 029.54	1 278.01
购建固定资产、无形资产和其他长期资产所支付的现金	73.52	68.25
投资所支付的现金	1 081.49	1 053.47
……	……	……
投资活动现金流出小计	1 164.63	1 142.02
投资活动产生的现金流量净额	－135.09	135.99
三、筹资活动产生的现金流量		
吸收投资收到的现金	13.48	15.51
取得借款收到的现金	464.76	160.34
……	……	……
筹资活动现金流入小计	547.39	211.45
偿还债务支付的现金	409.21	182.25
分配股利、利润或偿付利息所支付的现金	137.40	128.94
……	……	……
筹资活动现金流出小计	655.94	523.49
筹资活动产生的现金流量净额	－108.55	－312.04
四、汇率变动对现金及现金等价物的影响	2.88	－4.85
五、现金及现金等价物净增加额	105.82	170.01
加：期初现金及现金等价物余额	405.50	235.49
六、期末现金及现金等价物余额	511.32	405.50

数据来源：美的公司 2022 年年报（因四舍五入，金额产生小数点后两位的差异）。

思考与练习

一、思考题

1. 阐述我国会计的产生和发展。
2. 如何理解会计的定义？
3. 会计的基本职能有哪些？
4. 什么是会计对象？以生产企业为例简述会计的具体对象。
5. 会计核算的基本假设是什么？如何理解这些假设？
6. 何谓财务报告要素？财务报告要素包括哪些内容？各要素有何特点？
7. 资产与负债及所有者权益的关系如何？
8. 什么是会计等式？会计等式可以有哪几种不同的表示方法？
9. 权责发生制与收付实现制有何区别？
10. 会计信息质量要求有哪些？它们都有哪些具体要求？

二、选择题

1. 下列各项中，近代会计的形成标志是（　　）。

A. 会计从生产职能中分离成为独立的职能　B. 复式记账法的问世

C. 管理会计与财务会计相分离　D. 出现专职的会计人员

2. 下列各项中，会计的基本职能是（　　）。

A. 控制与监督　B. 核算与监督

C. 反映与核算　D. 反映与分析

3. 下列各项中，会计核算的主要量度工具是（　　）。

A. 货币量度　B. 劳动量度

C. 实物量度　D. 非货币量度

4. 下列各项中，不属于人为划分会计的演变历史阶段的是（　　）。

A. 古代会计　B. 近代会计

C. 现代会计　D. 未来会计

5. 下列各项中，不属于会计核算基本假设的是（　　）。

A. 会计主体　B. 持续经营

C. 会计分期　D. 记账本位币

6. 下列各项中，确定会计核算工作空间范围的前提条件是（　　）。

A. 会计主体　B. 持续经营

C. 会计分期　D. 货币计量

7. 下列各项中，企业会计期间的划分依据是（　　）

A. 自然形成的　B. 人为划分的

C. 一个周转过程　D. 营业年度

8. 下列各项中，企业不应高估资产或收益、低估负债或者费用体现的会计信息质量要求是（　　）。

A. 重要性　　B. 谨慎性

C. 实质重于形式　　D. 客观性

9. 在权责发生制下，下列各项中，企业应列作本期收入的是（　　）。

A. 本月销货款存入银行

B. 上个月销货款本月收存银行

C. 本月预收下月货款存入银行

D. 本月收回上月多付给供应单位的预付款存入银行

10. 资产是指企业过去的交易或事项形成的、由企业拥有或控制的、预期会给企业带来经济利益的（　　）。

A. 物资资源　　B. 财富

C. 资源　　D. 收入

11. 一个企业的资产总额与权益总额（　　）。

A. 必然相等　　B. 有时相等

C. 不会相等　　D. 只有在期末时相等

12. 一项资产增加、负债增加的经济业务发生后，都会使资产与权益原来的总额（　　）。

A. 发生同增的变动　　B. 发生同减的变动

C. 不会变动　　D. 发生不等额的变动

13. 期初，某企业权益总额为 80 万元，本期发生一笔以银行存款 10 万元偿还银行借款的经济业务，不考虑其他因素，该企业期末的资产总额为（　　）万元。

A. 80　　B. 90

C. 100　　D. 70

14. 企业收入的发生往往会引起（　　）。

A. 负债的增加　　B. 资产的减少

C. 资产的增加　　D. 所有者权益减少

15. 对会计对象的具体划分称为（　　）。

A. 会计科目　　B. 会计原则

C. 会计要素　　D. 会计方法

16. 经济业务发生仅涉及资产这一会计要素时，只引起该要素中某些项目发生（　　）。

A. 同增同减　　B. 同减变动

C. 一增一减变动　　D. 不变动

17. 下列各项中，引起资产和权益同时减少的业务是（　　）。

A. 用银行存款偿还应付账款　　B. 向银行借款直接偿还应付账款

C. 购买材料货款暂未支付　　D. 工资计入产品成本但暂未支付

18. 下列各项中，属于流动资产的是（　　）。

A. 应付利息　　B. 固定资产

C. 预付账款　　D. 短期借款

19. 下列各项中，属于负债的是（　　）。

A. 应付账款　　B. 固定资产

C. 预付账款　　D. 股本

20. 会计等式表达了（　　）之间的数量关系。

A. 会计科目　　B. 会计要素

C. 会计账户　　D. 会计主体

21. 8月末，某企业负债总额为1 200万元，9月份收回欠款150万元，用银行存款归还借款100万元，用银行存款预付购货款120万元，预收客户定金50万元。不考虑其他因素，9月末，该企业负债总额为（　　）万元。

A. 1 150　　B. 1 100

C. 1 350　　D. 1 370

22. 外部监督不包括（　　）。

A. 单位负责人　　B. 审计

C. 税务　　D. 证券监管

23. 在下列各项中，与传统的财务会计相对立概念而存在的是（　　）。

A. 现代会计　　B. 企业会计

C. 管理会计　　D. 管理会计学

24. 下列各项中，属于会计信息内部使用者的是（　　）。

A. 股东　　B. 董事会

C. 债权人　　D. 政府机关

25. 下列各项中，不属于经营活动产生的现金流量的是（　　）。

A. 销售商品、提供劳务所收到的现金　　B. 购买商品、接受劳务所支付的现金

C. 支付生产工人的工资　　D. 购买固定资产支付的款项

三、业务处理题

1. 某企业7月发生下列经济业务：

（1）销售产品5 000元，货款存入银行；

（2）销售产品10 000元，货款尚未收到；

（3）支付下半年7—12月份的租金3 000元；

（4）收到上月应收的销货款8 000元；

（5）收到购货单位预付货款4 000元，下月交货；

（6）本月应付水电费400元，下月支付。

要求：根据上述经济业务，分别按权责发生制和收付实现制计算该企业当月（7月）的收入和费用，并填入表1-7中。

表1-7　收入与费用的确认与计量　　单位：元

业务号	权责发生制		收付实现制	
	收入	费用	收入	费用
1				
2				
3				
4				
5				
6				

2. 练习与掌握经济业务的类型及对会计等式的影响。

资料：2 ×23 年 5 月 31 日，美达公司资产总计 375 000 元，负债总计 112 000 元。2 ×23 年 6 月，该公司发生如下经济业务：

（1）用银行存款购入全新机器一台，价值 30 000 元；

（2）投资人投入原材料，价值 10 000 元；

（3）以银行存款偿还所欠供应单位账款 5 000 元；

（4）收到供应单位所欠账款 8 000 元，存入银行；

（5）将一笔长期负债 50 000 元转为对企业的投资；

（6）按规定将 20 000 元资本公积转为实收资本。

要求：根据上述资料，回答以下问题。

（1）根据 6 月份发生的经济业务，说明经济业务对会计要素的影响；

（2）计算 6 月末美达公司的资产总额、负债总额和所有者权益总额。

四、案例分析题

1. 资料：美达公司是一家建筑集团公司，于 2 ×07 年 4 月注册成立，设立时的注册资本为 1 000 万元。审计人员对美达公司下列事项进行分析：

（1）美达公司陈达董事长将私家小轿车的维修费用 3 500 元作为管理费用报销，他觉得企业是他自己的，所以个人支出可以由企业来负担。

（2）美达公司有一个大的建筑项目，从 2 ×21 年 6 月 10 日动工，至 2 ×22 年 7 月 16 日完工，该公司为此编制了从 2 ×21 年 6 月 10 日至 2 ×22 年 7 月 16 日的会计报表。

（3）美达公司的子公司奇飞公司因经营不善，正面临破产清算，美达公司在编制合并报表时对该子公司与其他子公司采用了同样的标准。

要求：根据上述资料，分析美达公司的会计处理违背了哪些会计假设？

2. 查阅你感兴趣的某家公司的财务报告，列出其资产、负债、所有者权益、收入、费用、利润，并尝试用会计语言描述它的主要特征。

第二章　会计核算

“这两来两往，让我深刻感受到业务知识的贫乏，尤其是会计方面，我更是个门外汉。我开始规定自己：每晚下班后，无论多晚都要看两个小时的会计书。通过自学，我才了解什么是资产负债表，什么是利润表。为了加深对会计的理解，我就在日常经营中进行练习，自己开始学着记账，将每天的交易、支出、收入记下来，下月初的时候，同张敏的财务账对照比较。三个月过去，阅读财务报表没有障碍了。”

——王石，万科集团创始人，入选《财富》“中国最具影响力的 25 位商界领袖”

学习目标

1. 理解并掌握会计科目的概念及分类
2. 掌握会计账户的概念、基本结构
3. 掌握账户与会计科目的联系与区别
4. 掌握复式记账法的概念及种类
5. 掌握借贷记账法下不同性质账户的结构、记账规则和试算平衡
6. 理解原始凭证和记账凭证的含义和分类
7. 掌握各种凭证的填制和审核要求
8. 了解会计账簿的内容、种类
9. 理解并掌握会计账簿的启用和记账规则
10. 掌握对账和结账的方法

本章重点

会计科目与会计账户的区别和联系；借贷记账法包括的主要内容及应用；会计凭证的概念及种类；会计凭证的填制和审核；会计账簿的概念及种类；对账和结账的方法。

本章内容提要

▷会计科目与会计账户
▷记账方法
▷会计凭证与账簿
▷会计工作循环

课堂思政

党的二十大报告中明确提出“构建全国统一大市场，深化要素市场化改革，建设高标准市场体系”“依法规范和引导资本健康发展”。2021 年 11 月 17 日，广东省佛山市中级人民法院对康美药业原董事长马兴田以操纵证券市场罪、违规披露、不披露重要信息罪、单位行贿罪判处有期徒刑 12 年，并处罚金 120 万元；康美药业原副董事长许冬瑾等其他 11 名被告人分别被判处有期徒刑 6 年至 6 个月，并处罚金。

康美药业作为上市公司，承担 24.59 亿元的赔偿责任；公司实际控制人马兴田夫妇及邱锡伟等 4 名原高管人员组织策划实施财务造假，属故意行为，承担百分之百的连带赔偿责任；另有 13 名高管人员按过错程度分别承担 20%、10%、5% 的连带赔偿责任。

同时，康美药业的审计机构广东正中珠江会计师事务所（下称“正中珠江”），因未实施基本的审计程序，严重违反了相关法律规定，导致康美药业严重财务造假未被审计发现，被判决承担百分之百的连带赔偿责任。正中珠江合伙人和签字会计师杨文蔚在正中珠江承责范围内承担连带赔偿责任。

该案是新《证券法》确立中国特色证券特别代表人诉讼制度后的首个案件，也是迄今为止法院审理的原告人数最多、赔偿金额最高的上市公司虚假陈述民事赔偿案件。2019 年，证监会对康美药业及马兴田夫妇开出的顶格处罚分别为 60 万元和 90 万元。

证监会有关部门负责人表示，此次判决示范意义重大，是落实新《证券法》和中办、国办《关于依法从严打击证券违法活动的意见》的有力举措，也是资本市场史上具有开创意义的标志性案件。康美药业案在处理过程中实现了“惩首恶”的目标，有利于不断增强市场各方的敬畏之心。

第一节　会计科目与会计账户

一、会计科目

（一）会计科目的概念

通过第一章内容的学习，可以了解到企业在生产经营过程中会发生各种各样的经济业务（交易或事项），这些交易或事项的发生又会引起会计要素的增减变动。会计要素只是对会计对象的最基本分类，简单运用会计要素来反映错综复杂的经济业务无法满足信息使用者的需求。在实际工作中，信息使用者要做出相关决策，往往需要更为详细的资料。例如，经营者需要了解收入、费用构成及其变化趋势；所有者需要了解利润构成及其分配情况；债权人需要了解负债构成情况及其偿债能力；税务机关要了解企业缴纳税费的详细情况等。因此，有必要对会计要素的内容进行进一步细分，分门别类地核算，以满足经济管理及有关各方对会计信息的需求。

会计科目是对会计要素的具体内容进行分类核算的项目。即采用一定的形式，对每一个会计要素所反映的具体内容进一步进行分门别类的反映。会计科目是设置账户、填制记账凭证、登记账簿和编制会计报表的重要依据。

（二）会计科目的分类

会计科日是会计人员对经济业务进行记录的基础，为了正确地理解和运用会计科目，可按一定的标准对会计科目进行适当分类。

1. 按反映经济内容分类

会计科目按其所反映的经济内容不同，分为资产类、负债类、共同类、所有者权益类、成本类与损益类。

（1）资产类科目是用于核算和监督各种资产的增减变化及其结果的会计科目，例如，库存现金、银行存款、应收账款、原材料、固定资产等。

（2）负债类科目是用于核算和监督各种负债的增减变化及其结果的会计科目，例如，短期借款、应付账款、应付职工薪酬、长期借款等。

（3）共同类科目既有资产性质，又有负债性质，这样有共性的科目，共同类科目多为金融、保险、投资、基金等公司使用。

（4）所有者权益类科目是用于核算和监督所有者权益增减变化及其结果的会计科目，例如，实收资本（或股本）、资本公积、盈余公积等。

（5）成本类科目是用于核算和监督成本的发生和归集情况的会计科目，例如，生产成本、制造费用等。

（6）损益类科目是用于核算和监督收入、费用的发生或归集情况的会计科目，可以进一步分为收入类科目与费用类科目，例如，主营业务收入、其他业务收入、主营业务成本、其他业务成本、管理费用、销售费用、财务费用等。

2. 按提供指标的详细程度分类

会计科目按其所提供信息的详细程度不同，可分为总分类科目和明细分类科目。

（1）总分类科目。总分类科目是对会计要素具体内容进行总括分类、提供总括信息的会计科目，亦称总账科目或一级科目。在我国，总分类科目一般由财政部统一制定。企业在不违反会计准则中确认、计量和报告规定的前提下，可以根据本单位的实际情况自行增设、分拆、合并会计科目。企业不存在的交易或者事项，可不设置相关会计科目。根据《企业会计准则——应用指南》（财会〔2006〕18号）及准则修改和增加过程中新增和修改的企业会计科目表，如表2-1所示。会计科目编号为企业填制会计凭证、登记会计账簿、查阅会计账目、采用会计软件系统提供了便利。总分类会计科目表采用的是“四位数字定位编号法”：千位数码的1、2、3、4、5、6分别顺序代表资产类、负债类、共同类、所有者权益类、成本类和损益类，即按内容划分的类别；百位数码代表每一大类会计科目下较为详细的项目分类及固定排列；十位和个位数码一般代表每个项目之下会计科目的顺序号，即从01开始，至99为止。

表2-1　企业常用会计科目表

编号	会计科目名称	会计科目适用范围及说明
一、资产类		
1001	库存现金	

续表

编号	会计科目名称	会计科目适用范围及说明
1002	银行存款	
1012	其他货币资金	
1101	交易性金融资产	
1121	应收票据	
1122	应收账款	
1123	预付账款	
1131	应收股利	
1132	应收利息	
1221	其他应收款	
1231	坏账准备	
1401	材料采购	
1402	在途物资	
1403	原材料	
1405	库存商品	
1406	发出商品	
1471	存货跌价准备	
1511	长期股权投资	
1512	长期股权投资减值准备	
1521	投资性房地产	
1601	固定资产	
1602	累计折旧	
1603	固定资产减值准备	
1604	在建工程	
1605	工程物资	
1606	固定资产清理	
1701	无形资产	
1702	累计摊销	
1703	无形资产减值准备	
1711	商誉	
1801	长期待摊费用	
二、负债类		
2001	短期借款	
2101	交易性金融负债	
2201	应付票据	
2202	应付账款	
2203	预收账款	

续表

编号	会计科目名称	会计科目适用范围及说明
2211	应付职工薪酬	
2221	应交税费	
2231	应付利息	
2232	应付股利	
2241	其他应付款	
2501	长期借款	
2502	应付债券	
2701	长期应付款	
2801	预计负债	
	合同负债	科目编码由企业自主确定
三、共同类		
3001	清算资金往来	银行专用
3002	货币兑换	金融共同
3101	衍生工具	
3201	套期工具	
3202	被套期项目	
四、所有者权益类		
4001	实收资本	
4002	资本公积	
4003	其他综合收益	
4101	盈余公积	
4103	本年利润	
4104	利润分配	
4201	库存股	
五、成本类		
5001	生产成本	
5101	制造费用	
5201	劳务成本	
5301	研发支出	
六、损益类		
6001	主营业务收入	
6051	其他业务收入	
6061	汇兑损益	
6101	公允价值变动损益	
6111	投资收益	
6115	资产处置损益	

续表

编号	会计科目名称	会计科目适用范围及说明
6117	其他收益	
6301	营业外收入	
6401	主营业务成本	
6402	其他业务成本	
6403	税金及附加	
6601	销售费用	
6602	管理费用	
6603	财务费用	
6701	资产减值损失	
6702	信用减值损失	
6711	营业外支出	
6801	所得税费用	
6901	以前年度损益调整	

（2）明细分类科目。明细分类科目是对总分类科目作进一步分类、提供明细核算指标的科目，也称明细科目或细目。对于明细科目，企业可以比照《企业会计准则——应用指南》附录中的规定自行设置。如“应收账款”科目按债务人名称或姓名设置明细科目，反映应收账款的具体对象；“应付账款”科目按债权人名称或姓名设置明细科目，反映应付账款的具体对象；“原材料”科目按原料及材料的类别、品种和规格等设置明细科目，反映各种原材料的具体构成内容。

如果某一总账科目下的明细科目较多，明细科目又可以按照需要分为二级科目和三级科目。例如，在“原材料”总分类科目下，可按材料的类别设置二级科目“主要材料”“辅助材料”等，“主要材料”下还可设置“钢板”“铜管”等三级科目，如表 2－2 所示。不同级次的会计科目提供的核算指标详细程度不同，二级科目反映的会计信息比总分类科目详细，但比三级科目概括。总之，会计科目作为一个体系包括科目内容和科目级次，科目内容反映各科目之间的横向联系，科目级次反映科目内部的纵向联系。

表 2－2　　总分类科目与明细分类科目

总分类科目（一级科目）	明细分类科目	
	二级科目	三级科目
原材料	主要材料	钢板
		铜管
	辅助材料	铝箔
		制冷剂

二、会计账户

（一）会计账户的概念

会计科目只是对会计对象具体内容进行分类的项目或名称，不是具有一定格式的记账载体。为了能对发生的经济业务进行连续、系统、全面地反映和监督，还必须设置账户，在账户上分类记录会计要素的增减变动情况及其结果。设置账户是会计核算的重要方法之一。

所谓会计账户，是根据会计科目设置的，具有一定格式和结构，用于分类记录经济业务发生情况的一种专门工具。会计账户是会计信息的“储存器”，通过会计账户，可以将经济业务发生而引起的资产、负债、所有者权益、收入和费用的变化及其结果进行整理、分类和汇总。例如，可以通过设置“银行存款”账户来记录企业存款的增减变动情况。

（二）会计账户的分类

为了从不同侧面来进一步理解会计账户，可以通过对会计账户按不同标准进行分类，账户分类标准较多，涉及的会计理论也比较多，因此，这里仅介绍两种分类标准。

1. 按反映的经济内容分类

由于账户是根据会计科目设置的，因此账户也可以根据所反映的经济内容来分类，按此标准可将其分为资产类账户、负债类账户、共同类账户、所有者权益类账户、成本类账户、损益类账户六类。

（1）资产类账户，按资产的流动性分为流动资产账户和非流动资产账户。其中流动资产账户包括库存现金、银行存款、交易性金融资产、应收账款、原材料和库存商品等；非流动资产账户包括长期股权投资、固定资产、无形资产等。

（2）负债类账户，按负债的偿还期限分为流动负债账户和非流动负债账户。其中流动负债账户包括短期借款、应付账款、应付职工薪酬、应交税费、应付利润等；非流动负债账户包括长期借款、应付债券、长期应付款等。

（3）共同类账户包括清算资金往来、货币兑换、衍生工具等。

（4）所有者权益类账户包括实收资本、资本公积、盈余公积、本年利润和利润分配等。

（5）成本类账户是为了计算产品成本而设计的账户，包括生产成本和制造费用等。

（6）损益类账户是为了计算损益（利润或亏损）而设计的账户，包括主营业务收入、主营业务成本、税金及附加、销售费用、管理费用、财务费用、其他业务收入、其他业务成本等。

2. 按提供指标的详细程度分类

同会计科目的分类相对应，按照其所反映会计要素具体内容的详细程度，账户也分为总分类账户和明细分类账户。总分类账户称为一级账户，总分类账户以下的账户称为明细分类账户。总分类账户是指根据总分类科目设置的，用于对会计要素具体内容进行总括分类核算的账户，简称总账账户或总账。明细分类账户是根据明细分类科目设置的，用于对会计要素具体内容进行明细分类核算的账户，简称明细账户或明细账。

总分类账户是所属明细分类账户的统驭账户，它以货币作为主要的计量单位，总括地反映各项会计要素的增减变动情况；明细分类账户是总分类账户的辅助账户，它是总分类账户的补充和具体化。明细分类账户除了货币计量外，还需要增加实物计量和劳动计量。例如，为了具体地了解掌握各种原材料的收入、发出和结存情况，需要在“原材料”总分类账户下面，按照原材料的品种、规格设置原材料明细分类账户。在原材料明细分类账户中，既要使用货币计量，又要有实物计量，并同时进行登记，以便加强对实物和资金的管理。

（三）会计账户的基本结构

会计账户的结构是指会计账户的格式。各项经济业务的发生情况需要在会计账户中进行记录，每一个会计账户不但要有明确的核算内容，而且要有一定的结构。随着会计主体的经济业务不断发生，各项会计要素的内容也会随之变动，尽管这种变动错综复杂，但从金额上看，只有增加和减少两种情况。因此，用于分类记录经济业务的会计账户，其基本结构一般分为左、右两方，一方登记会计要素的增加，另一方登记会计要素的减少。至于哪一方登记增加，哪一方登记减少，取决于经济业务和各个账户的性质以及所采用的记账方法。关于会计账户两方的名称，以及哪一方登记增加额，哪一方登记减少额，余额在哪一方，将在下一节借贷记账法中详细讲述。

在实际工作中，一个完整的账户结构可以根据不同的业务需要设计出各种不同格式，除了必须包含有反映会计要素增加额、减少额和余额的基本结构外，还应包括用于反映其他相关信息的其他栏目。一般来说，会计账户的基本结构应包括以下内容：

（1）账户名称（即会计科目）。

（2）日期（一般是记录经济业务的日期）。

（3）记账凭证号数（即登账所依据的记账凭证的编号）。

（4）经济业务摘要（简要概括说明经济业务的内容）。

（5）增加额、减少额（说明经济业务的数量）。

（6）余额（包括期初余额和期末余额）。

由于所使用的记账方法的不同，会计账户左右两方具体反映的内容也不相同。在借贷记账法下，会计账户的基本格式，如表 2 – 3 所示。

表 2 – 3　　　　**总账账户**

会计科目编号及名称：________

年		记账凭证号数	摘要	页数	借方									贷方									借或贷	余额								
月	日				百	十	万	千	百	十	元	角	分	百	十	万	千	百	十	元	角	分		百	十	万	千	百	十	元	角	分

上述会计账户的基本结构，可以简化为“T”字形，称为T型账户，或者称为丁字账，其格式如图2－1所示。

图2－1　T型账户

上述会计账户的基本格式，是手工记账经常采用的格式，这是为了更加直观地说明问题。在借贷记账法下，账户的左边固定表示借方，右边固定表示贷方，这仅仅是一个会计惯例，或者说是规则，该规则适用于所有的账户。所以，T型账户不标明“借方”和“贷方”，也能明确表示借贷方向。在电子计算机记账的情况下，尽管账户的格式不明显，但是仍然要按照上列格式的内容开展程序设计，进行数据处理。

通过会计账户记录的金额，可以提供如下核算指标：①登记本期增加的金额，即本期增加发生额；②登记本期减少的金额，即本期减少发生额；③增减相抵后的差额，即余额，余额按照表示的时间不同，分为期初余额和期末余额。本期的期末余额转入下一期就是下一期的期初余额。一般情况下，会计账户的核算指标关系如下：

期初余额＋本期增加发生额－本期减少发生额＝期末余额　（等式2－1）

【例2－1】以美的公司在某一会计期间的现金交易为例，说明如何登记“库存现金”账户，该公司库存现金期初余额为2 000元，本期库存现金的增加发生额被记入借方，合计9 300元，库存现金的减少发生额被记入贷方，合计8 900元，公司期末还有库存现金2 400元。如图2－2所示。

库存现金

期初余额	2 000		
本期增加额	5 000	本期减少额	6 500
	1 500		1 200
	2 000		200
	800		1 000
本期发生额	9 300	本期发生额	8 900
期末余额	2 400		

图2－2　库存现金账户

三、会计科目与会计账户的关系

会计科目是对会计要素进行具体分类核算的项目。会计账户是以会计科目为依据，对各项经济业务进行分类、系统连续记录的一种载体。会计科目和会计账户之间既有联系，又有区别。

会计科目是会计账户的名称，是设置会计账户的一个重要依据。因此，会计科目和会计账户的联系表现在：会计科目的内容与分类方法决定了会计账户的内容和分类方法，它们都被用来反映会计对象的具体内容，所反映的经济内容相同，两者口径一致，性质相同；会计账户是会计科目的具体运用。比如“银行存款”科目与“银行存款”账户核算的内容、范围完全相同。没有会计科目，会计账户便失去了设置的依据；没有会计账户，会计科目就无法反映会计要素的增减变动及结余。

会计科目和会计账户的区别是：会计科目仅仅是会计账户的名称，不存在结构；而会计账户则具有一定的格式和结构。会计科目仅说明反映的经济内容是什么，而会计账户不仅说明反映的经济内容是什么，而且能系统反映和监督其增减变化及结余情况。会计科目的作用主要是为了开设账户，填制凭证所运用；而会计账户的作用主要是提供某一具体会计对象的会计资料，为编制会计报表所运用。在实际工作中，往往把会计科目和会计账户不加区分地相互通用。

第二节　记账方法

一、记账方法

（一）记账方法的含义

为了对会计要素进行核算与监督，按一定原则设置会计科目，并依据会计科目开设了账户之后，就需要采用一定的记账方法将会计要素的增减变动登记在账户中。记账方法是根据一定的原理、记账符号、记账规则，采用一定的计量单位，利用文字和数字在账簿中登记经济业务的方法。记账方法在会计的产生和发展过程中，经历了从单式记账法过渡到复式记账法的漫长过程。

（二）单式记账法

单式记账法是指对发生的每一项经济业务，只在一个账户中加以登记的一种记账方法。单式记账法不能全面、系统地反映各项会计要素的增减变动情况和经济业务的来龙去脉，也不便于检查账户记录的正确性和完整性。单式记账法是与经济不发达相联系的，因此，只能在简单经济条件下应用。

（三）复式记账法

复式记账法是相对于单式记账法而言，是现代会计普遍采用的记账方法。复式记账法是指对每一项经济业务，都必须用相等的金额在两个或两个以上相互联系的账户中进行登记，全面系统地反映会计要素增减变化的一种记账方法。比如，以银行存款 1 500 元支付厂部电话费，企业一方面要记“管理费用”增加 1 500 元；另一方面还要记“银行存款”减少 1 500 元。

由此可见，复式记账法与单式记账法相比较，其显著的优点在于：一是采用复式记录方式（即双重记录方式），由于对每项经济业务都要在两个或两个以上相互联系的账户中同时进行记录，这不仅可以了解每一项经济业务的来龙去脉，而且当全部经济业务都相互联系地登记入账之后，通过账户记录，就能够完整、系统地反映出经济活动的过程和结果；二是由于对每项经济业务都要以相等的金额分类登记入账，因而它使全部账户增减的发生额和余额的合计数存在着一定的平衡关系。利用这种平衡关系可以对账户记录的结果进行试算平衡，以检查账户记录是否正确和完整。

二、借贷记账法

（一）借贷记账法的基本原理

借贷记账法是指以“借”“贷”作为记账符号，采取“有借必有贷，借贷必相等”的记账规则，按照科学的账户体系和账户结构进行记录的一种复式记账方法。

借贷记账法与其他复式记账方法相比，主要在记账符号、账户结构、记账规则和试算平衡等四个方面有其显著的特点。

1. 记账符号

记账符号是指明经济业务应记入账户方向和表明金额增减变化的一种记号，借贷记账法以“借”和“贷”作为记账符号。根据会计等式的平衡关系，借贷记账法记账符号的含义规则是：用“借”表示资产和费用类账户的增加和负债、所有者权益、收入类账户的减少；用“贷”表示负债、所有者权益、收入类账户的增加和资产、费用类账户的减少。记账符号所表示的含义，如图2-3所示。

资产 + 费用　=　负债 + 所有者权益 + 收入

图2-3　记账符号的含义

从图2-3可以看出，借贷记账法的记账符号具有双重的含义，“借”字既表示增加（资产和费用的增加），又表示减少（负债、所有者权益和收入的减少）；“贷”字既表示增加（负债、所有者权益和收入的增加），又表示减少（资产和费用的减少）。例如，企业将50 000元的现金存入银行。这项经济业务，它将会引起企业“银行存款”增加50 000元和“库存现金”减少50 000元。由于“银行存款”是资产类的账户，因此其增加应记入“银行存款”账户的借方；而“库存现金”也是资产类账户，故其减少应记入“库存现金”账户的贷方。用记账符号表示为：“借：银行存款50 000，贷：库存现金50 000”。由此可见，要正确使用记账符号，关键是要辨清账户的性质类别。

2. 账户结构

账户结构是指一个账户的记账方向的表达形式以及在一个账户中的什么方向反映经济业务增加、减少和余额。每一账户基本结构均有“左方”和“右方”，借贷记账法下的账户左方为“借方”，账户右方为“贷方”。由于账户的性质类别不同，其“借方”和“贷方”反映的经济业务变动情况不同，其账户结构也不同。

（1）资产类账户的结构。资产类账户的基本结构是：借方记录各项资产的增加额，贷方记录各项资产的减少额。在一个会计期内，将各项资产借方数额加总称为借方发生额；将各项资产贷方数额加总称为贷方发生额；将同一会计期内某个资产账户的借方发生额和贷方发生额相抵后再加上期初余额得到的余额称为期末余额，资产类账户期末余额一般在借方。期末余额在会计期末转入下一个会计期，成为下一会计期的期初余额。资产类账户的期末余额计算公式为：

资产类账户期末借方余额 = 期初借方余额 + 本期借方发生额 - 本期贷方发生额

（等式2-2）

资产类账户结构用T型账户表示，如图2-4所示。

借方	资产类账户		贷方
期初余额	×××		
本期增加额	×××	本期减少额	×××
	……		……
本期发生额合计	×××	本期发生额合计	×××
期末余额	×××		

图2-4　资产类账户结构

【例2-2】 美的公司的“库存现金”账户期初余额为3 000元，本期借方发生额为12 000元，本期贷方发生额为10 000元，则“库存现金”账户的期末余额计算如下：

库存现金账户期末余额 = 3 000 + 12 000 - 10 000 = 5 000（元）

（2）负债及所有者权益类账户的结构。负债及所有者权益类账户的基本结构是：贷方记录各项负债及所有者权益的增加额，借方记录各项负债及所有者权益的减少额。在一个会计期内，将各项负债及所有者权益贷方数额加总称为贷方发生额；将各项负债及所有者权益借方数额加总称为借方发生额；在同一会计期间各项负债及所有者权益的贷方发生额与借方发生额相抵再加上期初余额后的余额称为期末余额，期末余额一般在贷方。期末余额在会计期末转入下一会计期，作为下一会计期的期初余额。其计算公式为：

负债及所有者权益类账户期末贷方余额 = 期初贷方余额 + 本期贷方发生额 - 本期借方发生额

（等式2-3）

负债及所有者权益类账户结构用T型账户表示，如图2-5所示。

借方	负债及所有者权益类账户		贷方
		期初余额	×××
本期减少额	×××	本期增加额	×××
	……		……
本期发生额合计	×××	本期发生额合计	×××
		期末余额	×××

图2-5　负债及所有者权益类账户结构

【例2-3】 美的公司“短期借款”账户的期初余额为100 000元，本期贷方发生额50 000元，本期借方发生额90 000元；“本年利润”账户的期初余额为150 000元，本期贷方发生额为750 000元，本期借方发生额为500 000元，则“短期借款”账户和“本年利润”账户的期末余额计算如下：

短期借款账户期末余额 = 100 000 + 50 000 - 90 000 = 60 000（元）

本年利润账户期末余额 = 150 000 + 750 000 - 500 000 = 400 000（元）

（3）收入类账户的结构。收入类账户的基本结构是：贷方记录收入的增加数额；借方记录收入的减少和转出数额。期末，当期增加的收入一般从借方转出，以确定当期利润，因此，该类账户期末一般无余额。其计算公式为：

收入类账户本期贷方发生额合计 = 收入类账户本期借方发生额合计　（等式 2 - 4）

收入类账户结构用 T 型账户表示，如图 2 - 6 所示。

借方　　收入类账户	贷方
本期减少额　××× 本期转出额　××× ……	本期增加额　××× ……
本期发生额合计　×××	本期发生额合计　×××

图 2 - 6　收入类账户结构

【例 2 - 4】 美的公司"主营业务收入"账户期初余额为 0，本期贷方发生额为 1 130 000 元（为销售产品收入），本期借方发生额为 113 000 元（为退货冲减收入），本期转出到"本年利润"的数额为 1 017 000 元，则"主营业务收入"账户的期末余额计算如下：

主营业务收入账户的期末余额 = 0 + 1 130 000 - 113 000 - 1 017 000 = 0（元）

（4）费用类账户的结构。费用类账户的基本结构是：借方记录各项费用的增加额；贷方记录各项费用的减少额或转出额。期末，当期发生的费用一般从贷方转出，冲减当期损益，以确定当期利润，因此，该类账户期末一般无余额。其计算公式为：

费用类账户本期借方发生额合计 = 费用类账户本期贷方发生额合计　（等式 2 - 5）

费用类账户结构用 T 型账户表示，如图 2 - 7 所示。

借方　　费用类账户	贷方
本期增加额　××× ……	本期减少额　××× 本期转出额　××× ……
本期发生额合计　×××	本期发生额合计　×××

图 2 - 7　费用类账户结构

【例 2 - 5】 美的公司"财务费用"账户期初余额为 0，本期借方发生额为 36 000 元（为借款利息支出），本期贷方发生额为 6 000 元（为存款利息收入），本期转出到"本年利润"的数额为 30 000 元，则"财务费用"账户的期末余额计算如下：

财务费用账户的期末余额 = 0 + 36 000 - 6 000 - 30 000 = 0（元）

通过上述账户结构可以看出，不同性质的账户其借贷含义不同，账户结构也有所区别，它体现了借贷记账法的基本特点。借贷记账法下账户结构汇总表，如表 2 - 4 所示。

表 2 - 4　　账户结构汇总表

账户类型	账户借方	账户贷方	账户余额
资产类账户	增加	减少	一般在借方

续表

账户类型	账户借方	账户贷方	账户余额
负债类账户	减少	增加	一般在贷方
所有者权益类账户	减少	增加	一般在贷方
收入类账户	减少和转出	增加	一般无余额
费用类账户	增加	减少和转出	一般无余额

3. 记账规则

记账规则是会计运用记账方法记录经济业务时应当遵守的规律，是记账方法本质特征的具体表现。借贷记账法的记账规则为："有借必有贷、借贷必相等。"

下面以美的公司的经济业务为例，说明借贷记账法记账规则的具体运用。

【例 2－6】美的公司根据投资协议收到 A 股东投入货币资金 5 000 000 元，款项已存入银行。

此项经济业务发生，一方面引起资产要素中"银行存款"增加 5 000 000 元；另一方面引起所有者权益要素中"实收资本"增加 5 000 000 元。资产类账户增加记借方，所有者权益类账户增加记贷方，所以应在"银行存款"账户借方记 5 000 000 元；在"实收资本"账户贷方记 5 000 000 元。其经济业务在 T 型账户中的登记，如图 2－8 所示。

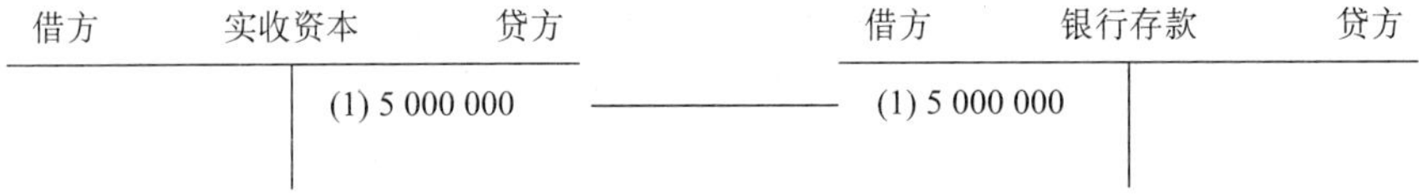

图 2－8

【例 2－7】美的公司向银行借入短期借款 1 000 000 元，款项已存入银行。

此项经济业务发生，一方面引起资产要素中"银行存款"增加 1 000 000 元；另一方面引起负债要素中"短期借款"增加 1 000 000 元。资产类账户增加记借方，负债类账户增加记贷方，所以应在"银行存款"账户借方记 1 000 000 元；在"短期借款"账户贷方记 1 000 000 元。其经济业务在 T 型账户中的登记，如图 2－9 所示。

图 2－9

【例 2－8】美的公司从银行提取现金 5 000 元，以备零星支出。

此项经济业务发生，一方面引起资产要素中"库存现金"增加 5 000 元；另一方面引起资产要素中"银行存款"减少 5 000 元。资产类账户增加记借方，减少记贷方，所以应在"库存现金"账户借方记 5 000 元；在"银行存款"账户贷方记 5 000 元。其经济业务在 T 型账户中的登记，如图 2－10 所示。

借方	银行存款	贷方		借方	库存现金	贷方
		(3) 5 000	——	(3) 5 000		

图 2－10

【**例 2－9**】美的公司从齐鲁铜厂采购紫铜一批，价款 100 000 元，材料已验收入库，款项尚未支付（假设不考虑相关税费）。

此项经济业务发生后，一方面引起资产要素中“原材料”增加；另一方面引起负债要素中“应付账款”增加。资产类账户增加记借方，负债类账户增加记贷方，所以应在“原材料”账户借方记 100 000 元，在“应付账款”账户贷方记 100 000 元。其经济业务在 T 型账户中的登记，如图 2－11 所示。

借方	应付账款	贷方		借方	原材料	贷方
		(4) 100 000	——	(4) 100 000		

图 2－11

【**例 2－10**】美的公司用银行存款偿还已到期的短期借款 500 000 元。

此项经济业务发生后，一方面引起资产要素中的“银行存款”减少 500 000 元；另一方面引起负债要素中的“短期借款”减少 500 000 元。资产类账户减少记贷方，负债类账户减少记借方，所以应在“银行存款”账户贷方记 500 000 元，在“短期借款”账户借方记 500 000 元。其经济业务在 T 型账户中登记，如图 2－12 所示。

借方	银行存款	贷方		借方	短期借款	贷方
		(5) 500 000	——	(5) 500 000		

图 2－12

【**例 2－11**】美的公司购入生产设备一台，已交付使用，价款计 400 000 元，款项已通过银行存款支付（假设不考虑相关税费）。

此项经济业务发生后，一方面引起资产要素中“固定资产”增加 400 000 元；另一方面引起资产要素中“银行存款”减少 400 000 元。资产类账户增加记借方，减少记贷方，所以应在“固定资产”账户借方记 400 000 元，在“银行存款”账户贷方记 400 000 元。其经济业务在 T 型账户中的登记，如图 2－13 所示。

借方	银行存款	贷方		借方	固定资产	贷方
		(6) 400 000	——	(6) 400 000		

图 2－13

从上述举例中可以看出，在经济业务发生后，无论涉及什么样的会计要素，也不管经济业务的性质如何，总要引起会计要素之间，或同一会计要素不同项目之间发生增减变化。但它在记入一个账户（或几个账户）的借方同时，必须要记入另一个账户（或几个账户）的贷方，记入借方的金额与记入贷方的金额都是相等的，这就是借贷记账法的“有借必有贷，借贷必相等”的记账规则。

4. 试算平衡

所谓试算平衡，是指在借贷记账法下，利用借、贷发生额和期末余额（或期初余额）的平衡原理，检查账户记录是否正确的一种方法。在借贷记账法下，按其“有借必有贷，借贷必相等”的记账规则记录经济业务，借、贷两方客观上存在平衡关系。因为每笔经济业务都以相等的金额按借贷相反的方向在对应账户中进行记录，这就使每一笔经济业务反映在账户中的借方发生额与贷方发生额必然相等。在某一会计期内全部经济业务在账户中的记录，其所有账户借方发生额合计也必然等于所有账户贷方发生额合计。根据广义的会计等式“资产 + 费用 = 负债 + 所有者权益 + 收入”以及账户的性质类别与借贷的含义规则，再加上账户期末余额是以其本期发生额为基础累计计算的，因此也存在所有账户期末借方余额合计等于所有账户期末贷方余额合计的平衡关系。借贷记账法下进行试算平衡有两种方法：

（1）发生额试算平衡法。发生额试算平衡法是用来检查全部账户的借贷发生额是否相等的方法。其计算公式如下：

$$\sum \text{全部账户借方发生额} = \sum \text{全部账户贷方发生额} \qquad (\text{等式 } 2-6)$$

（2）余额试算平衡法。余额试算平衡法是用来检查所有账户借方期初或期末余额和贷方期初或期末余额合计数是否相等的方法。其计算公式如下：

$$\sum \text{全部账户期初借方余额} = \sum \text{全部账户期初贷方余额} \qquad (\text{等式 } 2-7)$$

$$\sum \text{全部账户期末借方余额} = \sum \text{全部账户期末贷方余额} \qquad (\text{等式 } 2-8)$$

在会计实务中，往往通过期末编制试算平衡表的方式对发生额和余额进行试算平衡。试算平衡表的格式，如表 2－5 所示。

表 2－5　　发生额及余额试算平衡表

年　　月　　日　　　　单位：元

会计账户	期初余额		本期发生额		期末余额	
	借方	贷方	借方	贷方	借方	贷方
合计						

发生额及余额试算平衡表的编制方法：首先，期末要结出各账户的本期发生额及期末余额；其次，根据各账户的期初余额、本期发生额和期末余额分别填入试算平衡表中的“期初余额”“本期发生额”和“期末余额”栏；再次，计算试算平衡表的期初余额、本期发生额和期末余额的各栏合计数；最后，验证期初余额的借方合计与贷方合计、本期发生额的借方合计与贷方合计、期末余额的借方合计与贷方合计各自是否平衡。

在进行试算平衡时，应注意以下几点：

（1）必须保证所有账户的余额均已记入试算表。因为会计等式是对会计要素整体而言的，缺少任何一个账户的余额，都可能会造成期初或期末借方余额合计与贷方余额合计不相等。

（2）如果试算表借贷不平衡，账户记录肯定有错误，应认真查找，直到实现平衡为止。

（3）如果试算表实现了有关三栏的借贷平衡关系，一般说明记账是正确的，没有违反借贷记账法的记账规则，但并不能说明账户记录绝对没有错误，因为有些错误并不会影响借贷双方的平衡关系，因而不能仅凭试算平衡表来检查，如下列几种情况：①漏记某项经济业务，将使本期借贷双方的发生额发生等额减少，借贷仍然平衡；②重记某项经济业务，将使本期借贷双方的发生额发生等额虚增，借贷仍然平衡；③某项经济业务记错有关账户，借贷仍然平衡；④某项经济业务在账户记录中，颠倒了记账方向，借贷仍然平衡；⑤借方或贷方发生额中，偶然发生多记少记并相互抵销，借贷仍然平衡。因此，在编制试算平衡表前，应通过其他方法认真核对有关账户记录，以消除上述错误。

（二）会计分录

1. 会计分录的含义

会计分录简称分录，是经济业务在登记账户前预先确定的应记账户名称、方向和金额的一种记录形式。会计分录应包括记账方向（借方或贷方）、账户名称（会计科目）和金额三要素。记账方向是指反映经济业务事项发生增减变动的方向，账户名称是用来反映经济业务事项的内容，金额是反映资金变动的数额。

2. 会计分录的分类

会计分录按其所涉及账户的多少，可分为简单分录和复合分录两种。简单分录是指只涉及两个账户的会计分录，即一借一贷的会计分录；复合分录是指涉及两个以上（不包括两个）账户的会计分录，即一借多贷、多借一贷以及多借多贷的分录。也可以说，复合分录是由同一经济业务事项的若干个简单分录合并而成的会计分录。为了保持账户对应关系的清楚，一般不宜把不同经济业务合并在一起，编制多借多贷的会计分录。但在某些特殊情况下，为了反映经济业务的全貌，可以为同一经济业务事项编制多借多贷的会计分录。

3. 会计分录的编制步骤

编制会计分录包括会计确认与会计计量的内容。会计确认，是把企业发生的交易或事项与一定的会计要素联系起来加以认定的过程。会计计量，是指采用一定的计量方法确定会计要素的增减变动金额的过程。具体步骤为：

第一步，分析所涉及会计要素，即属于哪一类的账户；

第二步，分析经济业务涉及哪些账户；

第三步，分析哪个账户发生了增加，哪个账户发生了减少；

第四步，根据借贷记账法的记账符号确定应记入账户的借方还是贷方；

第五步，确定登记的金额，即增加或减少了多少金额；

第六步，按照要求写出完整的会计分录，然后检查会计分录的要素是否完整。

以【例 2－6】至【例 2－11】为例，说明运用借贷记账法编制简单的会计分录。

【例 2－6】 借：银行存款　　5 000 000

　　贷：实收资本　　5 000 000

【例 2－7】 借：银行存款　　1 000 000

　　贷：短期借款　　1 000 000

【例 2－8】 借：库存现金　　5 000

　　贷：银行存款　　5 000

【例 2－9】 借：原材料　　100 000

　　贷：应付账款　　100 000

【例 2－10】借：短期借款　　　　500 000
　　　　　　　　贷：银行存款　　　　500 000

【例 2－11】借：固定资产　　　　400 000
　　　　　　　　贷：银行存款　　　　400 000

在编写会计分录时应当注意以下几点：一是先借后贷，即一般是先写借方的内容后写贷方的内容；二是上下错开写，即借方和贷方的内容应当采取错格表示，借方写在上，贷方写在下，而且贷方要比借方低一格，以表示账户之间的对应关系；三是每个账户只能书写一行，经济业务事项如果涉及几个账户就应该分别写几行，不能把所涉及的账户都写在同一行上。

（三）对应关系与对应账户

在复式记账法下，要求对每一项经济业务都在两个或两个以上账户中进行登记，这样所记账户之间就形成了一定的联系，账户之间的这种相互依存关系，称为账户的对应关系。构成对应关系的账户，称为对应账户。

通过对应账户之间的相互关系，可以全面反映经济业务的来龙去脉，便于检查经济业务记录的正确性及合规性。例如，从银行提取 3 000 元现金以备零星开支，按借贷记账法的记账规则，要在“库存现金”账户的借方和“银行存款”的贷方同时记录 3 000 元。由于该笔经济业务涉及“库存现金”和“银行存款”两个账户，这两个账户之间存在应借应贷的对应关系。因此，在该项经济业务的记录中，将“库存现金”和“银行存款”两个账户均称为对应账户。根据对应账户可以了解该项经济业务的来龙去脉。即现金的增加是从银行存款提取的，是由银行存款的减少所形成的。

在借贷记账法下，账户之间的对应关系取决于经济活动的性质，而通过对应账户又可以了解经济活动的内容。因此，在运用借贷记账法记录经济业务时，必须熟练掌握和分析各项经济业务发生后所涉及账户以及账户的对应关系。

（四）借贷记账法的简单应用

前面介绍了借贷记账法的记账原理，为了更好地运用借贷记账法来进行会计的账务处理，下面举一简例来说明借贷记账法的程序和步骤。

1. 2×23 年 1 月初，美的公司各账户的余额，如表 2－6 所示。

表 2－6　　　　**美的公司期初余额表**

2×23 年 1 月 1 日　　　　单位：元

会计科目	期初借方余额	会计科目	期初贷方余额
库存现金	5 000	短期借款	400 000
银行存款	600 000	应付账款	60 000
原材料	305 000	应交税费	50 000
固定资产	700 000	实收资本	1 000 000
		利润分配	100 000
合计	1 610 000	合计	1 610 000

2. 2×23 年 1 月，美的公司发生的部分经济业务如下：

（1）从银行提取备用金 5 000 元。

（2）向银行借入 3 个月期限的借款 200 000 元，款存银行。

（3）将现金 8 000 元存入银行。

（4）购买原材料 30 000 元，已验收入库，款项尚未支付。

（5）用银行存款偿还短期借款 400 000 元。

（6）用银行存款支付前欠货款 30 000 元。

（7）用银行存款购买机器设备 100 000 元，设备已交付使用。

（8）购买材料 40 000 元，已验收入库，其中用银行存款支付 20 000 元，其余货款尚欠。

3. 要求：根据以上经济业务，不考虑相关税费及其他因素，运用借贷记账法进行账务处理。

账务处理如下：

1. 编制会计分录：

（1）借：库存现金	5 000	
贷：银行存款		5 000
（2）借：银行存款	200 000	
贷：短期借款		200 000
（3）借：银行存款	8 000	
贷：库存现金		8 000
（4）借：原材料	30 000	
贷：应付账款		30 000
（5）借：短期借款	400 000	
贷：银行存款		400 000
（6）借：应付账款	30 000	
贷：银行存款		30 000
（7）借：固定资产	100 000	
贷：银行存款		100 000
（8）借：原材料	40 000	
贷：银行存款		20 000
应付账款		20 000

2. 记账

根据上述会计分录登记总分类账户，如图 2－14 至图 2－22 所示。

3. 结账

期末在各个总分类账户中结算出本期发生额及期末余额，如图 2－14 至图 2－22 每个总分类账户中的最后两行。

借方		库存现金	贷方
期初余额	5 000 (1) 5 000		(3) 8 000
本期发生额	5 000	本期发生额	8 000
期末余额	2 000		

图 2－14

借方	银行存款		贷方
期初余额	600 000		
	(2) 200 000		(1) 5 000
	(3) 8 000		(5) 400 000
			(6) 30 000
			(7) 100 000
			(8) 20 000
本期发生额	208 000	本期发生额	555 000
期末余额	253 000		

图 2－15

借方	原材料		贷方
期初余额	305 000		
	(4) 30 000		
	(8) 40 000		
本期发生额	70 000	本期发生额	0
期末余额	375 000		

图 2－16

借方	固定资产		贷方
期初余额	700 000		
	(7) 100 000		
本期发生额	100 000	本期发生额	0
期末余额	800 000		

图 2－17

借方	短期借款		贷方
		期初余额	400 000
	(5) 400 000		(2) 200 000
本期发生额	400 000	本期发生额	200 000
		期末余额	200 000

图 2－18

借方	应付账款		贷方
		期初余额	600 000
	(6) 30 000		(4) 30 000
			(8) 20 000
本期发生额	30 000	本期发生额	50 000
		期末余额	80 000

图 2－19

借方	应交税费		贷方
		期初余额	50 000
本期发生额	0	本期发生额	0
		期末余额	50 000

图 2－20

借方	实收资本		贷方
		期初余额	1 000 000
本期发生额	0	本期发生额	0
		期末余额	1 000 000

图 2－21

借方	利润分配		贷方
		期初余额	100 000
本期发生额	0	本期发生额	0
		期末余额	100 000

图 2－22

4. 编制试算平衡表

根据图 2－14 至图 2－22 各账户的期初余额、本期发生额和期末余额，编制总分类账户试算平衡表，如表 2－7 所示。

表 2－7 **总分类账户试算平衡表**

2×23 年 1 月 31 日

会计科目	期初余额		本期发生额		期末余额	
	借方	贷方	借方	贷方	借方	贷方
库存现金	5 000		5 000	8 000	2 000	
银行存款	600 000		208 000	555 000	253 000	
原材料	305 000		70 000		375 000	
固定资产	700 000		100 000		800 000	
短期借款		400 000	400 000	200 000		200 000
应付账款		60 000	30 000	50 000		80 000
应交税费		50 000				50 000
实收资本		1 000 000				1 000 000
利润分配		100 000				100 000
合计	1 610 000	1 610 000	813 000	813 000	1 430 000	1 430 000

从表 2－7 中可以看出，期初余额的借方合计与贷方合计均为 1 610 000 元，是平衡的；本期发生额的借方合计与贷方合计均为 813 000 元，是平衡的；期末余额的借方合计与贷方

合计均为 1 430 000 元，是平衡的。这就初步说明本例的记账是正确的。

第三节　会计凭证与会计账簿

一、会计凭证

（一）会计凭证的概述

1. 会计凭证的概念

会计凭证，简称凭证，是记录经济业务事项，明确经济责任，并据以登记会计账簿的书面证明。为了保证会计信息的真实可靠，任何单位对于发生的每一项经济业务，都必须由该经济业务的有关经办单位或个人以书面形式记录相关经济业务的性质、时间、金额等信息，形成会计凭证，并在凭证上签字或盖章。在凭证上签章的单位或个人，对该经济业务的真实性、正确性负责。会计人员对会计凭证的真实性、合法性进行严格审核后，以此作为登记会计账簿的依据。

2. 会计凭证的种类

会计凭证种类繁多，按照填制程序和用途的不同，可分为原始凭证和记账凭证两大类。

原始凭证和记账凭证都属于会计凭证，但就其性质而言却截然不同。原始凭证记录的是经济信息，由经济业务的经办人员填制，具有较强的法律效力；而记账凭证记录的是会计信息，一般是由会计人员填制，是登记会计账簿的直接依据。

（二）原始凭证

1. 原始凭证的概念

原始凭证也称单据，是在经济业务发生或完成时取得或填制的，也是反映经济业务具体内容及其发生或完成情况的书面证明。各单位在办理购买材料、生产产品、销售产品、收付现金、结算款项、核算成本等经济业务时，都必须取得或填制原始凭证来证明经济业务已经发生或完成。如单位采购材料时自供货单位取得的购货发票、自运输单位取得的运货发票和自银行取得的结算凭证等。凡是不能证明经济业务发生或完成情况的各种单据，如购销合同、购料申请单等，不能作为原始凭证。

原始凭证是会计核算的重要原始资料，原始凭证的质量决定了会计信息的真实性和可靠性。因此，单位应该使经济业务的经办人员都充分认识到原始凭证在经营管理和会计核算上的重要作用，同时明确经济责任，使经办人员能明确本职工作，严格遵守制度，认真负责地办理各项手续。

2. 原始凭证的内容

由于经济业务事项种类繁多，因此，原始凭证的所载内容和格式也千差万别。但无论哪种原始凭证，应清晰记录经济业务内容，明确经办人员责任。一般而言，原始凭证应具备以下基本内容（也称原始凭证要素）：

（1）原始凭证的名称；

（2）填制凭证的日期及编号；

（3）接受凭证的单位名称；

（4）经济业务内容（数量、金额等）；

（5）填制凭证的单位名称或填制人姓名；

（6）经办人员的签名或签章。

在实际工作中，根据经营管理和特殊业务的需要，除了上述基本内容，还可以增加必要的内容。例如，为了满足生产、计划等部门的需要，在某些自制凭证上可以注明如计划定额、合同编号等相应信息；有关部门可以针对不同单位经常发生的共性经济业务制定统一的凭证格式，如人民银行统一制定的银行转账结算凭证，标明了结算双方单位名称、账号等内容。

3. 原始凭证的种类

（1）按来源分类。原始凭证按其取得来源不同，可分为自制原始凭证和外来原始凭证。

外来原始凭证，是指在经济业务发生或完成时，从其他单位或个人直接取得的原始凭证。如购买材料、商品时从供货单位取得的增值税专用发票（表2-8），向外单位支付款项时取得的收据，银行转来的各种结算凭证，职工出差取得的火车票、飞机票等。

自制原始凭证，是指在经济业务事项发生或完成时，由本单位内部经办该业务的部门或个人自行填制的，仅在本单位内部使用的原始凭证。如领料单（表2-9），产品入库单（表2-10），收料单，产品出库单，工资单等。

表2-8　　增值税专用发票

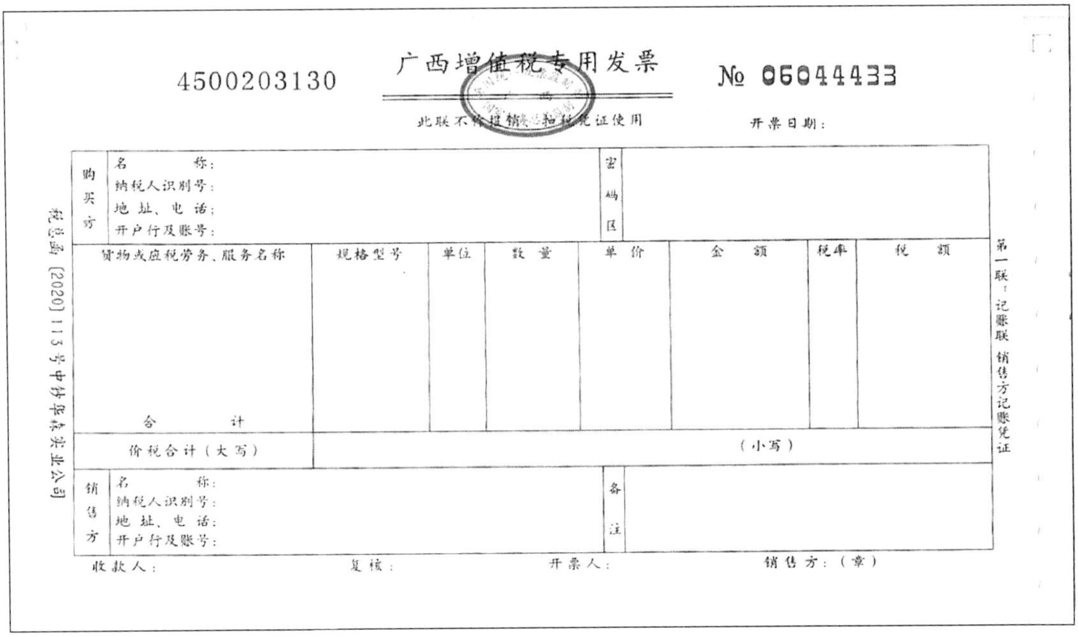
4500203130　广西增值税专用发票　№ 06044433

此联不作报销、扣税凭证使用　开票日期：

购买方	名称： 纳税人识别号： 地址、电话： 开户行及账号：				密码区		
货物或应税劳务、服务名称	规格型号	单位	数量	单价	金额	税率	税额
合计							
价税合计（大写）					（小写）		
销售方	名称： 纳税人识别号： 地址、电话： 开户行及账号：				备注		

收款人：　复核：　开票人：　销售方：（章）

第一联：记账联　销售方记账凭证

税总函〔2020〕113号中钞华森实业公司

（2）按填制手续及内容分类。原始凭证按填制手续及内容不同，可分为一次凭证、累计凭证、汇总原始凭证。

一次凭证，是指一次填制完成的，只记录一项或同时发生的若干项同类的经济业务的原始凭证。如增值税专用发票，领料单，入库单，银行结算凭证等。所有的外来原始凭证和大部分的自制原始凭证属于一次凭证。

表 2－9

领　料　单

领料部门：

用途：　　　　　　年　　月　　日　　　　　　第　　号

材料			单位	数量		成本									
						单价	总价								
编号	名称	规格		请领	实发		百	十	万	千	百	十	元	角	分
合计															

会计联

部门经理：　　　　会计：　　　　仓库：　　　　经办人：

表 2－10

入　库　单

年　月　日　　　　　　单号：

交来单位及部门		验收仓库		入库日期		
编号	名称及规格	单位	数量		实际价格	
			交库	实收	单价	金额

会计主管：　　　　仓库主管：　　　　经办人：　　　　制单人：

累计凭证，是指在一定时期内多次记录若干项同类经济业务的原始凭证。其特点是，在一张凭证内连续记载相同性质的经济业务，随时计算累计数及结余数，并按照费用限额进行费用控制，期末按实际发生额的累计数记账。累计凭证一般为自制原始凭证，它的填制手续是随经济业务的发生而分次进行的，如限额领料单（表 2－11）。

表 2－11

限 额 领 料 单

领料部门　　　　　　　　　　领料编号

<table>
<tr><td>材料类别</td><td>材料编号</td><td>材料名称及规格</td><td>计量单位</td><td>领用限额</td><td>实际领用</td><td>单价</td><td>金额</td><td>备注</td></tr>
<tr><td></td><td></td><td></td><td></td><td></td><td></td><td></td><td></td><td></td></tr>
<tr><td colspan="5">供应部门负责人：</td><td colspan="4">生产计划负责人：</td></tr>
<tr><td rowspan="2">日期</td><td colspan="4">领用</td><td colspan="3">退料</td><td rowspan="2">限额结余</td></tr>
<tr><td>请领数量</td><td>实发数量</td><td>发料人签章</td><td>领料人签章</td><td>退料数量</td><td>退来人签章</td><td>收料人签章</td></tr>
<tr><td></td><td></td><td></td><td></td><td></td><td></td><td></td><td></td><td></td></tr>
<tr><td></td><td></td><td></td><td></td><td></td><td></td><td></td><td></td><td></td></tr>
<tr><td></td><td></td><td></td><td></td><td></td><td></td><td></td><td></td><td></td></tr>
</table>

领料用途　　　　　　年　　月　　日　　　　　　发料仓库

汇总原始凭证也称原始凭证汇总表，是企业为了简化记账凭证的填制工作，将一定时期内反映同类经济业务的若干张原始凭证汇总成一张原始凭证，如工资汇总表、差旅费报销单、车间领用材料汇总表（表2－12）等。原始凭证汇总表也属于原始凭证。原始凭证汇总表只能汇总反映同类经济业务，不能汇总两类或两类以上的经济业务。

表2－12　**原材料领用汇总表**

应借科目 应贷科目	钢板		紫铜		铝板		合计
	数量	金额	数量	金额	数量	金额	
生产成本——美的空调							
制造费用——物料消耗							
管理费用——物料消耗							
销售费用——物料消耗							
合计							

4. 原始凭证的填制要求

原始凭证是会计核算的基础，为了能真实、清晰地反映经济业务的发生或完成情况，保证会计核算的质量，原始凭证的填制应符合以下要求：

（1）真实合法，手续完备。原始凭证必须根据实际发生的经济业务内容、日期和金额填列，不得涂改、挖补，不得弄虚作假。经办人员和有关部门负责人的签章必须齐全，以示其对原始凭证的真实性、合法性负责。从外单位取得的原始凭证，必须盖有填制单位的公章；从个人取得的原始凭证，必须有填制人员的签名或者盖章；单位自制的原始凭证，必须有经办单位负责人或者其他指定人员的签名或盖章。

（2）内容完整，书写清楚。原始凭证必须按照规定的项目逐项填写完整，不得错漏。日期要按填制原始凭证实际的年、月、日填写；名称要齐全，不得简化；品名和用途要填写明确，不得含糊不清；文字和数字要工整、清晰，易于辨认，文字不得使用未经国务院颁布的简化字，数字不草、不乱、不窜格窜行；有关人员签章齐全，凭证联次正确。原始凭证所记载的各项内容都不得涂改、刮擦和挖补。如果原始凭证有错误的，应当由出具单位重开或者更正，并在更正处加盖出具单位印章。如果原始凭证金额有误，应当由出具单位重开，不得在原始凭证上更正。

（3）填制及时，编号连续。原始凭证必须在经济业务发生或完成时立即填制，并按规定及时送交会计机构进行审核，不得耽误记账。各种凭证都要连续编号，不得重号、跳号，以备考查。已经预先印好编号的重要凭证，如发票、支票等，作废时应加盖“作废”戳记，连同存根一起妥善保存，不得随意撕毁。

（4）按规定填写金额。凡是同时填有大写和小写金额的原始凭证，大小写金额必须一致，书写必须符合规范要求。

①小写金额的书写规范。小写金额应当用阿拉伯数字逐个书写，不得连笔写。在金额前面应当书写货币币种符号（如人民币符号为“￥”）或货币名称简写和币种符号（如美元为“U. S. $”），币种符号与阿拉伯数字之间不得留有空白。所有以元为单位（以人民币为例）的阿拉伯数字，除表示单价等情况外，一律填写到角分；无角分的，角位和分位可写“00”，或用符号“—”代替；有角无分的，应当在分位写“0”，不得用符号“—”代替。

②大写金额的书写规范。汉字大写金额如零、壹、贰、叁、肆、伍、陆、柒、捌、玖、拾、佰、仟、万、亿等，一律用正楷或行书体书写，不得用〇、一、二、三、四、五、六、七、八、九、十、百、千等替代，也不得随意自造简化字。大写金额前未印有“人民币”字样的，应加写“人民币”三个字，“人民币”字样和金额之间不得留有空白。大写金额到元或角为止的，要在后面写“整”或“正”字，到分的则不写。阿拉伯数字金额中间有“0”时，汉字大写金额要写“零”字；阿拉伯数字金额中间连续有几个“0”时；汉字大写金额可以只写一个“零”字，如“¥20 008.00”应写成“人民币贰万零捌元整”；阿拉伯数字金额元位是“0”，或数字中间连续有几个“0”，元位也是“0”，但角位不是“0”时，汉字大写金额可以只写一个“零”字，也可以不写“零”字，如“¥7 800.19”可以写成“人民币柒仟捌佰元零壹角玖分”或“人民币柒仟捌佰元壹角玖分”。

（5）填制原始凭证的其他要求。

①一式几联的原始凭证，应当注明各联的用途，并且只能用一联作为报销凭证；一式几联的发票和收据，必须用双面复写纸套写（或票据纸张本身具备复写功能），并连续编号。

②购买实物的原始凭证，应有验收证明。

③发生销货退回时，应填制退货发票，并附有退货验收证明；办理退款时，必须取得对方的收款收据或汇款银行的凭证，不得以退货发票代替。

④职工出差借款的原始凭证，必须附在记账凭证之后；在收回职工借款时，应另开收据。

⑤经上级有关部门批准的交易、事项，应当将批准文件作为原始凭证附件。如果批准文件需要单独归档的，应当在凭证上注明批准机关名称、日期和文件字号。

⑥一些票据，如银行支票等，出票日期要求用大写的，必须使用中文大写。在填写月、日时，月为 1－10 的，日为 1－9、10、20、30 的，应在其前面加“零”，如“2023 年 1 月 20 日”应写成“贰零贰叁年零壹月零贰拾日”；日为 10－19 的，应在其前面加“壹”，如“2023 年 3 月 15 日”应写成“贰零贰叁年零叁月壹拾伍日”。

5. 原始凭证的审核

为了保证会计信息真实可靠，会计人员必须对原始凭证进行严格审核。具体包括：

（1）审核原始凭证的真实性。原始凭证应充分、客观地反映经济业务的发生或完成情况，原始凭证真实性的审核包括凭证日期是否真实、业务内容是否真实、数据是否真实等内容的审查。对外来原始凭证，必须有填制单位公章和填制人员签章；对自制原始凭证，必须有经办部门和经办人员的签名或盖章。此外，对通用原始凭证，还应审核凭证本身的真实性，以防假冒。

（2）审核原始凭证的合法性。会计人员应审核原始凭证所记录的经济业务是否符合国家法律、法规的规定，符合规定的权限范围，并履行规定的凭证传递和审核程序。

（3）审核原始凭证的合理性。会计人员应审核原始凭证所记录的经济业务是否符合企业生产经营活动的需要，符合有关计划和预算，符合节约原则等。

（4）审核原始凭证的完整性。会计人员应审核原始凭证的各项基本要素是否齐全，包括日期完整、文字工整、数字清晰、有关人员签章齐全等。

（5）审核原始凭证的正确性。会计人员应审核原始凭证中的文字和数字是否书写正确，如各项金额的计算是否正确，填写是否符合规范，大小写金额是否一致，日期的填写是否正确，内容是否有涂改，凭证中书写错误的，是否按正确的方法更正。

（6）审核原始凭证的及时性。会计人员应审核原始凭证是否在经济业务发生或完成时及时填制，是否及时进行凭证的传递。特别是银行支票、汇票、本票等时效性较强的原始凭证，需认真验证其签发日期。

经审核的原始凭证应根据不同的情况处理：

（1）对于完全符合要求的原始凭证，应及时据以编制记账凭证入账；

（2）对于真实、合法、合理但记载内容不准确或不完整、手续不完备、填写有错误的原始凭证，应当退回给经办人员，并要求其按照国家统一的会计制度的规定更正、补充；

（3）对于不真实、不合法的原始凭证，会计人员有权不予受理，并向单位负责人报告。

做好原始凭证的审核工作有助于实现正确有效的会计监督，这要求会计人员必须熟悉国家有关法规和制度以及本单位的相关规章制度，掌握审核的标准，判断原始凭证的有效性。同时会计人员还需要对经办人员做好相关宣传解释工作，避免取得或填制的原始凭证不符合规定，或发生违法违规的经济业务。

（三）记账凭证

1. 记账凭证的概念

记账凭证，也称记账凭单，是会计人员根据审核无误后的原始凭证，据以确定经济业务应借、应贷的会计科目和金额（即会计分录）后填制的会计凭证。记账凭证将原始凭证中的经济信息转化为统一的会计语言，是登记账簿的直接依据。

在实际工作中，由于原始凭证来自各个方面，格式大小不一，没有标明应借、应贷的会计科目，不便于登账和查账。因此在登记账簿之前，会计人员需要根据审核无误的原始凭证填制记账凭证，再据此登记账簿，并将原始凭证作为记账凭证的附件。

2. 记账凭证的内容

记账凭证虽多种多样，但主要作用都是对原始凭证进行归类、整理，确定应借、应贷的会计科目和金额，并据以登记会计账簿。为满足记账的要求，记账凭证应具备下列基本内容（也称记账凭证基本要素）：

（1）记账凭证的名称、填制日期及编号；

（2）经济业务事项的内容摘要；

（3）会计分录，包括会计科目（含总账科目和明细科目）、借贷方向和金额；

（4）记账标记（记账栏中符号“√”）；

（5）所附原始凭证张数；

（6）制单、审核、会计主管、记账等有关人员的签章。

3. 记账凭证的种类

记账凭证按其用途的不同，可分为专用记账凭证和通用记账凭证。

（1）专用记账凭证。专用记账凭证按其反映经济业务内容的不同，又分为收款凭证、付款凭证和转账凭证。

收款凭证是指用于记录库存现金、银行存款和其他货币资金收入业务的会计凭证。收款凭证根据借方科目是“库存现金”还是“银行存款”又分为库存现金收款凭证和银行存款收款凭证，它们可作为登记库存现金和银行存款有关账簿的依据。其格式见表2-13。

表 2－13　　　　收　款　凭　证

借方科目：　　　　　　　年　月　日　　　　　　____字第____号

摘要	贷方科目		金额											记账
	总账科目	明细科目	亿	千	百	十	万	千	百	十	元	角	分	
合计														

附单据　张

会计主管：　　　　记账：　　　　稽核：　　　　出纳：　　　　制单：

付款凭证是指用于记录库存现金、银行存款和其他货币资金支出业务的会计凭证。付款凭证根据贷方科目是“库存现金”还是“银行存款”又分为库存现金付款凭证和银行存款付款凭证，它们可作为登记库存现金和银行存款有关账簿的依据。其格式见表 2－14。

表 2－14　　　　付　款　凭　证

贷方科目：　　　　　　　年　月　日　　　　　　____字第____号

摘要	借方科目		金额											记账
	总账科目	明细科目	亿	千	百	十	万	千	百	十	元	角	分	
合计														

附单据　张

会计主管：　　　　记账：　　　　稽核：　　　　出纳：　　　　制单：

转账凭证是指用于记录转账业务（不涉及货币资金收支业务）的会计凭证。转账业务是指经济业务中与库存现金和银行存款无关的业务，如领用原料、计提折旧、期末结转等。其格式见表 2－15。

（2）通用记账凭证。通用记账凭证是指将所有经济业务不再区分收款、付款和转账业务，在同一格式的凭证中进行记录，统一编号的会计凭证。采用通用记账凭证的单位，不再填制专用记账凭证。通用记账凭证的格式与转账凭证基本相同，凭证下方的责任人中多“出纳”一栏。其格式见表 2－16。

表 2 – 15

转　账　凭　证

年　月　日　　　　　　____字第____号

摘要	会计科目		借方金额											贷方金额											记账
	总账科目	明细科目	亿	千	百	十	万	千	百	十	元	角	分	亿	千	百	十	万	千	百	十	元	角	分	
合计																									

附单据　张

会计主管：　　记账：　　复核：　　制单：

表 2 – 16

记　账　凭　证

年　月　日　　　　　　____字第____号

摘要	会计科目		借方金额											贷方金额											记账
	总账科目	明细科目	亿	千	百	十	万	千	百	十	元	角	分	亿	千	百	十	万	千	百	十	元	角	分	
合计																									

附单据　张

会计主管：　　记账：　　复核：　　出纳：　　制单：

4. 记账凭证的编制要求

（1）基本要求。

①根据经济业务内容选取记账凭证的种类。对于使用专用记账凭证的单位，会计人员在取得原始凭证并审核通过后，应该根据经济业务的性质，确定选用收款凭证、付款凭证或转账凭证。

②以审核无误的原始凭证为依据填制记账凭证。除填制结账和更正错账的记账凭证外，会计人员必须根据审核无误的原始凭证来填制记账凭证，在记账凭证的右侧以汉字大写数字填写所附原始凭证的张数，并将相关原始凭证附在记账凭证后面。记账凭证可根据单张原始凭证填制，也可以根据若干张同类原始凭证汇总填制，还可以根据原始凭证汇总表填制。但为保持科目对应关系清晰，不得把不同经济业务或不同类别的原始凭证汇总填制在一张记账凭证上。

③正确填写记账凭证的日期。记账凭证的日期一般是会计人员填制的当天日期，但应考虑下列几种情况：收、付款凭证应按货币资金收付的日期填写；转账凭证原则上应该按收到原始凭证的日期填写；如果一张转账凭证所附的同类原始凭证的日期不同时，应按填制转账

凭证当日日期填写；计提、分配和结转等转账业务按当月最后的日期填写。

④记账凭证应连续编号。记账凭证在一个月内应当根据经济业务发生的先后顺序连续编号，以防止凭证丢失，也便于与账簿记录核对。填制通用记账凭证可直接按经济业务发生的顺序编号。填制收款凭证、付款凭证和转账凭证的，可采用“字号编号法”分为收、付、转三类编号，如“转字第×号”，也可细分为现收、现付、银收、银付、转账五类编号，如“现收字第×号”；也可采用“双重编号法”将按总字顺序编号与按类别顺序编号同时使用，如“总字第×号，付字第×号”。如果一笔经济业务涉及的会计科目或明细科目较多，需要填制两张以上记账凭证的，可采用“分数编号法”，前面的整数表示经济业务发生的顺序，分母表示总张数，分子表示第几张，如第8笔转账业务需要编制3张记账凭证时，则其编号分别为“转字第$8^{1}/_{3}$号”“转字第$8^{2}/_{3}$号”和“转字第$8^{3}/_{3}$号”。

不管是统一编号或是分类编号的记账凭证，均应按自然顺序连续编号，不得跳号、重号，每月最后一张记账凭证的编号旁可加注“全”字，以保证凭证的安全完整。如本月有银行付款凭证18张，编号即从“银付字第1号”编至“银付字第18号全”止。

⑤经济业务的内容摘要应简明扼要。记账凭证的摘要栏中填写的内容摘要应该能简明扼要地反映经济业务的概况。对于经常发生变动的普通经济业务，应尽量精简，如从银行提取库存现金，可简写为“提现”；对于不常发生的特殊业务，应写清楚所依据的文件号、批注人等内容。

⑥会计科目的填写。会计科目的名称一经确定，不得随意简化或改动。记账凭证的会计科目必须规范填写，不得只写科目编号，也不得简写，如“库存现金”不得简写为“现金”；要写明一级科目、二级科目甚至三级科目，以便登记总分类账和明细分类账。要填写清楚会计科目的对应关系，按照先借后贷的顺序，填制一借一贷、一借多贷或多借一贷的会计分录；在特殊情况下，如果某一项经济业务本身需要，也可以编制多借多贷的会计分录，以集中反映该项经济业务的全貌。

⑦金额数字的填写。记账凭证的金额必须与所附原始凭证的金额相符；填写金额数字时，应用阿拉伯数字书写，精确到分位；书写要规范，不得连笔，注意对准借贷栏次和科目栏次，防止错栏串行；每笔经济业务填入金额数字后，要在记账凭证的合计行填写合计金额，并在合计数前填写货币符号“￥”（以人民币为例）。

⑧逐行填写不得留空。记账凭证应按行逐项填写，不得跳行或留有空行。记账凭证填制完成经济业务事项后，如有空行，应当自金额栏最后一笔金额数字下的空行处至合计数上的空行处划线注销。

⑨所附原始凭证的张数。一般而言，凡是涉及记账凭证中经济业务事项记录有关的原始凭证都是记账凭证的附件，所附原始凭证张数的计算以原始凭证的自然张数为主。如果记账凭证中附有原始凭证汇总表，那么原始凭证汇总表应与其他所附原始凭证一并计入附件张数之内；但报销差旅费等零散票券，可以粘贴在原始凭证粘贴单上，作为原始凭证的附件。如果一张原始凭证涉及几张记账凭证，可以把原始凭证附在一张主要的记账凭证后面，并在其他记账凭证上注明附有该原始凭证的记账凭证编号或附上该原始凭证的复印件。

一张原始凭证所列的支出需要几个单位共同负担时，应当由保存该原始凭证的单位开具原始凭证分割单给其他应负担的单位。原始凭证分割单必须具备原始凭证的基本内容：如凭证的名称、填制凭证的日期、填制凭证单位的名称或填制人的姓名、经办人员的签名或盖章、接受凭证单位的名称、经济业务的内容、数量、单价、金额和费用的分摊情况等。

⑩记账凭证必须签章完整。制单人员填制记账凭证完毕后，应该在凭证下方“制单”后签名或盖章，经审核人员审核无误签名盖章后，再交由会计主管签名或盖章，最后，记账人员根据审核无误的记账凭证登记会计账簿，并在记账凭证上签名或盖章。

⑪错误记账凭证的更正。若记账凭证的填写错误在登记会计账簿之前发现，则应该重新填制正确的记账凭证，若已登记入账的记账凭证，在当年内发现填制错误，可用红字填写一张与原内容相同的记账凭证，在摘要栏注明“注销某月某日某号凭证”字样，同时再用蓝字重新填制一张正确的记账凭证，注明“订正某月某日某号凭证”字样。如果会计科目没有错误，只是金额错误，也可将正确数字与错误数字之间的差额，另编一张调整的记账凭证，调增金额用蓝字、调减金额用红字。

（2）专用记账凭证填制要求。

①收款凭证的填制要求。收款凭证左上方的“借方科目”按收款的性质填写“库存现金”或“银行存款”；“×年×月×日”按货币资金收入的日期填写；右上方填写编制收款凭证的顺序号；“摘要”栏填写所记录的经济业务的简要说明；“贷方科目”栏填写与收到库存现金或银行存款相对应的会计科目；凭证登记入账后，应及时在“记账”栏打“√”，表示该凭证已登记账簿，防止经济业务重记或漏记；“金额”栏按该经济业务事项的发生额填写；右边的“附单据×张”按该凭证所附原始凭证的张数填写；凭证下方应分别由有关人员签章，以明确经济责任。

【例2－12】 2×23年1月4日，美的公司收到上月和民公司所欠货款40 000元，款项已存入银行。

解析：该笔业务为本月第3笔银行存款收款业务，公司应根据银行的客户回单编制收款凭证，如表2－17所示。

表2－17　　　　收　款　凭　证

借方科目：银行存款　　　　2×23年1月4日　　　　银收字第　3　号

摘要	贷方科目		金额											记账
	总账科目	明细科目	亿	千	百	十	万	千	百	十	元	角	分	
收到和民货款	应收账款	和民公司					4	0	0	0	0	0	0	
合计						¥	4	0	0	0	0	0	0	

附单据壹张

会计主管：　　记账：　　稽核：　　出纳：　　制单：张雨

②付款凭证的填制要求。付款凭证的编制方法跟收款凭证基本相同，只是左上方为“贷方科目”，凭证中间为“借方科目”。

【例2－13】 2×23年1月6日，美的公司以现金支付管理部门办公用品费376元。

解析：该笔业务为本月第5笔现金付款业务，公司应根据企业行政部门报销单和购货发票编制付款凭证，如表 2－18 所示。

表 2－18 付 款 凭 证

贷方科目：库存现金 2×23 年 1 月 6 日 现付字第 5 号

摘要	借方科目		金额											记账
	总账科目	明细科目	亿	千	百	十	万	千	百	十	元	角	分	
购买办公用品	管理费用	办公费							3	7	6	0	0	
合计								¥	3	7	6	0	0	

附单据贰张

会计主管： 记账： 稽核： 出纳： 制单：张雨

对于涉及库存现金和银行存款往来的经济业务，为了避免重复记账，一般只编制付款凭证，不编制收款凭证。出纳人员应根据会计人员审核无误的取款凭证和付款凭证办理收付款业务。如企业将销售货物或提供劳务收到的现金存入银行时，会计人员只需要编制现金付款凭证，而不需要编制银行收款凭证。再如单位为了发放职工工资从银行提取现金时，只需要编制银行付款凭证即可。

【例 2－14】 2×23 年 1 月 16 日，美的公司从银行提取现金 5 000 元补充备用金。

解析：该笔业务为本月第 10 笔银行存款付款业务，公司应根据银行现金支票存根编制银行付款凭证，如表 2－19 所示。

表 2－19 付 款 凭 证

贷方科目：银行存款 2×23 年 1 月 16 日 银付字第 10 号

摘要	借方科目		金额											记账
	总账科目	明细科目	亿	千	百	十	万	千	百	十	元	角	分	
提取备用金	库存现金							5	0	0	0	0	0	
合计							¥	5	0	0	0	0	0	

附单据壹张

会计主管： 记账： 稽核： 出纳： 制单：张雨

③转账凭证的填制要求。与货币资金收付无关的业务可用转账凭证记录，转账凭证的填制与收、付款凭证略有不同，它的应借、应贷会计科目全部列入记账凭证之内。转账凭证将经济业务事项中所涉及的全部会计科目，按先借后贷的顺序记入“会计科目”栏中的“总账科目”和“明细科目”栏，并将会计科目对应的金额分别填列在“借方金额”和“贷方

金额”栏内，借方、贷方金额合计数应该相等。其他项目的填列与收、付款凭证相同。

【例 2－15】 2×23 年 1 月 21 日，美的公司向南方公司销售空调 10 台，每台 2 000 元，共计 20 000 元，增值税税率为 13%，货已发出，款项未收。

解析：该笔业务为本月第 25 笔不涉及货币资金业务，公司应根据增值税专用发票记账联编制转账凭证，如表 2－20 所示。

表 2－20　　转　账　凭　证

2×23 年 1 月 21 日　　转字第 25 号

摘要	会计科目		借方金额											贷方金额											记账
	总账科目	明细科目	亿	千	百	十	万	千	百	十	元	角	分	亿	千	百	十	万	千	百	十	元	角	分	
销售产品	应收账款	南方公司					2	2	6	0	0	0	0												
	主营业务收入	空调																2	0	0	0	0	0	0	
	应交税费	应交增值税（销项税）																	2	6	0	0	0	0	
合计						¥	2	2	6	0	0	0	0				¥	2	2	6	0	0	0	0	

附单据壹张

会计主管：　　记账：　　复核：　　制单：张雨

采用专用记账凭证记账时，当一项经济业务既涉及库存现金和银行存款之间的收付业务，又涉及转账业务时，则需要分别编制付款凭证和转账凭证。

（3）通用记账凭证的填制要求。采用通用记账凭证的单位，不必再根据经济业务的性质，区分填制记账凭证的种类。通用记账凭证的编制方法跟转账凭证基本相同。

【例 2－16】 2×23 年 1 月 25 日，职工刘亿出差预借现金 4 000 元。

解析：该笔业务为本月第 50 笔业务，公司应编制通用记账凭证，如表 2－21 所示。

表 2－21　　记　账　凭　证

2×23 年 1 月 25 日　　记字第 50 号

摘要	会计科目		借方金额											贷方金额											记账
	总账科目	明细科目	亿	千	百	十	万	千	百	十	元	角	分	亿	千	百	十	万	千	百	十	元	角	分	
出差预借差旅费	其他应收款	刘亿						4	0	0	0	0	0												
	库存现金																		4	0	0	0	0	0	
合计							¥	4	0	0	0	0	0					¥	4	0	0	0	0	0	

附单据壹张

会计主管：　　记账：　　稽核：　　出纳：　　制单：张雨

5. 记账凭证的审核

为了保证会计信息的质量，在记账之前必须由有关稽核人员对记账凭证进行严格的审核。记账凭证审核的内容有：

（1）内容是否真实。审核记账凭证是否有原始凭证为依据。按审核原始凭证的要求对所附原始凭证进行复核。记账凭证的内容与所附的原始凭证反映的经济业务内容是否一致，所附原始凭证是否能充分反映经济业务的发生或完成情况等。

（2）项目是否齐全。审核记账凭证的各个项目，如日期、凭证编号、摘要、会计科目、金额、所附原始凭证张数及有关人员签章等，是否填写齐全。

（3）科目是否正确。审核记账凭证的应借、应贷科目是否正确，是否有明确的账户对应关系，所使用的会计科目是否规范等。

（4）金额是否正确。审核记账凭证所记录的金额与所附原始凭证的有关金额是否一致、计算是否正确等。

（5）书写是否规范。审核记账凭证中的记录是否文字工整、数字清晰，是否按规定进行更正等。

审核中如果发现所填列的记账凭证有差错或遗漏，应按规定的办法及时更正、补充或重制。只有经过审核无误的记账凭证，才能据以登记入账。

实行会计电算化的单位，对于机制记账凭证，也应该认真审核，确保会计科目和金额数字正确。打印出来的机制记账凭证应与传统记账凭证一样，有制单人员、审核人员、会计主管和记账人员盖章或签字。

二、会计账簿

（一）会计账簿的概述

通过会计凭证的填制与审核，可以将每天发生的经济业务进行如实、正确地记录，明确经济责任。但会计凭证数量繁多、信息分散，缺乏系统性，难以全面、完整地了解企业的财务状况，不便于会计信息的整理与报告。因此，各单位应当按照国家统一的会计法规制度的规定和会计业务的需要设置会计账簿，以便系统归纳会计信息，全面、系统、连续地核算和监督单位的经济活动及其财务收支情况。所谓会计账簿是指由一定格式账页组成的，以经过审核无误的会计凭证为依据，序时、连续、系统、全面地记录和反映会计主体各项经济业务的簿籍。

1. 会计账簿的内容

在实际工作中，由于各种会计账簿所记录的经济业务不同，账簿的格式也多种多样，但各种不同的会计账簿一般都应具备以下基本内容：

（1）封面。会计账簿的封面应标明账簿的名称和记账单位的名称，如总账、债权债务明细账、库存现金日记账等。

（2）扉页。会计账簿的扉页应填列“账簿启用及经管人员一览表”，格式见表2－22，其基本要素包括：单位名称；账簿名称；起止页数；启用日期；责任人（单位领导人、会计主管人员、经管人员）签章；移交人员和移交日期；接管人员和接管日期等。

表 2-22　　账簿启用及经管人员一览表

单位名称：__________　　账簿名称：__________　　账簿编号：__________

账簿册数：__________　　账簿页数：__________　　启用日期：__________

单位领导人签章：__________　　会计主管人员签章：__________

经管人员		接管			移交			会计负责人		印花税票粘贴处
姓名	签章	年	月	日	年	月	日	姓名	签章	

(3) 账页。账页是账簿的主体，是账簿用来记录经济业务事项的载体，其基本要素包括：账户的名称（即一级会计科目或明细科目）；日期栏；凭证种类和编号栏；摘要栏（记录经济业务内容的简要说明）；金额栏（记录经济业务的金额增减变动情况）；总页次和分户页次等。

2. 会计账簿的种类

在会计核算中，账簿的种类是多种多样的，不同账簿，其用途、形式、内容和登记方法都各不相同。为了便于了解和正确使用各种账簿，有必要对账簿进行分类。账簿一般可以按其用途、外表形式和账页格式进行划分。

(1) 账簿按其用途分类。账簿按其用途不同，可分为序时账簿、分类账簿和备查账簿三种。

①序时账簿。序时账簿又称日记账，是按照经济业务发生或完成时间的先后顺序逐日逐笔进行登记的账簿。在古代会计中也把它称为“流水账”，其特点是序时、逐笔登记。序时账簿可以用来核算和监督某一类型经济业务或全部经济业务的发生和完成情况。序时账簿通常有两种：一种是根据各种经济业务的发生情况取得原始凭证，编制成会计分录并按其先后顺序登记入账，称为普通日记账，也称分录簿；另一种是用来专门登记某一类经济业务发生情况的日记账，称为特种日记账，如记录现金收付业务及其结存情况的库存现金日记账，记录银行存款收付业务及其结存情况的银行存款日记账，以及专门记录转账业务的转账日记账。在实际工作中，因经济业务的复杂性，很少采用普通日记账，而特种日记账应用较为广泛。为了加强对货币资金的监督和管理，各单位应当设置库存现金日记账和银行存款日记账。在我国，大多数单位一般只设库存现金日记账和银行存款日记账，而不设置转账日记账。

②分类账簿。分类账簿是对全部经济业务事项按照会计要素的具体类别而进行分类登记的账簿。分类账簿按照反映信息的概括程度不同，又分为总分类账和明细分类账两种。按照总分类账户分类登记经济业务事项的是总分类账簿，简称总账。按照明细分类账户分类登记经济业务事项的是明细分类账簿，简称明细账。明细分类账是对总分类账的补充和具体化，并受总分类账的控制和统驭。分类账簿可以反映和监督各项资产、负债、所有者权益、收入、费用和利润的增减变动情况及其结果。因而，分类账簿提供的核算信息是编制会计报表的主要依据。

分类账簿和序时账簿的作用不同。序时账簿能提供连续系统的信息，反映企业资金运动的全貌；分类账簿则是按照经营与决策的需要而设置的账户，归集并汇总各类信息，反映资金运动的各种状态、形式及其构成。在账簿组织中，分类账簿占有特别重要的地位。因为只有通过分类账簿，才能将数据按账户形成不同类别的信息，满足编制会计报表的需要。

③备查账簿。备查账簿简称备查簿，又称辅助账簿，是对某些在序时账簿和分类账簿等主要账簿中不予登记或登记不够详细的经济业务事项进行补充登记的账簿，所以备查账簿也叫补充登记簿。备查账簿可以为某项经济业务的内容提供必要的参考资料，加强企业对使用和保管的属于他人的财产物资的监督。例如，租入固定资产登记簿、受托加工材料登记簿、代销商品登记簿等。备查账簿可以由各单位根据需要进行设置，并非一定要设置，并且没有固定格式。

备查账簿与序时账簿和分类账簿相比，存在两点不同之处：一是登记依据可能不需要记账凭证，甚至不需要一般意义上的原始凭证；二是账簿的格式和登记方法不同，备查账簿的主要栏目不记录金额，它更注重用文字来表述某项经济业务的发生情况。

（2）账簿按其外表形式分类。账簿按其外表形式不同可分为订本式账簿、活页式账簿和卡片式账簿三种。

①订本式账簿。订本式账簿是启用之前就已将账页装订成册，并对账页进行了连续编号的账簿，简称订本账。订本账的优点是能避免账页散失和防止抽换账页；其缺点是不能准确为各账户预留账页，不能根据需要增减账页，一本订本账同一时间只能由一名会计人员记账，不利于会计岗位分工协作记账。这种账簿一般适用于总分类账、库存现金日记账、银行存款日记账。

②活页式账簿。活页式账簿是把零散的账页装在活页账夹中，可以随时添加账页的账簿，简称活页账。活页账登记完毕之后（通常是一个会计年度结束之后），才将账页予以装订，加具封面，并给各账页连续编号。活页式账簿的优点是记账时可以根据实际需要，随时将空白账页装入账簿，或抽去不需用的账页，同一时间可以由若干会计人员分工记账；其缺点是如果管理不善，可能会造成账页散失或故意抽换账页。各种明细分类账一般采用活页账形式。

③卡片式账簿。卡片式账簿是将账户所需格式印刷在硬卡片上，简称卡片账。严格说，卡片账也是一种活页账，只不过它不是装在活页账夹中，而是装在卡片箱内，并且可以跨会计年度使用，不需要每年更换新账。卡片式账簿一般多用于记录内容比较复杂的财产明细账，如固定资产的明细核算，也有少数企业在材料核算中使用材料卡片账。

（3）账簿按其账页格式分类。账簿按其账页格式的不同，账簿可以分为三栏式、多栏式和数量金额式等种类。

①三栏式账簿。三栏式账簿是设有借方、贷方和余额三个基本金额栏的账簿。三栏式账簿的账页格式是最基本的账页格式，其他账页格式都是在此类基础上增减栏目演变而成。在实务工作中，三栏式账簿得到普遍应用，如各种日记账、总分类账以及资本、债权、债务明细账都可采用三栏式账簿。

②多栏式账簿。多栏式账簿是在账簿的借方和贷方两个基本栏目内按需要再设置多个明细金额栏的账簿，如多栏式日记账、多栏式明细账。但是，其明细金额栏设多少栏，设在借方还是在贷方，或是两方同时设置，均应根据业务需要确定。收入、费用明细账一般采用这种格式的账簿。

③数量金额式账簿。数量金额式账簿是在其借方、贷方和余额三个栏目内，都分设数

量、单价和金额三小栏，借以反映财产物资的实物数量和价值量。如原材料、库存商品等明细账一般都采用数量金额式账簿。

会计账簿的总体分类情况，如图 2－23 所示。

- 会计账簿分类
  - 按用途分类
    - 序时账簿
      - 普通日记账
      - 特种日记账
        - 库存现金日记账
        - 银行存款日记账
        - 转账日记账
    - 分类账簿
      - 总分类账
      - 明细分类账
    - 备查账簿
  - 按外表形式分类
    - 订本式账簿
    - 活页式账簿
    - 卡片式账簿
  - 按账面格式分类
    - 三栏式账簿
    - 多栏式账簿
    - 数量金额式账簿

图 2－23　会计账簿分类

（二）会计账簿的启用

账簿是重要的会计档案。为了确保账簿记录的合规性和完整性，明确记账责任，在启用会计账簿时，应当严格按照《会计基础工作规范实施细则》的规定执行。

（1）在账簿封面上写明单位名称和账簿名称。

（2）账簿扉页上应附“经管人员一览表”，内容包括：单位名称、账簿名称、账簿页数、启用日期、会计主管人员和记账人姓名，并加盖名章和单位公章，经管或接管日期，移交日期。

（3）账簿第一页，应设置账户目录，内容包括账户名称，并注明各账户页次。

（4）启用订本式账簿，应按顺序编定页数使用，不得跳页、缺号。使用活页式账页，应按实际使用的账页顺序编号，并定期装订成册。

（5）总账按会计制度规定的总分类科目分别设立账户。

（6）明细账开始使用时应填写：

①银行存款日记账中开户银行或户名项应填写其开户行的全称。银行账号项应填写银行账号的全部数字；

②金额三栏式账应填写编号、明细科目和户名项；

③实物类账应填写编号、品名、规格、单位、数量、单价等项；

④固定资产账除按实物类账填写外，还应填写使用年限、存放地点等项；

⑤序时明细账的预留银行印鉴项；所加盖的印章应与预留在银行的印鉴卡片的印章一致。如需更换印鉴时，须在备注栏加盖新的印鉴，并注明启用日期。

（三）会计账簿的记账规则

在登记会计账簿时，应遵循以下基本规则：

1. 准确完整

为了保证账簿记录的准确、整洁，应当根据审核无误的会计凭证连续、系统地登记会计账簿，不能错记、漏记、重记。登记会计账簿时，应当将会计凭证日期、编号、业务内容摘要、金额和其他有关资料逐项记入账内，必须使用会计科目、明细目的全称，不能简化，做到数字准确、摘要清楚、登记及时、字迹工整。每一项会计事项，一方面要记入有关的总账，另一方面要记入该总账所属的明细账。账簿记录中的日期，应该填写记账凭证上的日期；以自制原始凭证（如收料单、领料单等）作为记账依据的，账簿记录中的日期应按有关自制凭证上的日期填列。

2. 注明记账符号

账簿登记完毕后，记账人员要在记账凭证上签名或者盖章，并在记账凭证的“过账”栏内注明账簿页数或画对勾，表示已经记账完毕；避免重记、漏记。

3. 书写规范

账簿中书写应采用标准的简化汉字，不能使用不规范的汉字；金额栏的数字应该采用阿拉伯数字，并且对齐位数，注意“0”不能省略和连写。文字和数字不要写满格，一般紧靠底线书写，占行距的1/2，这样做是为了在发生登记错误时，能够留有余地进行更正，同时也方便查账工作。

4. 正常记账使用蓝黑墨水书写

为了保持账簿记录的持久性，防止涂改，登记账簿必须使用蓝黑墨水或碳素墨水并用钢笔书写，不得使用圆珠笔（银行的复写账簿除外）或者铅笔书写。在会计上，数字的颜色极为重要，它同数字和文字一起传递出会计信息。如同数字和文字错误会表达错误的信息，书写墨水的颜色用错了，其导致的概念混乱也不亚于数字和文字错误。

5. 特殊记账使用红墨水书写

在下列情况下，可以用红色墨水记账：

（1）按照红字冲账的记账凭证，冲销错误记录；

（2）在不设借、贷等栏的多栏式账页中，登记减少数；

（3）在三栏式账户的余额栏前，如未印明余额方向的，在余额栏内登记负数余额；

（4）根据国家统一的会计制度规定可以用红字登记的其他会计记录。

由于会计中的红字表示负数，因而除上述情况外，不得用红色墨水登记账簿。

6. 连续登记

在登记各种账簿时，应按页次顺序连续登记，不得隔页、跳行。如不慎发生隔页、跳行现象，应在空页、空行处用红色墨水划对角线注销，并注明“此页空白”或“此行空白”字样，并由记账人员签名或者签章，不得任意撕毁或抽换账页，以防舞弊行为。

7. 结出余额

凡需要结出余额的账户，结出余额后，应当在“借或贷”栏目内注明“借”或“贷”字样，表明余额的方向；对于没有余额的账户，应在“借或贷”栏内写“平”字，并在“余额”栏用“θ”表示。库存现金日记账和银行存款日记账必须逐日结出余额。一般说来，对于没有余额的账户，在余额栏内标注的“θ”应当放在“元”位。

8. 过次承前

每一账页登记完毕结转下页时，应当结出本页合计数及余额，写在本页最后一行和下页第一行有关栏内，并在摘要栏内注明“过次页”和“承前页”字样；也可以将本页合计数及金额只写在下页第一行有关栏内，并在摘要栏内注明“承前页”字样，以保持账簿记录的连续性，便于对账和结账。“过次页”和“承前页”的方法有两种：一是在本页最后一行内结出发生额合计数及余额，然后过次页，在次页第一行承前页；二是只在次页第一行承前页写出发生额合计数及余额，不在上页最后一行结出发生额合计数及余额后过次页。

对需要结计本月发生额的账户，结计“过次页”的本页合计数应当为自本月初起至本页末止的发生额合计数。这样做便于根据“过次页”和合计数，随时了解本月初到本页末止的发生额，也便于月末结账时，加计“本月合计数”。对需要结计本年累计发生额的账户，结计“过次页”的本页合计数应当为自年初起至本页末止的累计数。这样做，便于根据“过次页”的合计数，随时了解本年初到本页末止的累计发生额，也便于年终结账时，加计“本年累计”数。对既不需要结计本月发生额也不需要结计本年累计发生额的账户，可以只将每页末的金额结转次页。

（四）对账

1. 对账的作用

对账就是核对账目，是指对账簿、账户记录所进行的核对工作，一般是在会计期间（月份、季度、年度）终了时，检查和核对账证、账账、账实是否相符，以确保账簿记录的正确性。

对账是日常会计工作的一个必要环节，因为在填制凭证、登记账簿等一系列会计工作的过程中，由于客观或主观的原因，难免会发生账簿记录差错，出现账账、账实不符等情况。因而，为了保证账簿记录的完整性与正确性，如实反映企业经济活动的真实情况，在结账前，要通过对账，将有关账簿记录进行核对。对账的目的是要达到账证相符、账账相符、账实相符，为编制会计报表提供真实可靠的数据资料，对账工作每年至少进行一次。

2. 对账的内容

（1）账证核对。账证核对是指核对会计账簿记录与原始凭证、记账凭证的时间、凭证字号、内容、金额是否一致，记账方向是否相符。为了保证账证相符，必须将账簿记录同有关会计凭证相核对。一般来说，日记账应与收、付款凭证相核对，总账应与记账凭证相核对，明细账应与记账凭证或原始凭证相核对，通常这些核对工作是在日常制证和记账工作中进行的。核对时，可以根据需要，采用逐笔核对或抽查核对的方法。但无论采用何种方法，其目的都是为了确保账证相符。如果发现差错，则应查明原因，并按照规定的方法予以更正。

（2）账账核对。账账核对是指核对不同会计账簿之间的账簿记录是否相符。为了保证账账相符，必须将各种账簿之间的有关数据相核对。具体核对的内容包括：

①总分类账簿有关账户的余额核对。资产类账户的余额应等于权益类账户的余额，或总账账户的借方期末余额合计数应与贷方期末余额合计数核对相符。具体核对方法是：通过编制总分类账户发生额及余额对照表（试算平衡表），检查总分类账户的记录是否正确。根据试算平衡原理，各个总分类账户的期初（期末）借、贷双方余额和本期借、贷双方发生额相符，则说明达到“账账相符”；如果不平衡，则说明总账记录有差错，应进一步查明原

因，更正账簿记录。

②总分类账簿与所属明细分类账簿核对。总账账户的期末余额应与所属明细分类账户期末余额之和核对相符。具体核对方法是：通过编制明细分类账本期发生额明细表进行核对。由于总账与所属明细账的记录是按照平行登记的要求进行的，所以各明细分类账的期初（期末）余额、本期借方发生额之和、本期贷方发生额之和应当与相关的总分类账的期初（期末）余额、本期借方发生额、本期贷方发生额相等；如果不等，则应查明原因，并予以更正。

③总分类账簿与序时账簿核对。如前所述，序时账簿包括特种日记账和普通日记账。而我国企事业单位必须设置的特种日记账是库存现金日记账和银行存款日记账。这两类业务同时还必须设置总分类账。库存现金日记账和银行存款日记账期末余额应分别同有关总分类账户的期末余额核对相符。这种核对，有助于检查总账记录中重记或漏记的差错。

④会计账与业务账之间的核对。有些资产的增减变化，除了会计部门在各种财产物资明细分类账中进行记录外，有关财产物资保管或使用部门也要设置账卡进行记录，因此要求会计部门与业务部门定期进行核对。例如原材料、库存商品等财产物资明细账就应与仓库账目进行核对。

（3）账实核对。账实核对是指各项财产物资、债权债务等账面余额与其实有数额之间的核对。为了保证账实相符，应将各种账簿记录与有关财产物资的实有数相核对。具体核对内容包括：

①库存现金日记账账面余额与库存现金数额核对。由出纳员将库存现金日记账账面余额与库存现金实际库存金额进行逐日核对，检查是否相符。单位会计主管每月也要进行抽查。

②银行存款日记账账面余额与银行对账单的余额核对。由出纳员将银行存款日记账的账面余额与开户银行送来的对账单余额进行定期核对，通过逐笔核对双方记录，将未达账项编制银行存款余额调节表，以便检查银行存款日记账记录是否有误以及银行存款的实有数。

③各项财产物资明细账账面余额与财产物资的实有数额核对。各项财产物资明细账账面余额与财产物资的实有数定期核对相符。

④有关债权债务明细账账面余额与对方单位的账面记录核对。各种应收、应付、应交款项明细账的期末余额应与债务、债权单位的账目核对相符；与上下级单位、财政和税务部门的拨缴款项也应定期核对无误，并督促有关责任人积极处理。

造成账实不符的原因是多方面的，如在收发财产物资时，由于计量或检验不准确，造成品种、数量或质量上的差错；由于管理不善或责任者的过失，造成财产物资毁损、短缺；由于财产物资保管中发生自然损耗或遭受自然灾害造成财产物资损失；由于不法分子贪污盗窃、营私舞弊而发生财产物资损失等。因此，需要通过定期的财产清查来弥补漏洞，保证会计信息真实可靠，提高企业管理水平。

（五）结账

结账是在把一定时期内发生的全部经济业务登记入账的基础上，计算并记录本期发生额和期末余额的过程。结账的内容通常包括两个方面：一是结清各种损益类账户，并据以计算确定本期利润；二是结清各资产、负债和所有者权益账户，分别结出本期发生额合计和余额。

1. 结账的程序

（1）将本期发生的经济业务事项全部登记入账，并保证其正确性。

（2）根据权责发生制的要求，调整有关账项，合理确定本期应计的收入和应计的费用。

①应计收入和应计费用的调整。应计收入是指已在本期实现、因未收款而未登记入账的收入。企业发生的应计收入，主要是本期发生且符合权责发生制的收入确认标准，但尚未收到相应款项的商品或劳务。对于这类调整事项，应确认为本期收入。应计费用是指已在本期发生、因未付款而未登记入账的费用。企业发生的应计费用，主要是本期已受益，根据权责发生制符合费用确认标准的事项，如应付而未付的借款利息等。由于这些费用已经发生，应当在本期确认为费用。

②收入分摊和成本分摊的调整。收入分摊是指企业已经收取有关款项，但未完成或未全部完成销售商品或提供劳务，需要在期末按本期已完成的比例，分摊确认本期已实现收入的金额，并调整以前预收款项时形成的负债。成本分摊是指企业的支出已经发生，但能使企业在以后若干个会计期间受益，为了能正确计算各个会计期间的损益，应将这些支出在其受益期间进行分配。

（3）将损益类账户转入“本年利润”账户，结平所有损益类账户。

（4）结算出资产、负债和所有者权益账户的本期发生额和余额，并结转至下期。

2. 结账的方法

（1）明细账的结账方法。明细账的结账按不同情况分三种类型：

①对本月无发生额或只有一笔发生额的明细账。对本月无发生额的明细账，不需按月结计本期发生额。该账户最后一笔余额为以前的月末余额，在其最后一笔经济业务事项记录之下已有通栏单红线，本月无发生额，不需要再结计余额。本月只有一笔发生额时，可在其余额栏同时结计余额，并在其最后一笔经济业务事项记录下划通栏单红线。也不需再另行结计本月发生额及余额。这种类型主要适用于债权债务往来结算类明细账和各财产物资明细账。

②对本月发生额较多的明细账。库存现金日记账、银行存款日记账和收入、费用等明细账每月都有较多的发生额，每月结账时，要在本月最后一笔经济业务记录下面划一条通栏单红线，在本月最后一笔经济业务记录的下一行摘要栏内注明“本月合计”字样，结出本月发生额和余额，在“本月合计”这行的下面再划一条通栏单红线，这样就表示月结完毕。

③对全年累计数的结计。需要结计本年累计发生额的某些明细账户，每月结账时，应在“本月合计”行下结出自年初起至本月末止的累计发生额，登记在月份发生额下面，在摘要栏内注明“本年累计”字样，并在下面通栏划单红线。12 月末的“本年累计”就是全年累计发生额，全年累计发生额下通栏划双红线。如一些收入、费用类账户。

（2）总账的结账方法。总账账户平时只需结出月末余额。年终结账时，将所有总账账户结出全年发生额和年末余额，在摘要栏内注明“本年合计”字样，并在合计数下通栏划双红线。

年度终了结账时，有余额的账户，要将其余额结转下年，并在摘要栏注明“结转下年”字样；在下一会计年度新建有关会计账户的第一行余额栏内填写上年结转的余额，并在摘要栏注明“上年结余”字样，即将有余额的账户的余额直接记入新账余额栏内，不需要编制记账凭证，也不必将余额再记入本年账户的借方或贷方，使本年有余额的账户的余额变为零。因为既然年末是有余额的账户，其余额应当如实在账户中加以反映，否则容易混淆有余额的账户和没有余额的账户之间的关系。格式如表 2－23 所示。

表 2－23　　应收账款

202×年		凭证		摘要	借方	贷方	借或贷	余额
月	日	字	号					
1	1			上年结余			借	30 000
12	31			本月合计	26 000	16 000	借	40 000
12	31			本季累计	98 000	88 000	借	40 000
12	31			本年累计	225 000	215 000	借	40 000
				结转下年				

（六）会计账簿的更换与保管

会计账簿的更换通常在会计年度终了时进行。一般来说，总账、日记账和多数明细账应每年更换一次。但有些财产物资明细账和债权债务明细账由于材料品种、规格和往来单位较多，更换新账，重抄一遍的工作量较大，因此，可不必每年更换。各种备查账簿也可连续使用。更换账簿时，上年度各种账户余额结转下年，启用新账后，一般要把旧账送交总账会计集中统一管理。被更换下来的旧账是会计档案的重要组成部分，必须科学、妥善地加以保管。会计账簿暂由本单位财务会计部门保管半年，期满之后，由财务会计部门编造清册移交本单位的档案部门保管。

第四节　会计工作循环

一、会计工作循环概念

会计工作循环是指按照一定的步骤反复运行的会计程序。从会计工作流程看，会计工作循环由确认、计量和报告等环节组成，会计工作循环由设置账户、复式记账、填制和审核会计凭证、登记会计账簿、成本计算、财产清查、编制会计报表等组成。

二、具体会计工作循环

（一）设置账户

设置账户是对会计核算的具体内容进行分类核算和监督的一种专门方法。由于会计对象的具体内容是复杂多样的，要对其进行系统地核算和经常性监督，就必须对经济业务进行科学的分类，以便分门别类地、连续地记录，据以取得多种不同性质、符合经营管理所需要的信息和指标。

（二）复式记账

复式记账是指对所发生的每项经济业务，以相等的金额，同时在两个或两个以上相互联系的账户中进行登记的一种记账方法。采用复式记账法，可以全面反映每一笔经济业务的来龙去脉，而且可以防止差错和便于检查账簿记录的正确性和完整性，是一种比较科学的记账方法。

（三）填制和审核会计凭证

会计凭证是记录经济业务，明确经济责任，作为记账依据的书面证明。正确填制和审核会计凭证，是核算和监督经济业务活动的基础，是做好会计工作的前提。

（四）登记会计账簿

登记会计账簿简称登账，是以审核无误的会计凭证为依据，在账簿中连续地、完整地记录各项经济业务，以便为经济管理提供完整、系统的会计核算资料。账簿记录是重要的会计资料，是进行会计分析、会计检查的重要依据。

（五）成本计算

成本计算是按照一定对象归集和分配生产经营过程中发生的各种费用，以便确定该对象的总成本和单位成本的一种专门方法。产品成本是综合反映企业生产经营活动的一项重要指标，正确地进行成本计算，可以考核生产经营过程的费用支出水平，同时又是确定企业盈亏和制定产品价格的基础，并为企业进行经营决策，提供重要数据。

（六）财产清查

财产清查是指通过盘点实物，核对账目，以查明各项财产物资实有数额的一种专门方法。通过财产清查，可以提高会计记录的正确性，保证账实相符。同时，还可以查明各项财产物资的保管和使用情况以及各种结算款项的执行情况，以便对积压或损毁的物资和逾期未收到的款项，及时采取措施，进行清理和加强对财产物资的管理。

（七）编制会计报表

编制会计报表是以特定表格的形式，定期并总括地反映企业、行政事业单位的经济活动情况和结果的一种专门方法。会计报表主要以账簿中的记录为依据，经过一定形式的加工整理而产生一套完整的核算指标，用来考核、分析财务计划和预算执行情况以及编制下期财务计划和预算的重要依据。

会计工作循环，如图 2－24 所示。

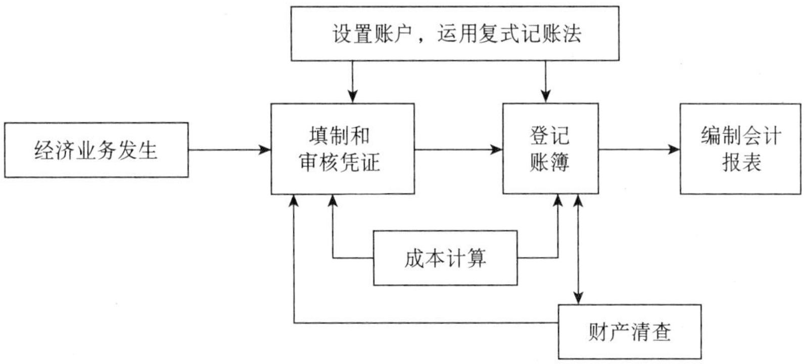

图 2－24　会计工作循环

思考与练习

一、思考题

1. 什么是会计科目？什么是会计账户？账户的基本结构包括哪些？
2. 什么是总分类科目，什么是明细分类科目？它们之间存在什么关系？
3. 什么是记账方法？复式记账法种类有哪些？借贷记账法包括哪些内容？
4. 为什么借贷记账法可以进行试算平衡？怎样进行试算平衡？
5. 会计分录包括的基本要素有哪些？它的种类有哪些？
6. 什么是会计凭证？它在会计核算中有什么作用？
7. 原始凭证和记账凭证的基本要素各有哪些？审核时应注意哪些要点？
8. 什么是会计账簿？会计账簿一般包括哪些基本内容？
9. 会计账簿如何分类？会计账簿记账规则的主要内容有哪些？
10. 什么叫对账？对账包括哪些内容？什么叫结账？结账包括哪些程序？
11. 什么是会计工作循环？会计工作循环包括哪些步骤？

二、选择题

1. 下列各项中，属于对会计要素进行基本分类的是（　　）。

A. 会计对象　　B. 会计科目
C. 会计账户　　D. 会计主体

2. 一般而言，资产账户的贷方登记的是（　　）。

A. 收入的增加　　B. 收入的减少
C. 资产的增加　　D. 资产的减少

3. 借贷记账法中，账户哪一方记增加，哪一方记减少是由（　　）决定的。

A. 记账规则　　B. 账户结构
C. 账户性质　　D. 经济业务

4. 下列项目中，属于非流动负债科目的是（　　）。

A. 应付股利　　B. 应付债券
C. 应交税费　　D. 短期借款

5. 下列项目中，属于企业资产科目核算内容的是（　　）。

A. 拟购入的空调　　B. 拟购入的原材料
C. 购入的设备　　D. 预收的货款

6. 某企业上月末银行存款余额150 000元，本月从银行提取现金2 000元；向银行借入短期借款100 000元，已存入银行；以银行存款归还前欠货款150 000元；收到东风工厂前欠货款40 000元，已存入银行；以银行存款支付广告费20 000元，不考虑其他因素，本月末该企业银行存款余额为（　　）元。

A. 128 000　　B. 118 000
C. 120 000　　D. 132 000

7. 某企业应收账款账户期初借方余额80 000元，本期借方发生额为10 000元，期末借方余额 50 000 元。不考虑其他因素，该企业本期收回的应收账款为（　　）元。

A. 40 000　　B. 20 000

C. 70 000　　D. 30 000

8. 某企业月初所有者权益总额 50 万元，本月接受外单位投资 10 万元，各项收入 80 万元，各项费用（含所得税费用）60 万元，提取盈余公积 2 万元。不考虑其他因素，该企业月末所有者权益总额为（　　）万元。

A. 60　　B. 82

C. 80　　D. 78

9. 某企业“应付利息”账户的期初余额为贷方 30 000 元，本期借方发生额 20 000 元，贷方发生额 5 000 元。不考虑其他因素，则该企业“应付利息”账户的期末余额为（　　）元。

A. 借方余额 15 000　　B. 借方余额 5 000

C. 贷方余额 15 000　　D. 贷方余额 25 000

10. 下列各项中，关于负债类账户期末余额计算公式表述正确的是（　　）。

A. 期末余额 = 期初贷方余额 + 本期借方发生额 - 本期贷方发生额

B. 期末余额 = 期初借方余额 + 本期贷方发生额 - 本期借方发生额

C. 期末余额 = 期初借方余额 + 本期增加发生额 - 本期减少发生额

D. 期末余额 = 期初贷方余额 + 本期贷方发生额 - 本期借方发生额

11. 下列各项中，关于收入类账户结构表述正确的是（　　）。

A. 借方登记收入的减少数或结转数　　B. 借方登记所取得的收入

C. 若有余额在借方，属于资产　　D. 若有余额在贷方，属于负债

12. 下列各项中，企业“主营业务成本”账户借方登记的内容是（　　）。

A. 产品成本　　B. 在产品成本

C. 产品生产成本　　D. 已销售产品的制造成本

13. 8 月 31 日，企业“本年利润”账户有贷方余额 50 000 元，其含义是（　　）。

A. 8 月份实现的净利润　　B. 8 月 31 日实现的净利润

C. 1 月 1 日至 8 月 31 日累计实现的净利润　　D. 结转利润分配数后的剩余数额

14. 美的公司接受投资者投入设备一台，在编制会计分录时，应借记的会计科目是（　　）。

A. 固定资产　　B. 应付账款

C. 实收资本　　D. 资本公积

15. 以银行存款缴纳所得税，所引起的变化是（　　）。

A. 一项资产增加，一项资产减少　　B. 一项资产减少，一项负债减少

C. 一项负债减少，一项资产增加　　D. 一项资产减少，一项所有者权益减少

16. 下列各项中，“限额领料单”属于的原始凭证类别是（　　）。

A. 一次性凭证　　B. 外来凭证

C. 汇总原始凭证　　D. 累计凭证

17. 下列各项中，在一定时期内连续记录若干同类经济业务的自制原始凭证称为（　　）。

A. 一次性原始凭证　　B. 累计原始凭证

C. 转账凭证　　D. 汇总原始凭证

18. 下列各项中，付款记账凭证左上角的贷方科目，应填列的会计科目是（　　）。

A. 银行存款　　B. 库存现金

C. 银行存款或库存现金　　D. 非货币资金的其他科目

19. 下列各项中，关于会计凭证表述不正确的是（　　）。

A. 会计凭证可分为原始凭证和记账凭证

B. 原始凭证是编制记账凭证的依据

C. 记账凭证是登记账簿的直接依据

D. 尚未取得原始凭证的经济业务可以先编制记账凭证据以记账

20. 美的公司从银行提取现金 5 000 元备用，会计人员应填制的专用记账凭证是（　　）。

A. 收款凭证　　B. 付款凭证

C. 转账凭证　　D. 单式凭证

21. 车间领用原材料，应根据领料单填制的专用记账凭证是（　　）。

A. 收款凭证　　B. 付款凭证

C. 转账凭证　　D. 结算凭证

22. 下列各项中，一般适用于总分类账、日记账的账簿是（　　）。

A. 订本式账簿　　B. 活页式账簿

C. 卡片式账簿　　D. 活页式账簿或卡片式账簿

23. 活页式账簿和卡片式账簿主要适用于（　　）。

A. 特种日记账　　B. 普通日记账

C. 总分类账　　D. 明细分类账

24. 下列各项中，关于备查账表述不正确的是（　　）。

A. 备查账不是正式账簿，没有固定格式

B. 并不是每一个单位都必须设置备查账

C. 应根据一级科目设置账户

D. 它是对某些主要账簿未能记录或记载不全的经济业务进行补充登记的账簿

25. 下列各项中，适用数量金额式明细账登记的账户是（　　）。

A. 应收账款　　B. 实收资本

C. 生产成本　　D. 库存商品

26. 下列各项中，关于会计科目和会计账户关系表述正确的有（　　）。

A. 二者名称一致　　B. 二者反映的经济内容一致

C. 会计科目是账户的名称，而账户有具体结构　　D. 会计账户是设置会计科目的依据

27. 下列各项中，与制造费用账户发生对应关系的账户有（　　）。

A. 生产成本　　B. 其他应付款

C. 所得税费用　　D. 应付职工薪酬

28. 下列各项中，属于原始凭证的有（　　）。

A. 销货发票　　B. 销售合同

C. 材料入库单　　D. 领料单

29. 下列各项中，属于登记银行存款日记账直接依据的有（　　）。

A. 库存现金收款凭证　　B. 银行存款收款凭证

C. 库存现金付款凭证　　D. 银行存款付款凭证

30. 下列各项中，属于账账核对的有（　　）。

A. 总账借、贷方期末余额合计数核对　　B. 总账与日记账核对

C. 总账与所属明细账期末余额合计数核对　　D. 明细账之间核对

三、业务题

（一）借贷记账法业务

1. 美的公司 2×23 年 3 月 1 日有关账户余额如下：

表 2-24　　美的公司期初余额汇总表　　单位：元

会计科目	借方余额	会计科目	贷方余额
库存现金	5 000	短期借款	100 000
银行存款	208 600	应付账款	152 600
应收账款	62 000	应交税费	85 000
其他应收款	4 000	实收资本	300 000
原材料	96 000	利润分配	30 000
固定资产	200 000		
生产成本	92 000		
合计	667600	合计	667 600

2. 3 月美的公司发生下列经济业务：

（1）购入设备一台，增值税专用发票上注明设备的买价为 30 000 元，增值税税额为 3 900 元，价税款已用银行存款支付，设备已投入车间使用；

（2）从银行取得短期借款 100 000 元，存入银行；

（3）将现金 2 000 元存入银行；

（4）向东方铝厂购入铝板，增值税专用发票上注明买价为 50 000 元，增值税税额为 6 500 元，材料已验收入库，价税款暂欠；

（5）用银行存款 100 000 元，归还银行短期借款；

（6）开出转账支票一张，偿还上月所欠南方铜厂的购货款 45 200 元；

（7）接到银行通知，收到南华工厂上月所欠购货款 11 300 元；

（8）用现金支付刘林预借差旅费 2 000 元。

3. 要求：

（1）根据上述资料，开设有关的 T 型账户，并登记期初余额；

（2）根据上述经济业务，不考虑其他因素，编制会计分录；

（3）根据会计分录登记账户并结算每个账户的本期发生额和期末余额；

（4）编制试算平衡表。

（二）记账凭证业务

1. 美的公司 2×23 年 3 月发生业务如下：

（1）2 日，从银行提取现金 30 000 元；

（2）5 日，收到 A 股东缴来的出资款 200 000 元，款存银行；

（3）10 日，向 B 工厂购入价值 60 000 元的钢板，材料已验收入库，货款尚未支付（假设不考虑增值税）；

（4）15 日，以现金预支采购员王天差旅费 3 000 元；

（5）17 日，王天出差回来报销 2 750 元，交回库存现金 250 元；

（6）18 日，将库存现金 30 000 元送存银行；

（7）20 日，车间领用价值 4 800 元的紫铜用于空调生产；

（8）29 日，收到 C 工厂归还的前欠货款 5 000 元，款存银行。

2. 要求：

（1）根据上述资料编制相应的会计分录；

（2）判断使用何种专用记账凭证？

四、案例分析题

（一）2×23 年 3 月，李明以每月 10 000 元的租金租用了一间店面，投资创办了利和服装公司，主要经营各种服装的批发兼零售。3 月 1 日，李明以利和服装公司的名义在银行开立账户，并存入 500 000 元作为资本，用于正常经营。由于李明不懂会计，他除了将所有的发票单据进行收集、保存外，没有作任何其他记录。3 月末，李明发现服装公司的银行存款反而减少了，只剩下 303 000 元，外加 3 500 元库存现金。另外，尽管公司客户赊欠账款 65 000 元尚未收现，但公司也有 70 000 元的货款尚未支付。除此之外，公司对库存的服装进行实地盘点，确定其价值为 130 000 元。李明开始怀疑自己的经营情况，他向正在学习会计学课程的你请教。

对李明保存的所有单据进行检查和分析，汇总这一个月的业务资料如下：

（1）李明投资 500 000 元存入银行；

（2）公司成立购买管理用设备发生支出 100 000 元，通过银行支付（本月应提折旧 5 000 元）；

（3）公司购入待售服装，价值 350 000 元，赊欠其价款的 20%，其余通过银行支付；

（4）本月 1 日至 31 日零售服装获得收入 190 000 元，款项收到并存入银行；

（5）本月 1 日至 31 日批发服装获得收入 120 000 元，其中赊销 65 000 元，其余的货款均收到并存入银行；

（6）通过银行支付本月的房屋租金 10 000 元；

（7）本月从银行存款户提取现金 50 000 元，其中 20 000 元用于支付公司雇员的薪酬，25 000 元用作李正利的个人生活费，其余备公司日常零星开支用；

（8）本月发生的水电费 2 000 元，通过银行支付；

（9）本月发生电话费 1 000 元，用现金支付；

（10）用现金支付本月公司其他杂费 500 元。

要求：不考虑相关税费及其他因素，运用所学过的会计知识，结合利和服装公司的业务完成以下工作。

1. 帮助李明设计一套合理的会计账簿体系，并编制利和服装公司本月经济业务的会计分录。

2. 向李明报告利和服装公司2×23年3月的财务状况、经营成果与经营现金流情况：

（1）营业收入是多少？

（2）应结转的营业成本是多少？

（3）一般性管理费用是多少？

（4）利润是多少？

（5）日常经营活动现金流入、流出与净流量是多少？

（6）银行存款余额是多少？

（7）库存现金是多少？

（8）资产总额是多少？

（9）负债总额是多少？

（10）所有者权益总额是多少？

3. 总结利和公司的经营情况，指出值得注意的地方。

（二）收集一张正规发票，按要求进行审核，进一步解读发生的经济业务以及对会计主体的影响。

第三章　筹资业务

埃隆·马斯克的第三篇论文又涉足了他最喜欢的主题——超级电容器。他的这篇论文获得了 97 分，并获誉“分析得非常透彻”“出色的财务知识”。教授的评价非常中肯。埃隆·马斯克真正突出的地方在于，他将复杂的物理概念与商业计划相结合的能力。不仅如此，他还显示出了将一项科研成果转化为营利性企业的非凡才能。

——埃隆·马斯克，特斯拉电动汽车联合创始人，曾位列世界首富

学习目标

1. 了解筹资业务的流程
2. 掌握企业接受投资和企业借入短期借款的会计核算
3. 理解筹资业务的会计信息应用与筹资业务控制

本章重点

筹资业务的基本核算；筹资业务的会计信息应用；筹资业务控制。

本章内容提要

▷筹资业务的定义与流程
▷筹资业务的核算
▷筹资业务的控制
▷筹资业务中的会计信息应用

课堂思政

党的二十大报告指出，高质量发展是全面建设社会主义现代化国家的首要任务。金融是实体经济的血脉，为实体经济服务是金融的天职。金融机构需要精心安排部署，聚焦主责主业，深刻领悟党的二十大关于经济社会发展的要求，全面践行金融工作的政治性和人民性，找准服务重点，持续加大金融支持力度，努力服务实体经济、乡村振兴以及先进制造业、绿色发展等重点领域，为高质量发展做出积极贡献。

第一节　筹资业务的定义与流程

一、筹资业务的定义

筹资是企业生产经营活动的前提条件，也是企业再生产顺利进行的保证。任何一个企业，为了形成生产经营能力、保证生产经营正常运行，必须拥有一定数量的资金。筹资就是企业根据其生产经营、对外投资以及调整资本结构的需要，通过一定的筹资渠道，采取适当的筹资方式，经济有效地筹措资金的过程。

企业筹集资金的方式可以分为权益筹资和债务筹资。权益筹资主要指吸收投资者的资金，它构成了企业的永久性资本，形成所有者权益。投资者将资金投入企业并成为企业的股东，进而可以参与企业的经营决策并获得企业盈利的分配。债务筹资主要是指向债权人借入的各种款项，包括长期借款和短期借款等，形成企业负债。筹资业务的完成意味着资金投入企业，是企业资金运动的起点。

所有者权益和负债在会计上统称为权益，但二者在性质、是否需要偿还和偿还期限、享受的权利、承担的风险等方面存在不同。

二、筹资业务的流程

1. 提出资金需求，设计筹资方案

一般由相关部门根据企业经营战略、预算情况与资金现状等因素，提出资金需求；财务部门根据资金需求设计筹资方案。

2. 论证筹资方案

初始筹资方案还应经过充分的可行性论证。企业应组织相关部门的专家对筹资项目进行可行性论证，包括筹资方案的战略评估、筹资方案的经济性评估和筹资方案的风险评估。

3. 审批筹资方案

通过可行性论证的筹资方案，需要在企业内部按照分级授权审批的原则进行审批，重点关注筹资用途的可行性。筹资方案需经有关管理部门批准的，应当履行相应的报批程序，重大筹资方案应当提交股东（大）会审议。

4. 与金融机构谈判

财务部门应根据审核批准的筹资方案，与金融机构谈判，进一步完善筹资方案，并严格按照相关程序筹集资金。

5. 接受筹资方案

银行或其他金融机构等根据企业提供的筹资方案及其他辅助资料，与企业协商谈判后，决定是否接受企业筹资方案。如双方达成意向，及时签订筹资协议。

6. 执行筹资方案

银行或其他金融机构根据签订的筹资协议按时足额放款；企业财务部门确认筹资款，并及时足额还本付息，或合理分配和支付股利，这对保持企业良好的信用记录，企业顺利进行再筹资具有重要意义。

7. 筹资活动的监督、评价与责任追究

企业财务部门根据借款合同等资料进行后续支付利息、股息等账务处理。此外，企业相关部门要加强筹资活动的检查监督，严格按照筹资方案确定的用途使用资金，确保款项的收支、股息和利息的支付、股票和债券的保管等符合有关规定。筹资活动完成后要按规定进行筹资后评价，对存在违规现象的，严格追究其责任。

企业筹资业务流程，如图 3－1 所示。

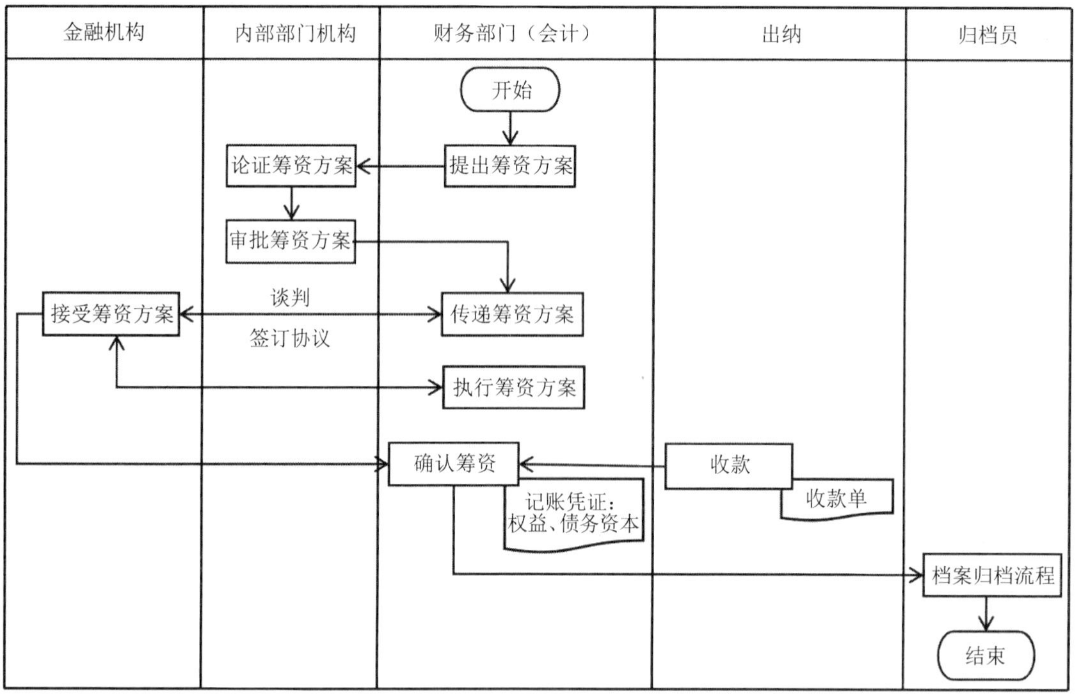

图 3－1　筹资业务流程

第二节　筹资业务的核算

一、核算内容

企业筹资的渠道主要有两方面：一是吸收投资者投入资本；二是从银行或其他金融机构等借入资金。对于吸收投资者投入资本，投资者可以用货币出资，也可以用实物、知识产权、土地使用权等可以用货币估价并可以依法转让的非货币财产作价出资。但是，法律、行政法规规定不得作为出资的财产除外。同时，企业在生产过程中为了弥补资金的不足，除了吸收投资者投入的资本外，会主动从银行等金融机构借入资金。因此筹资业务核算的主要内容包括投资者投入资本核算和借入资金核算。

二、投入资本的核算

投入资本是指投资者作为资本投入企业中的各种资产的价值。投资者向企业投入的资本，在一般情况下是不需要偿还的，可供企业长期使用，形成企业所有者权益的一部分。投入资本又称所有者投入的资本，主要包括实收资本（或股本）和资本公积。

实收资本（或股本）是指企业投资者按照章程、合同或协议的约定，实际投入企业的资本金，它是企业开展生产经营活动的必要物质基础，投资者对依法投入的资本享有法定权利并对企业负债承担责任。

资本公积是指由投资者投入但不能构成实收资本，或从其他特定来源取得，由投资者共同享有的部分。它属于投入资本的范畴，也是所有者权益的重要组成部分。

（一）账户的设置

1. “实收资本”账户

用来反映有限责任公司接受投资者投入的法定资本增减变动及结余情况。股份有限公司应设为“股本”账户。本账户属于所有者权益类账户，贷方登记实收资本的增加数，借方登记实收资本的减少数，期末贷方余额反映企业期末实收资本实有数。可按投资者的不同设置明细账。“实收资本”账户的结构，如图 3－2 所示。

实收资本（或股本）

实收资本（股本）的减少	实收资本的增加 （收到投资人投入的法定资本）
	期末余额：实收资本实有金额

图 3－2　“实收资本”账户结构

2. “资本公积”账户

用来反映企业收到投资者出资额超出其在注册资本（或股本）中所占份额的部分，以及直接计入所有者权益的利得和损失等增减变动及结余情况。本账户属于所有者权益类账户，贷方登记资本公积的增加数，借方登记资本公积的减少数，期末贷方余额反映企业期末资本公积的结存数。可按资本公积形成来源类别设置明细账。“资本公积”账户的结构，如图 3－3 所示。

资本公积

资本公积的减少金额	资本公积的增加金额
	期末余额：资本公积实有金额

图 3－3　“资本公积”账户结构

3. “银行存款”账户

用来反映企业存入银行或其他金融机构的各种款项增减变动及结余情况。本账户属于资产类账户，借方登记银行存款的增加数，贷方登记银行存款的减少数，期末余额在借方，反映企业存在银行或其他金融机构的各种款项。可按不同的银行或金融机构设置明细账。“银行存款”账户的结构，如图 3－4 所示。

银行存款	
银行存款的增加金额	银行存款的减少金额
期末余额：银行存款实有金额	

图 3-4　“银行存款”账户结构

（二）投入资本的会计处理

【例 3-1】 美的公司是 A 和 B 两个股东共同投资组建的有限责任公司，注册资本为 2 000 万元，投资协议的持股比例为 A、B 股东各占 50%。现收到 A、B 股东各投入的货币资金 1 000 万元，款项已经存入美的公司的开户银行。

解析：企业收到投资者以货币资产投入的资本时，一方面引起资产（银行存款）的增加，另一方面引起所有者权益（实收资本）的增加。在核算时，应当以实际收到或者存入企业开户银行的与注册资本一致的金额作为实收资本入账。根据收款的原始凭证反映的金额借记“银行存款”账户，贷记“实收资本”账户。如投入资本中超出其在注册资本中对应的溢价部分应该贷记“资本公积——资本溢价”账户。应编制会计分录如下：

借：银行存款	20 000 000	
贷：实收资本——A 股东		10 000 000
——B 股东		10 000 000

【例 3-2】 美的公司收到 C 股东作为资本金投入的一栋房屋。由第三方评估并经投资各方确认，C 股东的投入资本按 800 万元确定，可折换美的公司每股面值 1 元的普通股股票 500 万股，超过股本部分的 300 万元作“资本公积——股本溢价”。

解析：企业可以接受投资者以房屋、机器设备等固定资产和原材料等非货币资产出资，应当按照投资合同或协议约定的价值确认非货币资产的价值（投资合同或协议不公允的除外）。企业收到投资者投入的房屋、机器设备等固定资产和原材料等非货币资产投资时，一方面引起资产（固定资产等）增加；另一方面引起所有者权益（股本）增加。核算时，应该借记“固定资产”“原材料”等账户，贷记“股本”账户，投入资本中超出其在注册资本中对应的溢价部分应该贷记“资本公积——股本溢价”账户。不考虑相关税费及其他因素，美的公司应编制会计分录如下：

借：固定资产	8 000 000	
贷：股本——C 股东		5 000 000
资本公积——股本溢价		3 000 000

三、借入资金的核算

企业向银行或企业金融机构等借入的资金，按其借款时间长短不同分为短期借款和长期借款。短期借款是指企业向银行或其他金融机构借入的期限在一年以下的各种借款。这部分借款一般是企业为维持正常生产经营所需资金而借入的或为抵偿某项债务而借入的款项。长期借款是企业向银行或其他金融机构借入的、偿还期限超过一年的各种借款。

本节主要介绍短期借款的核算。企业借款需要付出代价，即借款费用。因此，短期借款的核算主要包括取得借款、期末计息和归还本息三个环节。

（一）账户的设置

1.“短期借款”账户

用来反映企业向银行或其他金融机构等借入的偿还期限在一年以内（含一年）的各种借款的增减变动及结余情况。本账户属于负债类账户，贷方登记取得借款的本金数，借方登记偿还借款的本金数，期末贷方余额反映尚未偿还的借款本金数。可按借款种类、贷款人或币种设置明细账。“短期借款”账户的结构，如图 3-5 所示。

短期借款

偿还短期借款本金金额	取得短期借款
	期末余额：尚未偿还的短期借款本金

图 3-5　“短期借款”账户结构

2.“财务费用”账户

用来反映企业为筹集生产经营所需资金等而发生的筹资费用增减变动情况。本账户属于损益类账户中的费用类账户，借方登记企业发生的各项财务费用，如利息支出及相关的手续费等，贷方登记收到的银行存款利息收入以及期末转入本年利润的净发生额，期末一般无余额。可按费用项目设置明细账。“财务费用”账户的结构，如图 3-6 所示。

财务费用

发生利息支出、手续费、汇兑损益等财务费用	取得利息收入、汇兑收益 期末转入本年利润的净发生额

图 3-6　“财务费用”账户结构

3.“应付利息”账户

用来反映企业按照合同约定应支付但尚未支付的利息。本账户属于负债类账户，贷方登记按规定应计入本期成本费用的各种利息，借方登记实际支付的利息，期末贷方余额反映企业应支付但尚未支付的各项利息。可按存款人或债权人设置明细账。“应付利息”账户的结构，如图 3-7 所示。

应付利息

实际支付的利息	应计入本期、但尚未支付的利息
	期末余额：应支付尚未支付的利息

图 3-7　“应付利息”账户结构

（二）借入资本的会计处理

【例 3-3】 2×23 年 1 月 1 日，美的公司从银行取得一笔 3 个月期限的短期借款，金额为 50 万元，到期一次还本付息，年利率为 6%，款项已经存入开户银行。

解析：企业取得从银行或其他金融机构等取得短期借款并存入开户银行时，一方面引起资产（银行存款）增加；另一方面引起负债（短期借款）增加。核算时借记“银行存款”账户，贷记“短期借款”账户。应编制会计分录如下：

借：银行存款　　500 000
　　贷：短期借款　　500 000

【例 3－4】2×23 年 1 月 31 日，美的公司计提本月应负担的利息 2 500 元。

解析：短期借款利息属于企业的筹资成本，应记入“财务费用”账户。在实际工作中，如果短期借款的利息是按季、按半年支付的，根据权责发生制原则，为了正确计算各期的盈亏，企业通常采用预先提取的办法进行会计处理，借记“财务费用”账户确认当期费用，贷记“应付利息”账户确认当期负债。

实际支付时，按累计应付未付的利息金额借记“应付利息”账户，按实际支付的利息金额贷记“银行存款”账户。本例 1 月末尚未支付利息，应编制会计分录如下：

利息＝500 000×6%÷12＝2 500（元）

借：财务费用　　2 500
　　贷：应付利息　　2 500

2 月末的会计处理同 1 月末。

【例 3－5】2×23 年 3 月 31 日，美的公司偿还已到期的短期借款本金金额 50 万元，同时偿还 1 月和 2 月已计提的借款利息 0.5 万元，支付 3 月份（当月）借款利息 0.25 万元。

解析：短期借款到期时，企业应遵守借款合同及时向银行还本付息。对于偿还的本金，应该按本金数借记“短期借款”账户，对于支付的利息，已计提的部分借记“应付利息”账户，未计提的部分直接借记“财务费用”账户，同时按照应偿还的本息合计贷记“银行存款”账户。应编制会计分录如下：

借：短期借款　　500 000
　　应付利息　　5 000
　　财务费用　　2 500
　　贷：银行存款　　507 500

第三节　筹资业务的控制

一、岗位分工与授权审批

1. 筹资业务的不相容岗位

（1）筹资方案的拟订与决策。

（2）筹资合同或协议的审批与订立。

（3）与筹资有关的各种款项偿付的审批与执行。

（4）筹资业务的执行与相关会计记录。

2. 筹资业务的授权审批制度

企业应当对筹资业务建立严格的授权批准制度，明确授权批准方式、程序和相关控制措施，规定审批人的权限、责任以及经办人的职责范围和工作要求。同时，企业应当对筹资方案进行严格审批，重点关注筹资用途的可行性和相应的偿债能力。

二、筹资业务风险控制

企业应当根据筹资目标和规划，结合年度全面预算，拟订筹资方案，明确筹资用途、规模、结构和方式等相关内容，对筹资成本和潜在风险做出充分估计。

1. 筹资风险

筹资风险是指企业因筹资活动而引起的收益不确定性以及到期不能偿付债务本息和投资人报酬的风险。主要表现在债务规模过大，利率过高而导致筹资成本费用过高。借入银行借款时，应当重点关注利率风险、筹资成本、偿还能力以及流动性风险等；发行股票应当重点关注发行风险、市场风险、政策风险以及公司控制权风险等。

2. 筹资风险应对

企业必须立足市场，建立一套完善的风险预防机制和财务信息网络，及时地对财务风险进行预测和防范，制定适合企业实际情况的风险规避方案，通过合理的筹资结构来分散风险。

三、筹资业务的关键控制点

1. 筹资方案可行性论证

进行筹资方案可行性论证包括：①筹资方案的战略性评估，包括是否与企业发展战略相符合，筹资规模是否恰当；②筹资方案经济性评估，如筹资成本是否最低，资本结构是否恰当，筹资成本与资金收益是否匹配；③筹资方案风险性评估，如筹资方案面临哪些风险，风险大小是否恰当可控。

2. 筹资方案审批

要建立分级授权审批制度，按照规定程序严格审批经过可行性论证的筹资方案；审批中应实行集体审议或联签制度，保障决策的科学性。在综合正反两面意见的基础上进行决策，而不应该由少数人主观决策，重大筹资方案，应该提交股东（大）会审议，如果方案发生重大变更的，应当重新履行可行性研究以及相关审批程序。

3. 筹资计划实施

要严格根据筹资计划进行筹资，并按照岗位分离与授权审批制度，各环节和各责任人正确履行审批监督责任，实施严密的筹资程序控制和岗位分离控制，同时做好严密的筹资记录，发挥会计控制作用。

4. 筹资活动评价与追责

为了要保证筹资资金的正确有效使用，首先，要监督检查各部门是否严格按照规定的用途使用资金；再次，要加强检查债务偿还和股利支付环节的监督管理；最后，要评价筹资活动的过程，追究违规人员责任。

【例 3-6】 美梦公司近期发生如下筹资业务：公司为了提高产品质量，降低生产成本，决定对固定资产进行更新改造，为此决定向全社会发行无记名债券，由财务经理拟定筹资方案，由董事会决议通过发行债券。公司选择具有证券、期货业务资格的 A 证券公司作为本次债券发行的承销商，公司指定投资部经理负责本次债券的发行和保管。经过中国证券监督管理委员会的批准，公司债券正式发行，所得的发行收入低于债券面值，属于折价发行。由于 2×23 年世界经济不景气，加之美国推出第三轮量化宽松货币预期的增大，避险资金大量进入黄金市场，国际市场金价持续走高，公司决定将一部分债券发行收入用于买卖黄金期货。债券到期收回后，由财务经理、内审人员、保管人组成小组，按照序号清点所有债券；清点债券无缺损号或对缺号原因进行调查后，当场焚毁所有债券，填写焚毁证书，并签字。

根据上述资料，分析美梦公司对筹资业务的控制存在哪些问题？

解析：

（1）岗位设置方面，债券的发行与保管属于不相容职务，应由不同人员担任，美梦公司指定投资部经理负责本次债券的发行和保管不合理。

（2）筹资方案审批方面，要建立分级授权审批制度，重大筹资方案应该提交股东会审议。美梦公司发行债券应由董事会审议后提交股东大会决议通过，而不是由董事会决议发行。

（3）筹资活动监管方面，严禁擅自改变资金用途，由于市场环境等特殊因素确需改变资金用途的，应履行审批手续，并书面记录审批过程。美梦公司决定将一部分债券发行收入用于买卖黄金期货应该重新进行相关的审批手续。

第四节　筹资业务中的会计信息应用

一、根据账户与报表信息判断筹资需求

【例 3-7】 美达公司为了保证资金链的流畅性，规定银行存款期末余额应保持为每月工资、水电费等固定开支 20 万元的 2 倍。3 月初银行存款账户期初余额为 40 万元，本月借方发生额为 160 万元，贷方发生额为 190 万元。

国家电网公司与某商业银行联合推出了“电 e 金融”平台，以电力大数据分析结果为中小企业增信。美达公司是国家电网公司的优质客户。4 月 1 日，美达公司财务负责人打开“网上国网”，按步骤录入了企业信息，上传了营业证照等证件，在线提供了授权，向“电 e 贷”平台提交了可贷额度核算申请；4 月 5 日，系统自动通过审批，并完成了线上签约，美达公司获批了 50 万元的一年期经营贷信贷额度；4 月 6 日，美达公司支取 30 万元。

根据上述资料，回答以下问题：

（1）美达公司财务负责人为什么提出“电 e 贷”申请？

（2）美达公司如何核算“电 e 贷”？

解析：

（1）根据公司规定，美达公司银行存款期末余额应满足每月固定开支金额的 2 倍，也就是应保持有 40（20 万 ×2）万元余额。3 月末，美达公司银行存款账户余额仅为 10（40 +160 -190）万元，不能满足企业次月的固定开支，公司资金流出现不足。故美达公司为了保证资金链的流畅性，缓解公司短期经济压力，保证公司日常正常运营，公司财务负责人提出“电 e 贷”申请。

（2）美达公司通过“电 e 金融”平台支取的 30 万元贷款，属于筹资业务中的借入资金业务，通过“银行存款”“短期借款”“应付利息”等账户进行核算。

二、筹资业务对财务报表的影响

【例 3－8】美智家公司是一家小型制造企业，在技术创新取得一定突破后，产品销路打开，急需资金扩大产能。由于公司缺乏不动产抵押物，美智家公司财务负责人担心不能从商业银行获得信贷支持。公司新来的大学生向财务经理介绍了国家搭建的全国“信易贷”平台（www.celoan.cn），这个平台的目标就是扩大金融机构贷款规模，降低中小微企业融资成本，解决中小微企业融资难、贵、慢问题。它是以大数据、智能风控等金融科技为支撑，以信用为核心要素，通过全国公共信用信息共享和应用所形成的覆盖全国、兼容地方、涵盖多种融资服务模式的一站式国家级权威服务平台。

按照“信易贷”平台的要求，美智家公司于 2×23 年 3 月 10 日进行了注册登记，发布了融资需求。3 月 14 日，某金融机构主动联系美智家公司洽谈授信事宜。3 月 20 日，双方签订贷款合同，金额 300 万元，利率为 4%，期限 1 年，按季付息。4 月 1 日，美智家公司收到了 300 万元信用借款。

根据上述资料，回答以下问题：

（1）美智家公司通过“信易贷”平台取得贷款属于什么经济业务？有哪些原始凭证？

（2）上述经济业务对美智家公司 2×23 年财务报表产生哪些影响？

解析：

（1）美智家公司通过“信易贷”平台获得 300 万元信用借款，属于筹资业务中的借入资金业务。①取得借款时，由于借款期限是 1 年，公司按取得“短期借款”业务核算，涉及原始凭证有借款合同和进账单。②在借款期间的每月月末，基于权责发生制原则，公司进行确认借款利息的核算，涉及原始凭证主要有利息计算单。③借款期间的每个季度末，公司支付该季度的借款利息，并进行相应会计处理，涉及原始凭证为银行转账回单。④借款到期时，公司偿还该笔借款的本金和最后一个季度利息，涉及原始凭证主要有还款和支付利息的银行回单。

（2）美智家公司 2×23 年取得借款的经济业务对财务报表产生如下影响：①对资产负债表的影响，资产项目的“货币资金”和负债项目的“短期借款”增加；在确认利息费用但尚未支付利息的月份，也增加了负债项目的“应付利息”；在季末偿还利息时，“应付利息”相应减少。②对利润表的影响，“财务费用”项目增加，进而引起利润项目的减少。③对现金流量表的影响，“筹资活动产生的现金流量”中“取得借款收到现金”和“偿付利息所支付的现金”增加，最后还会增加“偿还债务支付的现金”。

思考与练习

一、思考题

1. 企业的筹资渠道与方式有哪些？
2. 债权融资与股权融资有哪些区别？
3. 为什么说实收资本是注册资本，但注册资本并不完全等于实收资本？
4. 企业短期借款的利息核算有何特点？

5. 企业可通过哪些会计信息去了解企业的偿债能力和资本结构？

6. 企业筹资业务可能面临哪些风险，应如何控制？

二、选择题

1. 有限责任公司用来反映投资人实际投入的资本金的会计账户是（　　）。

A. 盈余公积　　B. 未分配利润

C. 实收资本　　D. 资本公积

2. 资产的提供者对企业资产所享有的经济利益，在会计上被统称为（　　）。

A. 债权人权益　　B. 投资者权益

C. 所有者权益　　D. 权益

3. 企业从历年实现的净利润中提取或形成的留存于企业内部的积累，包括两个部分：按规定提取的盈余公积和未分配利润，在会计上被称为（　　）。

A. 实收资本　　B. 投入资本

C. 注册资本　　D. 留存收益

4. 用来反映股份制公司股东投入公司的股本金额及其变动情况的账户是（　　）。

A. 股本　　B. 盈余公积

C. 资本公积　　D. 实收资本

5. 企业所有者权益中的实收资本和资本公积可统称为（　　）。

A. 净资产　　B. 投入资本

C. 留存收益　　D. 所有者权益

6. 投资者投入资本的方式可以有（　　）。

A. 货币资金　　B. 库存商品

C. 机器设备　　D. 专利技术

7. 对有限责任公司而言，新介入的投资者缴纳的出资额大于其按约定比例计算的其在注册资本中所占的份额部分，应计入的账户是（　　）。

A. 实收资本　　B. 资本公积

C. 盈余公积　　D. 未分配利润

8. 股份有限公司发行股票筹集资金时，相当于股票面值的金额应计入的账户是（　　）。

A. 股本　　B. 资本公积

C. 盈余公积　　D. 未分配利润

9. 企业收到银行寄来的短期借款利息付款通知单时，应贷记的账户是（　　）。

A. 应付利息　　B. 财务费用

C. 银行存款　　D. 库存现金

10. 企业因借入短期借款而产生的利息应该计入的会计账户是（　　）。

A. 管理费用　　B. 投资收益

C. 财务费用　　D. 营业外支出

11. 进行短期借款利息核算时不会使用到的会计账户是（　　）。

A. 短期借款　　B. 银行存款

C. 财务费用　　D. 应付利息

12. 下列各项中，不属于企业筹资业务的是（　　）。

A. 取得银行一年期借款　　B. 取得银行三年期借款

C. 收到甲公司捐赠的一栋办公楼　　D. 收到乙公司作为资本投入的一栋办公楼

13. 有限责任公司成立时，收到投资人投入的资本所进行的会计处理可能涉及的会计账户有（　　）。

A. 银行存款　　B. 固定资产

C. 资本公积　　D. 实收资本

14. 关于企业的资本公积，下列说法中正确的有（　　）。

A. 资本公积属于投资者投入资本

B. 资本公积是投资人超面值缴入

C. 资本公积可以用来转增资本

D. 资本公积是企业实现利润转化而来

15. 企业筹资业务可能会影响的资产负债表项目有（　　）。

A. 货币资金　　B. 实收资本

C. 固定资产　　D. 短期借款

16. 企业筹资业务可能会影响的报表有（　　）。

A. 利润表　　B. 资产负债表

C. 现金流量表　　D. 科目汇总表

17. 下列各项中，属于不相容岗位的有（　　）。

A. 筹资方案的拟定和审批　　B. 筹资方案的执行与会计记录

C. 筹资活动的执行与监督　　D. 筹资款项偿付的审批与执行

18. 下列各项中，不会引起所有者权益变动的有（　　）。

A. 所有者偿还所欠借款　　B. 所有者向企业投入设备

C. 企业向所有者分配利润　　D. 企业提取盈余公积

19. 下列各项中，不会引起负债总额发生变化的有（　　）。

A. 预付购买材料的货款　　B. 从银行提取现金

C. 赊购原材料　　D. 借入短期借款

20. 所有者权益和负债统称为权益，两者的区别有（　　）。

A. 偿还期限不同　　B. 风险不同

C. 权利不同　　D. 性质不同

三、业务题

1. 某有限责任公司由甲、乙两个股东各出资 50 万元而设立，设立时实收资本为 100 万元，经过 3 年经营，该公司盈余公积和未分配利润合计为 60 万元，这时丙投资者有意加入，经各方协商以 90 万元出资占公司股份的 1/3。

要求：不考虑其他因素，根据上述资料，完成以下任务。

（1）编制该公司在接受丙投资者投资时的会计分录。

（2）分别计算甲、乙、丙在公司中享有的权益金额与持股比例。

2. B 股份有限公司委托证券公司发行普通股 1 000 万股，每股面值 1 元，每股发行价格 5 元。假定股票发行成功，发行费用为 400 万元。

要求：不考虑其他因素，编制 B 公司发行股票的会计分录。

四、案例分析题

假设你是一名审计人员，在对甲公司负债业务进行审查时，发现该公司于 2×23 年 4 月 1 日向银行取得流动资金借款 200 000 元，期限是 3 个月，借款的月利率为 5.5‰，一次性还本付息，该公司的会计处理为：

（1）2×23 年 4 月 1 日，取得银行借款时：

借：银行存款　　200 000

　　贷：短期借款　　200 000

（2）2×23 年 4—6 月月末预提利息时：

借：营业外支出　　1 100

　　贷：短期借款　　1 100

（3）2×23 年 6 月末，归还短期借款时：

借：短期借款　　203 300

　　贷：银行存款　　203 300

要求：请指出该公司会计处理的不当指出，分析该公司对这项业务的不当处理是否会影响年度的损益状况。

第四章　投资业务

“我27岁时创建了京瓷。从零开始学习企业经营。在这个过程中我意识到一个重要的真理。就是会计将成为‘现代经营的中枢’。如果把经营比喻为驾驶飞机，会计数据就相当于驾驶舱仪表上的数字，机长相当于经营者。因此，经营者自己必须懂会计，充分理解仪表盘上数字的意义，及时正确掌握企业活动的真实状态，才有可能带领企业长期持续地发展。”

——稻盛和夫，京瓷集团创始人，创办的两家企业入选世界500强

学习目标

1. 了解投资业务的流程
2. 掌握投资业务的基本核算方法
3. 理解投资业务的会计信息应用与投资业务控制

本章重点

投资业务的基本核算；投资业务的会计信息应用；投资业务控制。

本章内容提要

▷投资业务的定义与流程
▷投资业务的核算
▷投资业务的控制
▷投资业务中的会计信息应用

课堂思政

党的二十大报告指出，经济高质量发展取得新突破是未来五年全面建设社会主义现代化国家开局起步的主要目标任务之一。强调要把发展经济的着力点放在实体经济上，同时列举了发展实体经济的六大着力点，即推进新型工业化，加快建设制造强国、质量强国、航天强国、交通强国、网络强国、数字中国。企业应融会贯通地理解六大着力点的内涵外延及相互作用，厚植企业的文化理念，把握现代化产业体系建设过程中的投资机会。坚持正确的价值观和投资观，服务实体经济与国家战略的能力，正确处理好规模与质量、发展与稳定、效率与公平、高增长与可持续的关系，切实做到企业发展与国家发展共进步。认真学习并深刻领

会党的二十大报告，充分认识在我国社会主义市场经济发展过程中，规范资本投向是历史发展的必然，引导资本向善是时代发展的方向。

第一节　投资业务的定义与流程

一、投资业务的定义

投资指企业当期投入一定金额的资金而期望在未来获得回报的经济行为。会计上的投资业务有广义和狭义之分。一般来说，狭义的投资是指企业购入并持有其他企业发行的有价证券，包括各种债券投资、股票投资和基金投资等，主要是指对外投资。广义的投资包括对外投资和对内投资，对内投资包括对内的固定资产、无形资产投资等。

二、投资业务的流程

投资业务作为企业一种经济活动，涉及金额一般较大，对于企业生产经营和利润创造，具有举足轻重的意义。企业应该根据自身发展战略和规划，结合企业资金状况以及筹资可能性，拟定投资目标，制订投资计划，合理安排资金投放的数量与时机，慎选投资项目，突出主业，谨慎从事股票或衍生金融工具等高风险投资。投资业务的主要流程，如图 4 – 1 所示。包括以下步骤：

1. 提出投资方案

根据企业发展需要、筹资状况等，提出本企业的投资项目方案。

2. 论证投资方案可行性

对投资项目应进行严格的可行性研究与分析。可行性研究需要从投资方案是否符合企业的发展战略、是否有可靠的资金来源、能否取得稳定的投资收益、投资风险是否处于可控或可承担范围内、投资活动的技术可行性、市场容量与前景等几个方面进行论证。

3. 审批投资方案

按照规定的权限和程序对投资方案进行审批，投资方案需要经过有关管理部门审批的，应当履行相应的报批程序。重大投资项目，应当报经董事会或股东（大）会批准。

4. 执行投资方案

财务部门根据执行的投资方案进行会计核算。此外，投资项目往往周期较长，企业需要指定专门机构或人员对投资项目进行跟踪管理，有效管控方案的执行情况，准确做好投资项目的会计记录和处理。同时，在项目实施中，财务部门也应跟进，根据各种信息准确对投资的价值进行评估，如果发生投资减值，应及时提取减值准备。

5. 投资项目的到期处置

对已到期投资项目的处置同样要经过相关审批流程，妥善处置并实现企业最大的经济收益。

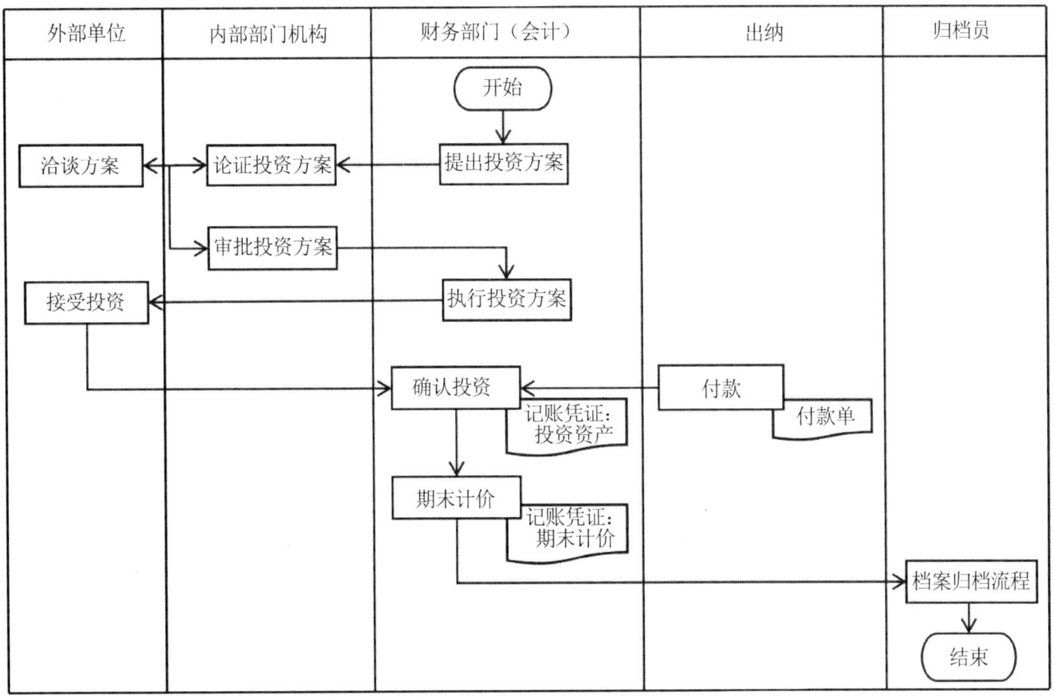

图 4－1　投资业务流程

第二节　投资业务的核算

一、核算内容

1. 对外投资

对外投资是指企业为谋求经济利益而将资产让渡给其他单位所获得的另一项资产，主要表现为金融资产投资和长期股权投资。金融资产包括债券、股票、基金等，根据持有目的分为三类：以摊余成本计量的金融资产、以公允价值计量且其变动计入其他综合收益的金融资产、以公允价值计量且其变动计入当期损益的金融资产；长期股权投资，是指投资方对被投资方能够实施控制或具有重大影响的权益性投资，以及对其合营企业的权益性投资。

2. 对内投资

对内投资是指把资金投向企业内部，形成各项固定资产、无形资产和其他资产的投资。固定资产是指企业为生产产品、提供劳务、出租或者经营管理而持有的、使用时间超过一个会计年度，价值达到一定标准的非货币性资产，包括房屋、建筑物、机械等；无形资产是指企业拥有或者控制的没有实物形态的可辨认非货币性资产，包括专利权、非专利技术、商标权、著作权、土地使用权和特许权等。

本节主要讲解交易性金融资产、固定资产和无形资产投资业务的核算。

二、交易性金融资产的核算

企业为了近期出售短期获利所持有的债券、股票、基金投资等被称为交易性金融资产，企业持有交易性金融资产的目的是利用闲置资金短期获利。交易性金融资产业务的会计核算分为初始取得、后续计量和处置三个环节。

（一）账户的设置

1. “交易性金融资产——成本”账户

用来反映企业以公允价值计量，且其变动计入当期损益的股票投资、债券投资等交易性金融资产的初始入账金额增减变动及结余情况。本账户属于资产类账户，借方登记交易性金融资产的初始入账金额，即取得交易性金额资产时的公允价值（不包括交易费用），贷方登记处置交易性金融资产时转出的成本，期末借方余额反映企业拥有交易性金融资产结余成本金额。“交易性金融资产——成本”账户的结构，如图4－2所示。

交易性金融资产——成本

取得时的成本	处置时转出的成本
期末余额：交易性金融资产结余成本	

图4－2　“交易性金融资产——成本”账户结构

2. “交易性金融资产——公允价值变动”账户

用来反映企业以公允价值计量，且其变动计入当期损益的股票投资、债券投资等交易性金融资产的公允价值增减变动及结余情况。本账户属于资产类账户，借方登记资产负债表日交易性金融资产公允价值升值以及处置交易性金融资产时转出的净跌值，贷方登记资产负债表日交易性金融资产跌值以及处置交易性金融资产时转出净升值，期末借方余额反映交易性金融资产在持有期间的公允价值增值的结余金额，贷方余额反映交易性金融资产在持有期间的公允价值下跌的结余金额。“交易性金融资产——公允价值变动”账户的结构，如图4－3所示。

交易性金融资产　——公允价值变动

（1）公允价值的增值额 （2）处置时转出的公允价值净跌值	（1）公允价值的下跌金额 （2）处置时转出的 公允价值 净增值
期末余额：公允价值增值的结余金额	期末余额： 公允价值下跌的结余金额

图4－3　“交易性金融资产——公允价值变动”账户结构

3. “应收股利”账户

用来反映企业应收取的现金股利和应收取其他单位分配的利润增减变动及结余情况。本账户属于资产类账户，借方登记应收股利的增加，贷方登记收到的现金股利或利润，期末余额一般在借方，反映企业尚未收到的现金股利或利润。“应收股利”账户的结构，如图4－4所示。

应收股利

应收未收的现金股利	实际收到的现金股利
期末余额：尚未收到的现金股利	

图4－4　“应收股利”账户结构

4. “投资收益” 账户

用来反映企业确认的对外投资取得的收益或发生的损失增减变动及结余情况。本账户属于损益类账户，贷方登记企业取得投资收益或期末转入本年利润账户的投资净损失，借方登记企业投资损失和期末转入本年利润账户的投资净收益，结转后期末无余额。可按投资项目设置明细账。“投资收益” 账户的结构，如图 4-5 所示。

投资收益	
发生的投资损失 期末转入本年利润的投资净收益	取得的投资收益 期末转入本年利润的投资净损失

图 4-5　“投资收益” 账户结构

5. “公允价值变动损益” 账户

用来反映企业交易性金融资产等公允价值变动形成的应计入当期损益的利得或损失增减变动及结余情况。本账户属于损益类科目，贷方登记资产负债表日资产公允价值高于账面余额的差额和借方发生额的转出额，借方核算登记资产负债表日资产公允价值低于账面余额的差额和贷方发生额的转出额，期末，本账户余额转入 “本年利润” 账户，结转后无余额。“公允价值变动损益” 账户的结构，如图 4-6 所示。

公允价值变动损益	
(1) 公允价值低于账面余额的差额（损失） (2) 期末转入本年利润的变动收益	(1) 公允价值高于账面余额的差额（收益） (2) 期末转入本年利润的变动损失

图 4-6　“公允价值变动损益” 账户结构

（二）交易性金融资产的会计处理

【例 4-1】 2×23 年 5 月 4 日，美的公司从二级市场上购入 A 公司发行的股票 10 万股，作为交易性金融资产核算，每股买价 28 元，另支付交易费用 1.05 万元，均以银行存款支付，假设不考虑增值税及其他因素。

解析：

(1) 企业在购入交易性金融资产后，应当按照取得时的公允价值作为其初始入账金额。

(2) 在初始购入环节，通常会产生相关的交易费用，这些交易费用通常是指可直接归属于购买、发行或处置金融工具的增量费用，包括支付给代理机构、咨询公司、券商、证券交易所、政府有关部门等的手续费、佣金、相关税费及其他必要支出。交易费用通过 “投资收益” 账户进行核算。

(3) 在企业取得交易性金融资产，应按其公允价值，借记 “交易性金融资产——成本” 账户，按发生的交易费用，借记 “投资收益” 账户，按实际支付的金额贷记 “银行存款” 等账户。应编制会计分录如下：

借：交易性金融资产——A 股票（成本）	2 800 000	
投资收益	10 500	
贷：银行存款		2 810 500

（三）交易性金融资产的后续计量（即持有期的会计处理）

1. 被投资方宣告发放现金股利

首先，持有交易性金融资产的期间，被投资方如果宣告发放的现金股利，此时只是宣告，企业还没有收到，属于应收未收项目，形成一项债权，同时被投资方宣告发放现金股利意味着该项投资有了回报，因此投资收益也会增加，所以应该借记“应收股利”账户，贷记“投资收益”账户。

【例 4－2】 承上例，2×23 年 6 月 2 日，A 公司宣告分派现金股利，每股分派现金股利 0.5 元，并于 2×23 年 6 月 23 日发放。

解析：

（1）2×23 年 6 月 2 日，A 公司宣告分派现金股利时，美的公司确认应收股利 50 000 元（0.5×100 000），所做会计分录如下：

借：应收股利　　50 000

　　贷：投资收益　　50 000

（2）2×23 年 6 月 23 日，美的公司收到 A 公司派发的现金股利时，实现债权的收回，应编制会计分录如下：

借：银行存款　　50 000

　　贷：应收股利　　50 000

2. 被投资方公允价值变动

在持有期间，股票的价格往往会产生波动，即交易性金融资产的公允价值是不断变化的，在资产负债表日，交易性金融资产应按公允价值进行后续计量，其公允价值和账面余额之间的差额（升值收益或跌值损失）计入当期损益（公允价值变动损益）。

【例 4－3】 承上例，2×23 年 6 月 30 日 A 公司股票期末公允价值为每股 19 元。

解析：在资产负债表日，当交易性金融资产此时的公允价值高于其初始取得的公允价值时，应按二者之间的差额，调增交易性金融资产的账面价值，同时确认公允价值上升的收益，即借记“交易性金融资产——公允价值变动”账户，贷记“公允价值变动损益”账户。反之，应按二者之间的差额，调减交易性金融资产的账面价值，同时确认公允价值下跌的损失，借记“公允价值变动损益”账户，贷记“交易性金融资产——公允价值变动”账户。

在资产负债表日，该交易性金融资产公允价值下跌（28－19）×10 万股＝90 万元，应编制会计分录如下：

借：公允价值变动损益　　900 000

　　贷：交易性金融资产——A 股票（公允价值变动）　　900 000

（四）交易性金融资产的处置

处置交易性金融资产时，企业应按照实际收到的金额，借记“银行存款”等账户，按交易性金融资产的账面余额，贷记“交易性金融资产”账户，按两者的差额，贷记或借记“投资收益”账户。

【例 4－4】 承上例，2×23 年 8 月 1 日，美的公司将持有的 A 公司股票全部售出，实际收到出售价款 220 万元，假设不考虑增值税及其他因素。

解析：股票出售日，美的公司持有的 A 公司股票账面价值为 190 万元，其中初始取得成本280万元，持有期间已确认公允价值变动损失90万元。处置产生的投资收益 =220万元（售价） -190万元（账面余额） =30万元，应编制会计分录如下：

借：银行存款　2 200 000

　交易性金融资产——A股票（公允价值变动）　900 000

　贷：交易性金融资产——A股票（成本）　2 800 000

　　投资收益　300 000

三、固定资产的核算

固定资产是指同时具有下列特征的有形资产：①为生产商品、提供劳务、出租或经营管理而持有；②使用寿命超过一个会计年度。

企业将一项资产作为固定资产确认，还应该同时满足两个条件：①该固定资产包含的经济利益很可能流入企业；②该固定资产的成本能够可靠计量。

固定资产确认既是固定资产交易或事项处理的起点，也贯穿于固定资产核算的全过程，具体包括初始确认和后续计量两个环节。

固定资产成本是企业购建某项固定资产达到预定可使用状态所发生的一切合理必要的支出。企业固定资产取得的方式主要有外购、自行建造、投资者投入等，固定资产来源不同，其成本构成也会有所差异，本节主要介绍外购固定资产的核算。外购固定资产的初始计量成本通常包括买价，以及使固定资产达到预定可使用状态前所发生的可归属于该项资产的运输费、装卸费、安装费和专业人员服务费等。

（一）账户的设置

1. “固定资产”账户

用来反映企业拥有或控制的固定资产原价的增减变动及结余情况。本账户属于资产类账户，借方登记企业增加的固定资产原价，贷方登记固定资产由于出售或报废等原因而减少的原价，但不包括因提取折旧而减少的价值，期末余额在借方，表示固定资产原始价值的结余额。需注意的是，只有固定资产达到预定可使用状态时，才可以计入本账户。可按照固定资产的种类设置明细账。“固定资产”账户的结构，如图4-7所示。

固定资产	
取得固定资产的原值	处置固定资产转出的原值
期末余额：固定资产原值结余数	

图4-7 “固定资产”账户结构

2. “在建工程”账户

用来反映企业基建安装、技术更新改造及大修理等工程而发生的全部支出的增减变动及结余情况。本账户属于资产类账户，借方登记工程的实际支出，贷方登记工程完工结转的成本，期末借方余额表示企业尚未达到预定可使用状态的在建工程的成本。可按建筑工程、安装工程等设置明细账簿。“在建工程”账户的结构，如图4-8所示。

3. “累计折旧”账户

用来反映固定资产由于损耗而减少的价值，是固定资产计提折旧额的累计的增减变动及

在建工程

借方	贷方
在建工程的实际支出	结转工程完工成本
期末余额：尚未达到预定可使用状态的工程成本	

图 4 - 8　“在建工程”账户结构

结余情况。本账户属于固定资产备抵账户，贷方登记固定资产折旧额的增加，借方登记已提折旧的减少和转销额，期末贷方余额表示现有固定资产已计提的累计折旧额。“累计折旧”账户的结构，如图 4 - 9 所示。

累计折旧

借方	贷方
处置固定资产时转出的已提折旧额	期末计提固定资产折旧
	期末余额：已计提折旧的累计额

图 4 - 9　“累计折旧”账户结构

（二）购入不需安装固定资产的会计核算

【例 4 - 5】 2×23 年 5 月 5 日，美的公司购入一台不需要安装即可投入使用的设备 A，取得增值税专用发票上注明的价款 80 000 元，增值税税额为 10 400 元，款项全部用银行存款付清。

解析：当企业购入不需要安装的即可直接交付使用的固定资产，应按照实际支付的购买价款、以及使固定资产达到预定可使用状态前发生的可归属于该项固定资产的运输费、装卸费和专业人员服务费等，作为固定资产的入账成本，借记“固定资产”科目；取得增值税专用发票中列明的可以抵扣的增值税进项税借记“应交税费”科目，根据支付款项的方式和金额，贷记“银行存款”科目等。应编制会计分录如下：

借：固定资产	80 000	
应交税费——应交增值税（进项税额）	10 400	
贷：银行存款		90 400

（三）购入需安装固定资产的会计核算

【例 4 - 6】 2×23 年 5 月 9 日，美的公司购入一台需要安装的设备 B，取得增值税专用发票上注明的价款为 50 000 元，增值税税额为 6 500 元。5 月 12 日安装设备时，发生安装费 800 元、调试费 200 元，全部款项已通过银行存款支付。

解析：当企业购入需要安装的固定资产时，首先按实际支付的应按照实际支付的购买价款、运输费、装卸费和其他相关税费等，借记“在建工程”科目，取得增值税专用发票可以抵扣的增值税借记“应交税费”科目，贷记“银行存款”等科目；然后发生支付安装费用等，借记“在建工程”科目，贷记“银行存款”等科目；最后安装完毕达到预定可使用状态时，按其实际成本，借记“固定资产”科目，贷记“在建工程”科目。应编制会计分录如下：

（1）支付设备价款和税金。

借：在建工程	50 000	
应交税费——应交增值税（进项税额）	6 500	

贷：银行存款　56 500

（2）支付安装费、调试费。

借：在建工程　1 000

贷：银行存款　1 000

（3）设备安装完毕交付使用，此时工程成本为50 000 + 1 000 = 5 1000 元，全部转入固定资产成本。

借：固定资产　51 000

贷：在建工程　51 000

（四）固定资产折旧的会计核算

固定资产在使用的过程中会发生磨损和消耗，这种由于磨损而消耗的价值就是固定资产折旧。企业应当在会计期末按照固定资产的实际使用情况等计算当期应分摊的固定资产折旧额，并计入当期成本或费用。一般情况下，生产部门用的固定资产折旧记入“制造费用”账户；企业行政部门用的固定资产折旧额记入“管理费用”账户。

企业应当按月对所有的固定资产计提折旧，但已提足折旧仍继续使用的固定资产和单独计价入账的土地除外。固定资产应自达到预定可使用状态时开始计提折旧，当月增加的固定资产，当月不计提折旧，从其增加的下一个月起计提折旧；当月减少的固定资产，当月仍计提折旧，从其减少的下个月起不再计提折旧。

计提固定资产折旧额的方法有平均年限法、工作量法与年数总和法和双倍余额递减法等。这也是固定资产后续计量中的重要内容。影响固定资产折旧额的因素主要有固定资产原始价值、预计净残值和预计使用年限。本节以平均年限法为例，介绍固定资产折旧额的计算。

平均年限法又称直线法计，是指将固定资产的应计折旧总额（固定资产原始价值减去预计净残值的余额）按预计使用年限平均分摊到各个使用年限的一种折旧计算方法。采用这种方法计算的每期（年、月）折旧额都是相等的。在不考虑减值的情况下，其固定资产净值等于固定资产原值减去累计折旧。

计算公式为：

$$\text{年折旧额} = (\text{原始价值} - \text{预计净残值}) \div \text{预计使用年限} \qquad (\text{公式 }4-1)$$

$$\text{月折旧额} = \text{年折旧额} \div 12 \qquad (\text{公式 }4-2)$$

【例4－7】 承前例，2×23年6月30日，美的公司对5月5日与5月9日购入的设备A与设备B采用平均年限法计提折旧。设备A由生产车间使用，净残值估计为800元，使用年限预计为5年。设备B由管理部门使用，净残值估计600元，使用年限预计为4年。

解析：对基本生产车间使用固定资产计提的折旧额记入“制造费用”账户的借方；对管理部门使用固定资产计提的折旧额记入“管理费用”账户的借方，同时，折旧额的增加记入“累计折旧”账户的贷方。

设备A的折旧额 = (80 000 − 800) ÷ 5 ÷ 12 = 1 320（元）

设备B的折旧额 = (51 000 − 600) ÷ 4 ÷ 12 = 1 050（元）

应编制会计分录如下：

借：制造费用　1 320

管理费用　1 050

贷：累计折旧　2 370

四、无形资产的核算

无形资产是指企业拥有或者控制的没有实物形态的可辨认非货币性资产，包括专利权、非专利技术、商标权、著作权、土地使用权和特许权等。相对于流动资产和固定资产等其他资产，无形资产具有如下特征：

（1）无形资产不具有实物形态。无形资产通常表现为某种权利、某项技术或是某种获取超额利润的综合能力，它们不具有实物形态。

（2）无形资产具有可辨认性。可辨认性是指：①能够从企业中分离或者划分出来，并能单独用于出售或转让等，表明无形资产可以辨认。②产生于合同性权利或其他法定权利，无论这些权利是否可以从企业或其他权利和义务中转移或者分离。例如，企业通过与另外一个企业签订特许权合同而获得其特许经营权。

（3）无形资产属于非货币性资产。无形资产由于没有发达的交易市场，一般不容易转化成现金，在持有过程中为企业带来未来经济利益的情况不确定，不属于以固定或可确定的金额收取的货币性资产，属于非货币性资产。

无形资产的确认条件，同时满足下列条件的，才能确认为无形资产：①符合无形资产的定义；②与该无形资产相关的预计未来经济利益很可能流入企业；③该无形资产的成本能够可靠计量。

本节介绍外购无形资产和无形资产后续摊销的核算。

（一）账户的设置

1. “无形资产”账户

用来反映企业持有的无形资产的成本的增减变动及结余情况。本账户属于资产类账户，借方登记增加的无形资产的原价，贷方登记无形资产由于出售或报废等原因而减少的原价，期末余额在借方，表示企业无形资产原价的结余额。可按无形资产的类别设置明细账。“无形资产”账户的结构，如图 4－10 所示。

无形资产

取得无形资产的原值	处置无形资产转出的原值
期末余额：无形资产原值结余数	

图 4－10　“无形资产”账户结构

2. “累计摊销”账户

用来反映企业对使用寿命有限的无形资产计提的累计摊销。本账户属于无形资产备抵账户，贷方登记企业计提的无形资产摊销额的增加，借方登记无形资产已提摊销额的减少和转销额，期末贷方余额表示企业无形资产已计提的累计摊销额。“累计摊销”账户的结构，如图 4－11 所示。

累计摊销

处置无形资产时转出的已提摊销额	期末计提无形资产摊销额
	期末余额：已计提摊销的累计额

图 4－11　“累计摊销”账户结构

（二）外购无形资产的会计处理

外购无形资产的成本包括购买价款、进口关税以及直接归属于使该项资产达到预定用途所发生的其他支出。其中，直接归属于使该项资产达到预定用途所发生的其他支出包括专业服务费用、测试无形资产是否能够正常发挥作用的费用等。但不包括为引入新产品进行宣传发生的广告费、管理费用及其他间接费用，也不包括在无形资产已经达到预定用途以后发生的费用。

【例 4 -8】 2×23 年 1 月 3 日，美的公司购得一项非专利技术，取得增值税专用发票上注明价款 240 000 元，增值税进项税额 14 400 元，款项已用银行存款支付。

解析：类似外购固定资产，应编制会计分录如下：

借：无形资产——非专利技术　　240 000

　　应交税费——应交增值税（进项税额）　　14 400

　　贷：银行存款　　254 400

（三）无形资产后续摊销的会计处理

只有寿命有限的无形资产才需要在估计的使用寿命内采用系统合理的方法进行摊销。对于使用寿命不确定的无形资产，不需要进行摊销，但是每年都需要进行减值测试。

使用寿命有限的无形资产，应在其预计的使用寿命内采用系统合理的方法对应摊销的金额进行摊销，应摊销的金额是指无形资产的成本扣除残值后的金额，无形资产的残值一般为零。

企业无形资产的摊销期自其达到预定用途时起到其终止确认时止，即：当月增加的无形资产，当月开始摊销；当月减少的无形资产，当月不再摊销。

【例 4 -9】 承上例，美的公司 2×23 年 1 月 3 日购入的非专利技术预计寿命为 10 年，采用直线法按 10 年期进行摊销，预计残值为 0。

解析：对基本生产车间使用无形资产计提的摊销额记入“制造费用”账户的借方；对管理部门使用无形资产计提的摊销额记入“管理费用”账户的借方，同时，摊销额的增加记入“累计摊销”账户的贷方。

专利权每月摊销额 = (240 000 − 0) ÷ 10 ÷ 12 = 2 000（元）

期末计提无形资产摊销业务与固定资产计提折旧业务类似，各月末应编制会计分录如下：

借：管理费用——无形资产摊销　　2 000

　　贷：累计摊销　　2 000

第三节　投资业务的控制

一、投资活动的风险控制

为了实现投资活动的目标，企业应关注投资业务风险，常见的投资业务风险与控制如下所述。

（1）投资活动违反国家法律法规，或与企业战略不符带来的风险。企业投资活动应严格遵守国家法律法规规定，依法投资。同时以企业发展战略为导向，正确选择投资项目，合理确定投资规模，恰当权衡收益与风险，避免盲目投资。

（2）投资活动未经科学、严密的评估和论证以致决策失误带来的风险。如投资活动与筹资在资金数量、时间、成本与收益上不匹配的风险。投资活动的资金需求，需要通过筹资予以满足。投资的现金流量在数量和时间上要与筹资现金流量保持一致，以避免财务危机发生。投资收益要与筹资成本相匹配，保证筹资成本的足额补偿和投资盈利性。

（3）投资活动缺乏严密的授权审批制度和不相容职务分离制度带来的风险。授权审批制度是保证投资活动合法性和有效性的重要手段，不相容职务分离制度则通过相互监督与牵制，保证投资活动在严格控制下进行，这是堵塞漏洞、防止舞弊的重要手段。没有严格的授权审批制度和不相容职务分离制度，企业投资就会呈现出随意、无序、无效的状况，导致投资失误和企业生产经营失败。

（4）投资活动缺乏有效管理和投资业务核算不规范带来的风险。是否有科学的投资管理制度和规范的会计管理，也是避免投资风险、影响投资成败的重要因素。企业应建立科学严密的投资管理制度，有专门部门对投资活动进行管理，明确责任；建立健全账簿体系，规范账簿记录，通过账簿记录对投资资产进行详细、动态反映和控制。

二、投资业务的关键控制点

（1）企业应当妥善保管投资合同、协议、备忘录、出资证明等重要的法律文书。

（2）企业必须按照会计准则的要求，对投资项目进行准确的会计核算、记录与报告，确定合理的会计政策，准确反映企业投资的真实状况。要密切关注投资项目的营运情况，一旦出现财务状况恶化、市价大幅下跌等情形，必须按会计准则的要求，合理计提减值准备。同时，企业必须准确合理地对减值情况进行估计，而不应滥用会计估计，把减值准备作为调节利润的手段。

（3）企业应当建立投资管理台账，详细记录投资对象、金额、期限等情况，作为企业重要的档案资料以备查用。

【例 4－10】审计人员在检查美达公司的投资活动管理控制时发现：公司没有单独设置投资部门对投资活动进行管理，只是在财务部下设置了一个岗位，负责保管证券投资资产以及各种投资协议文件等。财务部中无专职人员对投资活动进行管理，需要对投资项目从财务上进行分析评价时，就随机指派财务部中工作较为清闲的人员去执行任务，进行分析评价的人员经常轮换，且各个岗位上的人都有。投资活动的日常管理，主要由总经理秘书负责，总经理则定期检查、询问。对于规模较大的投资，总经理亲自负责，并于董事会会议期间向董事会报告。

此外，美达公司缺乏完善的投资管理报告制度，各项目负责人和实施人自行规定投资文件内容，定期的书面报告制度不存在，大部分情况下，投资项目的具体情况（如增减变动情况）由管理人员的口头报告，导致投资项目文件难以管理，项目之间难以进行比较。

要求：根据上述资料，分析美达公司在对外投资业务控制中存在哪些问题？

解析：

（1）美达公司没有建立单独的部门或机构对投资业务进行管理，不重视不相容职务的分离。该公司的对外投资的内部管理是由其他职能部门兼管，如投资项目日常管理由总经理秘书负责，财务部下设置一个岗位，负责保管证券投资资产以及各种相关投资协议文件，这容易造成投资内部管理职能与兼管人员本身职能的冲突。

（2）美达公司在进行投资项目可行性研究时，缺乏科学严密的评估和论证。只是随便抽调空闲人员进行分析，人员水平难以保证，也没有组织分析论证以及对被投单位的资信调查、实地考察等。应重视投资项目的可行性研究，组织专门部门或人员开展投资项目的可行性论证。

（3）美达公司没有专门部门或人员对投资项目进行跟踪管理，缺乏书面记录制度和定期报告制度。应有专门部门或人员跟进投资项目的开展，并形成书面记录定期报告，对投资项目进行有效监督，及时了解投资项目进展情况，帮助管理层进行战略决策。

第四节 投资业务中的会计信息应用

一、根据账户与报表信息判断投资需求

【例4-11】小覃是美达公司新招聘的财务主管，她在查看公司上年的财务报表时，发现利润表上的投资收益数额是零，于是进一步调取投资收益的账户信息，显示上年没有任何发生额。向有关人员了解情况后，由于人才不足，美达公司从来没有购买货币性基金等短期投资业务行为。为此，小覃征求总经理与董事长的同意后，制订了公司短期投资的管理办法，在控制风险等级与流动性的前提下，可以利用闲置资金进行理财投资。3月1日，公司查询到建信现金增利（000693）的风险等级为低风险，最近7日的年化收益率为2.3%，于是购买了10万元。

根据上述资料，回答以下问题：

（1）美达公司利润表上的投资收益项目为零的原因是什么？

（2）美达公司3月1日购买10万元的建信现金增利会取得哪些原始凭证？如何进行会计处理？

解析：

（1）美达公司利润表上的投资收益项目为零，是因为该公司在上年度没有任何对外投资行为（小覃查阅投资收益账户信息显示上年度没有任何发生额），故未获得任何投资收益。需要注意的事，企业对外投资过程中，不同投资项目有的可能投资获利，也有可能发生投资损失，二者相抵后也可能会出现“投资收益”项目金额为0的情况。

（2）美达公司购买10万元的建信现金增利的行为，涉及的原始凭证有购买理财产品的回单，银行付款回单。美达公司可将该理财产品作为交易性金融资产进行核算，取得时的会计分录为：

借：交易性金融资产——成本　　100 000

　　贷：银行存款　　100 000

二、投资业务对财务报表的影响

【例4-12】美达集团股份有限公司在不断壮大发展的过程中，经过多次的并购重组和

项目投资，旗下子公司和分公司逐渐增多，且分布地域也逐渐扩张，在资金管理方面若不能采用统筹规划，则难以满足资金的调用，故公司引进司库式资金集中管理体系。司库式资金集中管理平台能够对资金收支、投融资等业务进行全程监控，促进公司资金合理运用和风险控制。

根据上述资料，回答以下问题：

（1）美达集团引入司库式资金集中管理的原因是什么？

（2）美达集团采用司库式资金集中管理对集团投资业务有何影响？投资业务的发生对财务报表有何影响？

（3）司库式资金集中管理对集团资金管理带来什么益处？

解析：

（1）美达集团旗下子公司和分公司逐渐增多，且分布地域也逐渐扩张，会导致集团公司信息传递不畅，对子分公司的资金控制力度弱，经营决策者难以及时、准确掌握集团财务状况，不利于进行决策。

（2）美达集团通过司库资金集中管理，可充分利用集团闲置资金进行投资，发挥集团公司的资金规模优势，降低资金使用成本。美达集团进行投资时，影响集团资产负债表相关资产项目的增加，货币资金项目减少；影响现金流量表投资活动的现金流。投资期间，对外投资获得投资收益，会影响利润表的投资收益和营业利润项目，同时影响现金流量表投资活动的现金流。对内投资购置的固定资产等后续计提的折旧，会影响资产负债表固定资产项目的减少；影响利润表的管理费用和利润总额等项目。

（3）集团公司采用司库式资金集中管理，有利于发挥集团公司的资金规模优势，降低资金使用成本外，还有利于提高资金的结算效率，减少不必要的资金流动和资金占用；增强集团融资能力、促进了商业银行对集团服务的改善；优化资金配置，平衡集团内部资金需求，降低资金的支付风险；实时监控全集团及其下属企业的现金流，降低资金的运作风险；及时准确的资金业务报告与分析，支持对资金活动的风险管理与评价等。

思考与练习

一、思考题

1. 企业投资内容包括哪些？
2. 交易性金融资产期末计价方法是什么？对企业利润有何影响？
3. 什么是固定资产？固定资产有哪些特征？
4. 什么是固定资产折旧？固定资产计提折旧对企业成本费用及利润有何影响？
5. 什么是无形资产？无形资产有哪些特征？
6. 企业投资业务可能面临哪些风险，应如何控制？
7. 如何通过报表去了解企业的投资情况？

二、选择题

1. 企业取得交易性金融资产的主要目的是（　　）。

A. 分散经营风险　　B. 获得对方的经营控制权

C. 向对方提供财务支持　D. 利用闲置资金短期获利

2. 企业取得交易性金融资产支付的手续费，应当记入的会计科目是（　　）。

A. 投资收益　B. 财务费用

C. 管理费用　D. 交易性金融资产

3. “固定资产”会计账户用以核算的是企业所持有的（　　）。

A. 固定资产的原价　B. 固定资产的数量

C. 固定资产的折旧　D. 固定资产的减值准备

4. 下列各项中，不属于固定资产的内容是（　　）。

A. 外购的固定资产　B. 自行建造的固定资产

C. 经营租入的固定资产　D. 出租的固定资产

5. 下列因素中，不影响固定资产折旧的是（　　）。

A. 固定资产的原价　B. 固定资产的预计使用寿命

C. 固定资产的预计净残值　D. 固定资产的实物形态

6. 用来核算对固定资产计提折旧的会计账户是（　　）。

A. 累计摊销　B. 累计折旧

C. 管理费用　D. 固定资产减值准备

7. 下列各项固定资产中，应计提折旧的是（　　）。

A. 提前报废的机器设备　B. 已经提足折旧继续使用的机器设备

C. 闲置的机器设备　D. 正在安装调试中的机器设备

8. 2×23 年 1 月 25 日，甲公司购入全新设备一套，预计使用年限为 6 年，该固定资产买价为 300 万元，预计净残值为 0.30 万元。采用直线法计提折旧，不考虑增值税及其他相关因素，2×23 年该设备应计提的折旧额是（　　）万元。

A. 74.93　B. 68.68

C. 49.95　D. 45.79

9. 下列各项中，不属于无形资产的是（　　）。

A. 土地使用权　B. 非专利技术

C. 机器设备　D. 商标权

10. 用来核算无形资产计提的累计摊销的会计账户是（　　）。

A. 累计折旧　B. 无形资产

C. 累计摊销　D. 无形资产减值准备

11. 下列各项中，属于不可辨认的资产是（　　）。

A. 非专利技术　B. 商标权

C. 商誉　D. 专利技术

12. 固定资产处于处置状态时应采取的措施是（　　）。

A. 应当增加累计折旧　B. 应当予以终止确认

C. 应当增加固定资产　D. 应当补提减值准备

13. 企业对外出租无形资产的摊销额，应记入的会计科目是（　　）。

A. 销售费用　B. 管理费用

C. 其他业务收入　D. 其他业务成本

14. 下列各项中，属于金融资产的是（　　）。

A. 固定资产　　B. 无形资产

C. 债权投资　　D. 投资性房地产

15. 在下列无形资产中，其摊销额应当在使用寿命内系统摊销的是（　　）。

A. 企业外购的无形资产　　B. 使用寿命无法确定的无形资产

C. 自行研发的无形资产　　D. 使用寿命有限的无形资产

16. 下列项目中，影响固定资产入账价值的有（　　）。

A. 购买设备发生的运杂费　　B. 进口关税

C. 专业人员服务费

D. 固定资产达到预定可使用状态之后发生的专门借款利息费用

17. 无形资产的摊销金额，可能记入的会计科目有（　　）。

A. 营业外支出　　B. 管理费用

C. 在建工程　　D. 制造费用

18. 要将一项资产确认为企业的固定资产，除必须符合固定资产的定义外，还需要同时满足两个条件有（　　）。

A. 该固定资产包含的经济利益很可能流出企业

B. 该固定资产的经济利益很可能流入企业

C. 该固定资产的成本能够可靠计量

D. 该固定资产的使用寿命能够可靠确定

19. 下列各项中，属于企业固定资产的有（　　）。

A. 库存商品　　B. 机器设备

C. 运输工具　　D. 房屋及建筑物

20. 下列各项中，关于无形资产初始计量表述正确的有（　　）。

A. 外购无形资产的成本，包括购买价款、相关税费以及直接归属于使该无形资产达到预定用途所发生的其他支出

B. 购买无形资产发生的增值税应计入无形资产成本

C. 为引入新产品（无形资产）进行宣传发生的广告费、管理费用及其间接费用应该作为无形资产的初始计量成本予以确认

D. 投资者投入的无形资产应按照合同或协议约定的价值确定，约定价值不公允的除外

三、业务题

1. 2×23 年 6 月 8 日，美的公司从二级市场上购入 B 公司发行的股票 1 万股，作为交易性金融资产核算，每股买价 33 元，另支付交易费用 500 元，均以银行存款支付。2×23 年 6 月 30 日，B 公司股票期末公允价值为每股 31 元。2×23 年 7 月 12 日，B 公司宣告每股分派现金股利 0.5 元，并于 2×23 年 7 月 23 日发放。2×23 年 7 月 28 日，出售 1 万股 B 公司股票，每股 32 元，另支付交易费用 900 元。

要求：不考虑增值税及其他因素，根据上述业务编制会计分录。

2. 2×23 年 1 月 10 日，甲公司购入一台需要安装的设备，取得增值税专用发票上注明的价款为 80 000 元，增值税税额为 10 400 元，发生运输费、保险费等合计 2 000 元，已通过银行存款支付。1 月 15 日支付安装成本 1 000 元，设备安装完毕并达到预计可使用状态。

要求：不考其他因素，根据上述业务编制会计分录。

四、案例分析题

注册会计师审计美达公司 2×23 年度会计报表固定资产项目时发现：

1. “在建工程”项目中购建的一号工程项目于 2×23 年 6 月已具备预定的可使用状态，并投入使用，但美达公司未按有关法规规定将该在建工程按估计价值入账，也未进行折旧的会计处理。

2. 2×23 年 7 月结转完工的生产线安装调试工程在转入“固定资产”项目时，没有将安装费和调试费一并转入，有资料显示该生产线的建造发生了相关的安装调试费。

要求：根据上述资料，分析以下问题。

（1）指出美达公司在上述会计业务处理中违反了哪些会计规定。并写出正确的会计处理方法。

（2）分析美达公司上述会计业务处理对企业资产负债表和利润表产生什么影响？

第五章　税务基础与智慧税务

蒂姆·库克在苹果的同事对他有一个深刻的印象，那就是“他有很好的商业思维”，库克的同事格雷格·乔斯维亚克说：“史蒂夫·乔布斯要求苹果的领导者必须具备的素质就是商业思维，而蒂姆就有这样的思维。”

——蒂姆·库克，2011 年接替乔布斯担任苹果公司 CEO，福布斯十大最具影响力 CEO

学习目标

1. 了解税收的概念与我国的主要税种
2. 掌握增值税的计算与会计处理
3. 掌握企业所得税的计算与会计处理
4. 理解企业税负对报表的影响
5. 了解智慧税务管理

本章重点

增值税、企业所得税的计算和会计处理以及对财务报表的影响。

本章内容提要

▷我国主要税种
▷增值税的计算与会计处理
▷企业所得税的计算与会计处理
▷纳税实务与智慧税务

课堂思政

党的二十大报告中强调：“全面依法治国是国家治理的一场深刻革命，关系党执政兴国，关系人民幸福安康，关系党和国家长治久安。”在法治轨道上推进税收征管改革是全面依法治国的必然要求，也是推动国家治理体系和治理能力现代化的重要内容。中办、国办印发《关于进一步深化税收征管改革的意见》，对“十四五”时期我国税收征管改革进行统筹规划和整体部署。近年来，秉持“在法治之下推动改革，通过改革推进法治”的基本要求，我国在税收征管领域先后出台了一系列重大改革和创新举措，充分发挥了税收在国家治理中的基础性、支柱性、保障性作用，为打造更好的市场化、法治化、国际化营商环境，推动我国经济高质量发展提供了有力的保障和支撑。

第一节 税收的概念、特征与主要税种

一、税收的概念

税收是指国家为了向社会提供公共产品、满足社会共同需要，按照法律的规定，参与社会产品的分配，强制、无偿取得财政收入的一种规范形式。

税收是国家取得财政收入的基本形式和主要支柱。税收由国家征收，由国家立法机关制定征收办法，由政府组织进行征收活动，由政府支配管理税收收入。国家征税的目的是满足社会公共需要。

二、税收的特征

税收具有无偿性、强制性和固定性三个特征。

（一）无偿性

无偿性是指国家取得税收不需要向缴纳的单位和个人支付任何代价。无偿性是税收的关键特征，它使税收明显区别于国债等财政收入形式，决定了税收是国家筹集财政收入的主要手段，并成为调节社会再分配的有力工具。税收的无偿性是相对的，从财政活动的整体来看，税收最终通过政府提供公共产品等方式用之于纳税人，体现了税收取之于民、用之于民的本质。

（二）强制性

强制性是指国家依靠政治权力，以法律的形式强制征税。在国家税法规定的范围内，任何单位和个人都必须依法纳税，否则就要受到法律的制裁。强制性是国家权力在税收上的法律体现，是国家取得税收收入的根本前提。

（三）固定性

固定性是指国家征税以法律形式预先规定了征税对象、征收比例或数额、征收方法等征税行为规范，征纳双方都必须遵守，不能随意变动，从而使税收具有相对的稳定性。税收的固定性对国家来说，可以保证财政收入的及时、稳定和可靠；对纳税人来说，可以保护其合法权益不受侵犯，增强其依法纳税的法律意识。

税收的三个特征相辅相成、缺一不可。其中，无偿性是核心，强制性是保障，固定性是对强制性和无偿性的一种规范和约束。正是这三个特征，是税收区别于其他财政收入的标志，决定了税收是保证政府提供公共产品的最有效手段，也是国家财政收入的主要形式。

三、我国主要税种

（一）我国开征的税种

目前，我国实际开征的税种共有 18 种，按其性质和作用大致分为五类：

（1）流转税类。包括增值税、消费税和关税。主要在生产、流通或者服务业中发挥调节作用。

（2）资源税类。包括资源税、土地增值税和城镇土地使用税。主要是对因开发和利用自然资源而形成的级差收入发挥调节作用。

（3）所得税类。包括企业所得税、个人所得税。主要在国民收入形成后，对生产经营者的利润和个人的纯收入发挥调节作用。

（4）特定目的税类。包括船舶税、城市维护建设税、车辆购置税、耕地占用税、烟叶税和环境保护税，是为了达到特定目的，对特定对象和特定行为发挥调节作用。

（5）财产和行为税类。包括房产税、车船税、印花税、契税，主要是对某些财产和行为发挥调节作用。关税由海关负责征收管理，其他税种由税务机关负责征收管理。

（二）一般企业涉及的主要税费

一般企业涉及的常用税费，如表 5 – 1 所示。

表 5 – 1　一般企业常用的主要税费、计税依据及税率

税种	计税依据	税率
增值税	应纳税增值额	一般纳税人为 13%、9%、6%、0 小规模纳税人征收率一般为 3%
企业所得税	应纳税所得额	一般为 25%，优惠税率有 20%、15%。
城市维护建设税	缴纳的增值税、消费税	7%、5%、1%
教育费附加	缴纳的增值税、消费税	3%
地方教育附加	缴纳的增值税、消费税	2%

第二节　增值税

一、增值税概述①

（一）增值税的概念

增值税是对在中华人民共和国境内（以下简称“境内”）发生增值税应税交易（以下简称“应税交易”），以及进口货物的单位和个人就其实现的增值额作为征税对象而征收的一种税。

应税交易是指销售货物、服务、无形资产、不动产。增值额是指企业或者其他经营者从事销售货物、服务、无形资产、不动产和金融商品，在购入的货物、服务、无形资产、不动产和金融商品的价值基础上新增加的价值额，是从事交易过程中新创造的那部分价值。我国从 2009 年 1 月 1 日起，正式施行消费型增值税，其允许将购置物质资料和非物质资料的价值以及用于生产经营的固定资产价值中所含的税款，在购置当期全部一次扣除。

① 根据《中华人民共和国增值税法（草案）》编写。

（二）增值税的特征

1. 征税范围广

增值税有着广阔的税基。从增值税的征税范围看，对从事应税交易的所有单位和个人，在货物、服务、不动产、无形资产和金融商品增值的各个生产流通环节向纳税人普遍征收。

2. 增值税是价外税，税负具有转嫁性

在计税时，作为计税依据的销售额中不包含增值税税额，这样有利于形成均衡的生产价格。同时，虽然增值税是向纳税人征收，但纳税人在发生应税交易时又通过价格将税收负担转嫁给下一个生产流通环节，因而税负最终转嫁给消费者。

3. 实行税款抵扣制度，可以避免重复征税

增值税仅就增值额部分征税，这是增值税最本质的特征。在计算纳税人的增值税应纳税款时，要扣除货物、服务、无形资产、不动产和金融商品在以前的生产流通环节已负担的税款，以避免重复征税。从世界各国来看，一般都实行凭购货发票进行税款抵扣制度。

二、增值税征税范围

（一）征税范围的一般规定

在我国境内销售货物、服务、无形资产、不动产，进口货物等应税交易，均属增值税的征税范围。境内应税交易是指起运地、所在地在境内，销售方在境内，境内消费，境内发生等。

（二）征税范围的特殊规定

1. 视同应税交易

单位或个体工商户的下列行为，视同销售货物或者视同销售服务、无形资产或不动产：①单位和个体工商户将自产或者委托加工的货物用于集体福利或个人消费；②单位和个体工商户无偿赠送货物；③单位和个人无偿赠送无形资产、不动产或者金融产品；④国务院财政、税务主管部门规定的其他情形。

2. 兼营

纳税人兼营销售货物、服务、无形资产、不动产和金融商品。兼营行为适用不同税率或者征收率的，应当分别核算适用不同税率或者征收率的销售额；未分别核算的，从高适用税率。

3. 混合交易

如果一项应税交易涉及两个以上不同税率或征收率的，为混合交易。纳税人发生混合交易行为，从主适用税率或征收率。

三、增值税纳税人

（一）纳税人和扣缴义务人

1. 纳税人

增值税的纳税人是指在境内发生应税交易且销售额达到增值税起征点的单位和个人，以及进口货物的收货人。

2. 扣缴义务人

中华人民共和国境外单位和个人在境内发生应税交易，以购买方为扣缴义务人。国务院另有规定的，从其规定。

（二）一般纳税人和小规模纳税人

为了方便增值税的征收管理，我国按照增值税纳税人经营规模大小及会计核算是否健全将其划分为一般纳税人和小规模纳税人。

1. 小规模纳税人

小规模纳税人是指年应征增值税销售额（以下简称“应税销售额”）500万元及以下，并且会计核算不健全，不能按规定报送有关税务资料的增值税纳税人。会计核算不健全是指不能正确核算增值税的销项税额、进项税额和应纳税额。

2. 一般纳税人

除小规模纳税人之外的纳税人为增值税一般纳税人。增值税一般纳税人资格实行登记制，登记事项由增值税纳税人向其机构所在地主管税务机关办理。

四、增值税的税率和征收率

（一）增值税税率

（1）13%。纳税人销售货物，加工、修理修配服务，有形动产租赁服务，进口货物，除适用9%和0的规定外，税率为13%。

（2）9%。纳税人销售交通运输、邮政、基础电信、建筑、不动产租赁服务，销售不动产，转让土地使用权，销售或者进口下列货物，税率为9%。①农产品、食用植物油、食用盐；②自来水、暖气、冷气、热水、煤气、石油液化气、天然气、二甲醚、沼气、居民用煤炭制品；③图书、报纸、杂志、音像制品、电子出版物；④饲料、化肥、农药、农机、农膜。

（3）6%。纳税人销售服务、无形资产、金融商品，除适用13%、9%和0的规定外，税率为6%。

（4）纳税人出口货物，税率为零，国务院另有规定的除外。境内单位和个人跨境销售国务院规定范围内的服务、无形资产，税率为零。

（二）征收率

适用简易计税方法的增值税征收率为3%。小规模纳税人发生应税交易行为时，采用简易计税方法，按3%的征收率计算缴纳增值税。对于一些特殊情况，一般纳税人也适用按3%的征收率计算缴纳增值税。

五、应交增值税额的计算与会计处理

增值税是价外税，采取两段征收法，包括增值税销项税额和增值税进项税额。其中，销项税额是指纳税人销售货物或提供应税劳务，按照销售额（不含增值税）和规定的税率计算的增值税税额；进项税额是指纳税人购进货物或接受应税劳务所支付或负担的增值税税额。增值税的销项税和进项税是相对应的，销售方的销项税额就是购进方的进项税额。

增值税的计税方法主要包括一般计税方法和简易计税方法。我国目前对一般纳税人增值税额的计算采用一般计税方法，某些特殊情况下采用或者选择采用简易计税方法；对小规模纳税人增值税的计算采用简易计税方法。

（一）一般计税方法

增值税一般纳税人在一般计税方法下应纳增值税税额的计算公式为：

当期应纳增值税 = 当期销项税额—当期准予抵扣进项税额　（公式 5 - 1）

可见增值税一般纳税人本期增值税应纳税额的多少是由本期销项税额和本期准予抵扣进项税额这两个因素决定的。当期销项税额小于当期进项税额不足抵扣时，其不足部分可以结转下期继续抵扣。

1. 销项税额的计算

销项税额是指在纳税人发生应税交易时，按照销售额乘以规定的税率计算的增值税税额。

应税交易行为销项税额的计算公式为：

销项税额 = 应税销售额 × 适用税率　（公式 5 - 2）

应税销售额是指纳税人发生应税交易时取得的与之相关的对价，包括全部价款和价外费用，不包括按照一般计税方法计算的销项税额。如应税销售额含税的，需要换算为不含税销售额。

2. 进项税额的计算

进项税额是指纳税人购进的与应税交易相关的货物、服务、无形资产及不动产支付或者负担的增值税税额。

需要注意的是，并非纳税人支付的所有进项税额都可以在计算应纳税额时从销项税额中抵扣。现行增值税法对于哪些进项税额可以抵扣、哪些进项税额不能抵扣做了严格规定。

（1）准予从销项税额中抵扣的进项税额。

①从销售方或者提供方取得的增值税专用发票（含税控机动车销售统一发票）上注明的增值税税额。②从海关取得的海关进口增值税专用缴款书上注明的增值税税额。③从境外单位或者个人购进服务、无形资产或者不动产，自税务机关或者扣缴义务人取得的解缴税款的完税凭证上注明的增值税额。④购进农产品，除取得增值税专用发票或者海关进口增值税专用缴款书外，按照农产品收购发票或者销售发票上注明的农产品买价，乘以扣除率计算得出的进项税额。

其进项税额的计算公式为：进项税额 = 买价 × 扣除率　（公式 5 - 3）

扣除率一般为 9%，但纳税人购进用于生产或者委托加工 13% 税率货物的农产品按照 10% 的扣除率计算进项税额。

⑤纳税人购进国内旅客运输服务，如取得注明旅客身份信息的航空运输电子客票行程单的、取得注明旅客身份信息的铁路车票的、取得注明旅客身份信息的公路、水路等其他客票的，计算出的进项税额允许从销项税额中抵扣。

（2）不得从销项税额中抵扣的进项税额。

①纳税人取得的增值税扣税凭证不符合法律、企业行政部门法规或者国家税务总局有关规定的。②用于简易计税方法计税项目、免征增值税项目、集体福利或者个人消费的购进货物、服务、无形资产、不动产和金融商品对应的进项税额。其中涉及固定资产、无形资产和不动产，仅指专用于上述项目的固定资产、无形资产和不动产。③非正常损失项目对应的进项税额。④购进并直接用于消费的餐饮服务、居民日常服务和娱乐服务对应的进项税额。

⑤购进贷款服务对应的进项税额。⑥国务院规定的其他进项税额。

（二）简易计税方法

简易计税方法按照应税销售额和征收率计算应纳税额，不得抵扣进项税额。应纳税额的计算公式为：

$$应纳增值税额 = 应税销售额 \times 征收率 \qquad （公式 5-4）$$

应税销售额与增值税一般计税方法下销售额的规定一致。

（三）应交增值税的会计处理

1. 账户的设置

（1）“应交税费”账户。用来反映企业除印花税、耕地占用税等外，其余各种税费的增减变动及结余情况。本账户属于负债类账户，贷方登记应缴纳的各种税费，借方登记已缴纳或应抵扣的各种税费，期末贷方余额表示企业尚未缴纳的税费。可按应缴纳的税种设置明细账。“应交税费”账户结构，如图5-1所示。

应交税费

实际缴纳的各种税费	应交未交的各种税费
期末余额：多交的税费	期末余额：应交未交的税费

图5-1　“应交税费”账户结构

（2）“应交税费——应交增值税”账户。用来反映企业增值税的增减变动及结余情况。一般纳税人企业应在该明细科目下设置“进项税额”“销项税额”“进项税额转出”等专栏。企业购进商品或劳务支付的进项税额以及实际已缴纳的增值税额应记入“应交税费——应交增值税（进项税额）”的借方，销售商品或劳务收取的销项税额等应记入“应交税费——应交增值税（销项税额）”的贷方，期末将本账户贷余额转出，转入“应交税费——未交增值税”账户。结转前如为借方余额反映企业尚未抵扣的增值税额，将其从贷方转出；如为贷方余额则反映企业应缴未交的增值税额，将其从借方转出。小规模纳税人核算增值税时，只需设置“应交税费——应交增值税”二级科目即可。“应交税费——应交增值税”账户结构，如图5-2所示。

应交税费——应交增值税

（1）进项税额 （2）本期已交税金 （3）转出未交增值税等	（1）销项税额 （2）进项税额转出 （3）转出多交增值税等
期末余额：留待以后期间抵扣的进项税	

图5-2　“应交税费——应交增值税”账户结构

2. 会计处理

由于增值税是价外税，增值税一般纳税人销售商品或劳务取得的增值税销项税额，不计入收入；在购进阶段，取得的可抵扣的增值税进项税额，不计入购入商品或劳务的成本。需注意的是，如进项税额不能抵扣，则计入购入商品或劳务的成本中。

【例5-1】美的公司为增值税一般纳税人，本月购进原材料，取得的增值税专用发票上注明的价款为100 000元，增值税税额为13 000元。材料已验收入库，款项已通过银行转账支付。同期，公司销售一批空调，开具的增值税专用发票上注明的价款为200 000元，增值税税额26 000元，款项已收并存入银行。假设不考虑其他因素。

解析：

（1）公司采购材料时，一方面引起“原材料”的增加，同时，支付的增值税，引起“应交税费——应交增值税”的减少；另一方面因为款项用银行存款支付，引起“银行存款”的减少。应编制会计分录如下：

借：原材料　100 000
　　应交税费——应交增值税（进项税额）　13 000
　　贷：银行存款　113 000

（2）销售空调的经济业务发生后，一方面公司收到款项存入银行，引起“银行存款”的增加；另一方面确认收入实现，引起“主营业务收入”的增加，同时产生了增值税的纳税义务，引起“应交税费——应交增值税”的增加。编制会计分录如下：

借：银行存款　226 000
　　贷：主营业务收入　200 000
　　　　应交税费 ——应交增值税（销项税额）　26 000

（3）不考虑其他因素，当月公司应缴增值税额为13 000元（26 000 - 13 000）。如缴纳当月应纳增值税额，一方面“应交税费——应交增值税”减少，另一方面“银行存款”减少。应编制会计分录如下：

借：应交税费——应交增值税（已交税金）　13 000
　　贷：银行存款　13 000

【例5-2】美时达公司为增值税小规模纳税人，本月购进原材料，取得的增值税普通发票上注明的价款为10 000元，增值税税额为1 300元。材料已验收入库，款项已通过银行支付。同期，公司销售产品取得含税销售额为92 700元，增值税征收率为3%，款项已收到并存入银行。假设不考虑其他因素。

解析：

（1）小规模纳税人在采购时，不论是否取得增值税专用发票，均不得抵扣进项税，采购时支付的增值税额直接计入购入材料的成本中。故美时达公司采购材料时，一方面引起“原材料”的增加；另一方面因为货款用银行存款支付，引起“银行存款”的减少。应编制会计分录如下：

借：原材料　11 300
　　贷：银行存款　11 300

（2）销售业务发生后，一方面公司收到款项存入银行，引起“银行存款”的增加；另一方面确认收入实现，引起“主营业务收入”的增加，同时产生了增值税的纳税义务，引起“应交税费——应交增值税”的增加。因取得销售额为含税销售额，需还原为不含税销售额，不含税销售额为90 000元［92 700÷(1+3%)］。应编制会计分录如下：

借：银行存款　92 700
　　贷：主营业务收入　90 000
　　　　应交税费——应交增值税　2 700

（3）不考虑其他因素，公司应缴增值税额为 2 700 元。缴纳增值税额时，一方面公司“应交税费——应交增值税”减少，另一方面“银行存款”减少。应编制会计分录如下：

借：应交税费——应交增值税　　2 700

　　贷：银行存款　　2 700

六、增值税的纳税义务发生时间

纳税义务发生时间是指纳税人发生应税交易行为，应承担纳税义务的起止时间。增值税纳税义务发生时间，按下列规定确定：①发生应税交易，纳税义务发生时间为收讫销售款项或者取得索取销售款项凭据的当天；先开具发票的，为开具发票的当天。②视同发生应税交易，纳税义务发生时间为视同发生应税交易完成的当天。③进口货物，纳税义务发生时间为进入关境的当天。

第三节　企业所得税

一、企业所得税概述

（一）企业所得税的概念

企业所得税是对我国境内企业和其他取得收入的组织的生产经营所得和其他所得征收的一种税。它是国家参与企业利润分配的重要手段。

（二）企业所得税的特点

1. 征税范围广

在中华人民共和国境内的企业，除个人独资企业、合伙企业不适用企业所得税外，其余企业和其他取得收入的组织，都要就其生产经营所得和其他所得缴纳企业所得税。

2. 纳税人包括居民企业和非居民企业

我国企业所得税法将纳税人分为居民企业和非居民企业两类，分别具有不同的纳税义务。居民企业对来源于我国境内外的所得负无限纳税义务，非居民企业仅以中国境内的所得缴纳企业所得税。纳税人和实际负担人通常是一致的，可直接调节纳税人的所得。

3. 以所得额为征税对象

区别于流转税的征税对象为流转额，企业所得税的计税依据为应纳税所得额，且应纳税所得额通常不等同于会计利润，一般需要在会计利润的基础上按照税法的规定进行纳税调整后计算得到。

4. 税负公平

企业所得税实行比例税率。企业所得税的负担水平和纳税人所得直接关联，即所得多的多征，所得少的少征，无所得的不征。充分贯彻量能负税，体现了税收公平的原则。

（三）企业所得税的征收管理

企业所得税的纳税年度自公历 1 月 1 日起至 12 月 31 日止。企业所得税按年计征，分月或者分季预缴，年终汇算清缴，多退少补。企业应当自月份或者季度终了之日起 15 日内，向税务机关报送预缴企业所得税纳税申报表，并预缴税款。自年度终了之日起5个月内，向税务机关报送年度企业所得税纳税申报表，并汇算清缴，结清应缴应退税款。

居民企业以企业登记注册地为纳税地点，但登记注册地在境外的，以实际管理机构所在地为纳税地点。居民企业在中国境内设立不具有法人资格的营业机构的，应当汇总计算并缴纳企业所得税。

二、企业所得税的纳税人和征税范围

企业所得税的纳税人是指在中华人民共和国境内的企业和其他取得收入的组织。企业所得税的纳税人分为居民企业和非居民企业。

（一）居民企业及其征税范围

居民企业是指依法在中国境内成立，或者依照外国（地区）法律成立但实际管理机构在中国境内的企业。居民企业应当就其来源于中国境内、境外的所得缴纳企业所得税。

（二）非居民企业及其征税范围

非居民企业是指依照外国（地区）法律成立且实际管理机构不在中国境内，但在中国境内设立机构、场所的，或者在中国境内未设立机构、场所，但有来源于中国境内所得的企业。非居民企业仅就源于中国境内的所得，以及发生在中国境外但与境内所设机构、场所有实际联系的所得，缴纳企业所得税。

三、企业所得税的税率

我国企业所得税实行比例税率，现行规定为：

（1）基本税率为25%。主要是适用居民企业和在中国境内设立机构、场所且所得与机构、场所有关联的非居民企业。

（2）低税率为20%。适用于在中国境内未设立机构、场所的，或者虽设立机构、场所但取得的所得与其所设机构、场所没有实际联系的非居民企业（在征收时实际采用10%的税率）。

（3）经认定的小型微利企业采用20%的税率。

（4）经认定的高新技术企业采用15%的税率。

美的公司于中国境内成立的子公司适用25%的企业所得税率；被认定为高新技术企业的子公司按15%的税率计缴企业所得税；公司非中国境内成立的子公司分别适用其所在地（开设地）的企业所得税税率。

四、企业所得税应纳税所得额的计算

应纳税所得额是企业所得税的计税依据，可通过直接法或间接法计算得出。

（一）直接法

按照《企业所得税法》的规定，应纳税所得额为企业每一个纳税年度的收入总额，减除不征税收入、免税收入、各项扣除以及允许弥补的以前年度亏损后的余额。计算公式为：

应纳税所得额 = 收入总额 - 不征税收入 - 免税收入 - 各项扣除 - 允许弥补的以前年度亏损 （公式5-5）

1. 收入总额

企业以货币形式和非货币形式从各种来源取得的收入为收入总额，包括：销售货物收入；提供劳务收入；转让财产收入；股息、红利等权益性投资收益；利息收入；租金收入；特许权使用费收入；接受捐赠收入；其他收入。

2. 不征税收入

（1）财政拨款。财政拨款是指各级人民政府对纳入预算管理的事业单位、社会组织等拨付的财政资金，但国务院和国务院财政、税务主管部门另有规定的除外。

（2）依法收取并纳入财政管理的行政事业性收费、政府性基金。

（3）国务院规定的其他不征税收入。如由国务院财政、税务主管部门规定专项用途并经国务院批准的财政性资金。

3. 免税收入

（1）国债利息收入。

（2）符合条件的居民企业之间的股息、红利等权益性收益。该收益是指居民企业直接投资于其他居民企业取得的投资收益。

（3）在中国境内设立机构、场所的非居民企业从居民企业取得的与该机构、场所有实际联系的股息、红利等权益性投资收益，该收益不包括连续持有居民企业公开发行并上市流通的股票不足12个月取得的投资收益。

（4）符合条件的非营利组织的收入。

4. 扣除项目

企业实际发生的与取得收入有关的、合理的支出，包括成本、费用、税金、损失和其他支出，准予在计算应纳税所得额时扣除。

扣除项目中，部分项目规定了扣除标准的，从其规定。主要项目有：

（1）职工福利费、工会经费、职工教育经费。三项经费分别按照工资、薪金总额的14%、2%、8%计算扣除。三项经费支出未超过标准的按实际数扣除，超过标准的只能按标准扣除；但职工教育经费超过标准部分的支出可准予结转以后纳税年度扣除。

（2）业务招待费。按照发生额的60%扣除，最高不得超过当年销售（营业）收入的5‰。

（3）广告费和业务宣传费。除另有规定外，不超过当年销售（营业）收入15%的部分，准予扣除；超过部分准予结转以后纳税年度扣除。

（4）公益性捐赠支出。企业发生的符合规定的公益性捐赠支出，不超过年度利润总额12%的部分，准予扣除；超出部分，准予结转以后三年内计算应纳税所得额时扣除。

此外，在计算应纳税所得额时，下列支出不允许从税前扣除：①向投资者支付的股息、红利等权益性投资收益款项；②企业所得税税款；③税收滞纳金；④罚金、罚款和被没收财物的损失；⑤超过规定标准的捐赠支出；⑥赞助支出；⑦未经核定的准备金支出；⑧与取得收入无关的其他支出。

5. 允许弥补的以前年度亏损

亏损是指企业依照《企业所得税法》及其实施条例的规定，将每一纳税年度的收入总额减除不征税收入、免税收入和各项扣除后小于零的数额。税法规定，企业某一纳税年度发生的亏损可以用下一年度的所得弥补，下一年度的所得不足以弥补的，可以逐年延续弥补，但最长不得超过5年。自2018年1月1日起，高新技术企业和科技型中小企业的亏损结转年限由5年延长至10年。

（二）间接法

间接法在会计利润的基础上通过纳税调整得到应纳税所得额。计算公式为：

应纳税所得额＝会计利润总额＋纳税调整增加额－纳税调整减少额（公式5－6）

纳税调整增加额主要包括企业已计入当期费用但超过税法规定允许扣除的标准金额（如超过税法规定标准的业务招待费支出等），以及企业已经计入当期损失但是税法规定不允许扣除项目的金额（如税收滞纳金等）。

纳税调整减少额主要包括免税的收入（如国库券利息收入等）和税法允许弥补的亏损。

五、企业所得税应纳税额的计算

居民企业当期应纳所得税的计算公式为：

当期所得税＝当期应纳税所得额×所得税税率－减免税额－抵免税额

（公式5－7）

其中，当期应纳税所得额的计算如前所述；所得税税率一般为25%；减免税额和抵免税额取决于纳税人所能享受的税收优惠及境外已纳所得税的抵免。

此外，我国采用资产负债表债务法核算企业所得税，该方法下，利润表中的所得税费用包括当期所得税和递延所得税两部分。其计算公式为：

所得税费用＝当期所得税＋递延所得税　　（公式5－8）

其中，递延所得税是指按照《企业会计准则》的规定当期应予确认的递延所得税资产和递延所得税负债的金额。本节仅介绍当期所得税费用的内容。

六、企业所得税的会计处理

（一）账户的设置

企业应设置“所得税费用”账户，用来反映企业确认的应从当期利润总额中扣除的所得税费用的增减变动及结余情况。本账户属于损益类账户，借方登记当期所得税费用和调增的所得税费用，贷方登记调减的所得税费用和期末转入“本年利润”账户的所得税费用，期末结转后无余额。可按“当期所得税费用”和“递延所得税费用”设置明细账。“所得税费用”账户结构，如图5－3所示

所得税费用	
本期确认的所得税费用	期末转入本年利润的所得税费用

图5－3　“所得税费用”账户结构

（二）会计处理

【例5－3】美的公司旗下A公司本期实现会计利润总额为1 000 000元，所得税税率为25%。假设没有纳税调整项目，不考虑其他因素。

解析：A公司本期应纳税所得额＝1 000 000＋0－0＝1 000 000（元）

本期应交所得税 = 1 000 000 × 25% = 250 000（元）

本期应交所得税计算出来后，一般在当期并不实际缴纳，权责发生制下，该笔业务形成公司所得税费用的同时也产生了一项负债。具体而言，A公司一方面“所得税费用”增加250 000元；另一方面“应交税费”增加250 000元。应编制会计分录如下：

借：所得税费用　　250 000

　　贷：应交税费——应交所得税　　250 000

第四节　其他税费

一、其他税费的主要内容

1. 消费税

消费税是对我国境内从事应税消费品生产加工及进口、特殊消费品的批发和零售的单位和个人，以实现的销售额或销售数量为计税依据而征收的一种税。我国在对商品普遍征收增值税的基础上，选择部分消费品再征收一套消费税，主要是为了调整产业结构，引导消费方向，保证国家财政收入。

2. 城市维护建设税

城市维护建设税是对从事生产经营活动的单位和个人以其实际缴纳的增值税和消费税为计税依据，按纳税人所在地适用的不同税率计算征收的一种税，与企业流转税（增值税、消费税）一起缴纳。城市维护建设税专门用于城市的公共事业和公共设施的维护建设。

3. 教育费附加

教育费附加是国家为了发展我国的教育事业，提高国民文化素质而征收的一项税费。与城市维护建设税一样，以企业实际缴纳的增值税和消费税为依据计算征缴。

4. 资源税

资源税是对在我国境内开采应税资源的单位和个人征收的一种税。

5. 土地增值税

土地增值税是对有偿转让国有土地使用权、地上建筑物和其他附着物取得收入的单位和个人，就其取得的增值额征收的一种税。

6. 城镇土地使用税

城镇土地使用税是以国有土地或集体土地为征税对象，对拥有土地使用权的单位和个人征收的一种税。

7. 房产税

房产税是以房产为征收对象，依据房产的计税余值或税金收入为计税依据，向房产所有人或经营人征收的一种财产税。

8. 车船税

车船税是对纳税人在我国境内拥有车辆、船舶，按其种类、数量和吨位实行定额征收的一种税。

9. 印花税

印花税是对在我国境内书立应税经济凭证或进行证券交易行为所征收的一种税。

二、账户设置

企业应设置“税金及附加”账户，用来反映经营活动发生的消费税、城市维护建设税、教育费附加、资源税、房产税、城镇土地使用税、车船税等相关税费的增减变动及结余情况。本账户属于损益类账户，借方登记企业本期应负担的税金及附加，贷方登记期末转入“本年利润”账户的税金及附加，期末结转后无余额。“税金及附加”账户结构，如图5-4所示。

税金及附加	
本期应负担的税金及附加	期末转入本年利润的税金及附加

图5-4　“税金及附加”账户结构

三、其他应交税费的会计处理

企业按照税法有关规定计算上述各种税费的金额，属于经营活动负担的税金及附加，应记入“税金及附加”账户的借方，同时记入“应交税费——应交消费税/城建税”等账户的贷方。实际缴纳税费时，借记“应交税费——应交消费税/城建税”等账户，贷记“银行存款”账户。但印花税、契税等通常直接支付，可不通过“应交税费”账户核算。

【例5-4】 2×23年6月，美的公司应负担的城市维护建设税为7 000元，教育费附加为3 000元。编制会计分录如下：

（1）计提时：

借：税金及附加　　10 000

　　贷：应交税费——应交城市维护建设税　　7 000

　　　　　　　　——应交教育费附加　　3 000

（2）缴纳时：

借：应交税费——应交城市维护建设税　　7 000

　　　　　　——应交教育费附加　　3 000

　　贷：银行存款　　10 000

第五节　纳税实务与智慧税务

一、纳税实务

（一）纳税业务流程

纳税申报是指纳税人、扣缴义务人在发生法定纳税义务后，按照税法或税务机关相关行政法规所规定的内容，在申报期限内，向主管税务机关提交有关纳税事项及应缴税款的法律行为，是纳税人履行纳税义务、承担法律责任的主要依据。

纳税人纳税申报的主要内容包括：税种、税目、应纳税项目、适用税率、计税依据、扣除项目及标准、应纳税额、税款所属期限等。纳税人纳税业务流程，如图 5－5 所示。

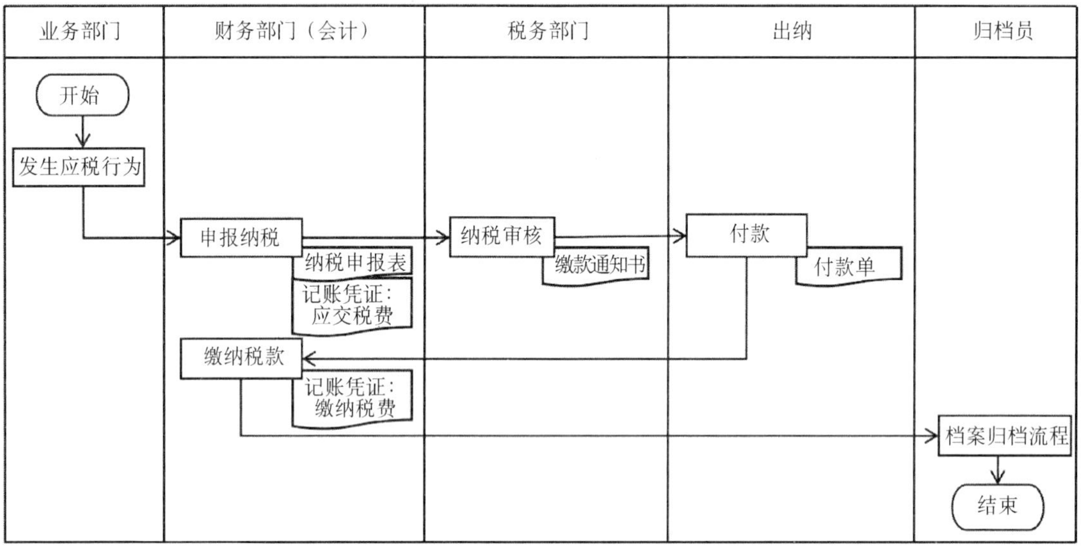

图 5－5　纳税业务流程

（1）企业（纳税人）财务部门根据本期应税行为确认纳税义务，网上报税的业务，按期通过网上申报系统进行纳税申报。

（2）税务机关对纳税人纳税申报材料进行审核。

（3）企业（纳税人）及时缴纳税款。

纳税人办理纳税申报随着我国税制改革的不断推进，也越来越便捷，可登陆使用各地电子税务局办理税务事项。

（二）根据账户与报表信息判断纳税风险

【例 5－5】 小张是美达公司审计部门的一位员工，在对公司账簿和财务报表审查中发现当年度公司“主营业务收入”账户各个月的金额变动不大，下半年收入还有所下降；但“主营业务成本”呈现大幅度增长，下半年成本比上半年上涨了 60% 左右。利润表显示，下半年营业利润远低于上半年。

根据上述资料，回答以下问题：

（1）从纳税的角度分析美达公司“主营业务收入”与“主营业务成本”变化相背离的原因。

（2）从纳税的角度分析美达公司可能面临的纳税风险。

解析：

（1）美达公司“主营业务收入”整体下降，“主营业务成本”则较大幅度上涨，二者变化方法相背离，从纳税的角度看，美达公司可能存在隐瞒收入，虚增成本，进而调减利润的违法行为。

（2）如美达公司存在故意隐瞒收入，虚增成本，人为调减利润的行为，减少了经营所得，进而少交了企业所得税，同时，公司虚增成本相应也虚增增值税的进项税额，同样人为降低企业税负，属于偷税漏税的违法行为。在税务稽查中，由税务机关追缴其不缴或少缴的税款、滞纳金，并处以相应罚款；构成犯罪的，依法追究刑事责任。

（三）纳税业务对财务报表的影响

【例 5-6】6 月末，美达公司计算确认本月应交企业所得税 225 000 元，本期未交增值税 97 500 元。7 月初将上述两笔税款上缴国家。

根据上述资料，回答以下问题：

（1）美达公司上述业务属于什么经济业务？

（2）美达公司上述业务对财务报表有何影响？

解析：

（1）美达公司 6 月末确认公司纳税义务，即确认应上缴的企业所得税和增值税，但没有上缴国家。7 月初才进行纳税申报并交纳税款。

（2）美达公司 6 月末确认纳税义务但税款尚未缴纳，一方面引起资产负债表“应交税费”增加；另一方面影响了利润表“所得税费用”项目。7 月缴纳税款时，一方面引起资产负债表“货币资金”减少，“应交税费”减少；另一方面引起现金流量表“经营活动现金流出——支付的各项税费”的增加。

二、智慧税务

（一）电子税务局

电子税务局是由国家税务总局设立的单位，提供功能更加强大、办税更加便捷的网上办税服务厅。当前，国家税务局为优化税收营商环境，积极拓展“非接触式”办税，持续建设、优化电子税务局各项功能，为纳税人、缴费人提供更加安全、高效、便利的办税服务。纳税人可登录使用各地电子税务局办理税务事项。电子税务局官网上有操作规程介绍帮助纳税人通过电子税务局顺利办理业务。

（二）全面数字化的电子发票

1. 电子发票

电子发票是信息时代的产物，同普通发票一样，采用税务局统一发放的形式给商家使用，发票号码采用全国统一编码，采用统一防伪技术，分配给商家，在电子发票上附有电子税务局的签名机制。自 2015 年 8 月 1 日起，我国在北京、上海、浙江和深圳开展增值税电子发票试运行工作；非试点地区，2016 年 1 月 1 日起使用增值税电子发票系统开具增值税电子普通发票。自 2020 年 12 月 21 日起，在天津、河北、上海、江苏、浙江、安徽、广东、重庆、四川、宁波和深圳 11 个地区的新办纳税人中实行增值税专票电子化，这些地区开出的增值税电子专用发票，全国范围内皆可接收使用。2021 年 1 月 21 日起，在其余地区的新办纳税人中实行增值税专票电子化。

全面数字化的电子发票是我国发票电子化的进一步改革，助力我国数字经济发展。此项改革从 2021 年 12 月在全国范围试点推行，目前正有序开展，预计 2025 年基本实现发票全领域、全环节、全要素电子化，着力降低制度性交易成本。

全面数字化的电子发票（简称“数电发票”）是以可信身份认证体系和新型电子发票服

务平台为依托，以标签化、要素化、去版式、授信制、赋码制为特征，以全领域、全环节、全要素电子化为运行模式的新型电子发票，是与纸质发票具有同等法律效力的全新发票。数电票不以纸质形式存在、不用介质开具、不需申请领用，而是将纸质发票的票面信息全面数字化，通过标签管理将多个票种集成归并为电子发票单一票种，设立税务数字账户，实现全国统一赋码、智能赋予发票开具金额总额度、自动流转交付。

2. 数电发票的票面信息

为符合纳税人开具发票的习惯，数电发票的基本内容是在现行增值税发票基础上进行了优化，基本内容包括：发票号码、开票日期、购买方信息、销售方信息、项目名称、规格型号、单位、数量、单价、金额、税率/征收率、税额、合计、价税合计（大写、小写）、备注、开票人等。同时，为了满足从事特定行业、经营特殊商品服务及特定应用场景业务的纳税人开具发票的个性化需求，税务机关根据现行发票开具的有关规定和特定业务的开票场景，在数电发票中设计了相应的特定业务。

3. 数电发票的优势

数电发票快捷方便，效率高，开票到收票省去了物流成本、打印成本，节能环保。与现有发票比，数电发票具有以下优势：

（1）领票流程更简化。开业开票“无缝衔接”。数电发票实现“去介质”，纳税人不再需要预先领取专用税控设备；通过“赋码制”取消特定发票号段申领，发票信息生成后，系统自动分配唯一的发票号码；通过“授信制”自动为纳税人赋予开具金额总额度，实现开票“零前置”。基于此，新办纳税人可实现“开业即可开票”。

（2）开票用票更便捷。第一，发票服务“一站式”更便捷。纳税人登录电子发票服务平台后，可进行发票开具、交付、查验以及用途勾选等系列操作，享受“一站式”服务，不再像以前需登录多个平台才能完成相关操作。第二，发票数据应用更广泛。通过“一户式”“一人式”发票数据归集，加强各税费数据联动，为实现“一表集成”式税费申报预填服务奠定数据基础。第三，发票使用满足个性业务需求。数电发票破除特定版式要求，增加了 XML 的数据电文格式便利交付，同时保留 PDF、OFD 等格式，降低发票使用成本，提升纳税人用票的便利度和获得感。数电发票样式根据不同业务进行差异化展示，为纳税人提供更优质的个性化服务。第四，纳税服务渠道更畅通。电子发票服务平台提供征纳互动相关功能，如增加智能咨询，纳税人在开票、受票等过程中，平台自动接收纳税人业务处理过程中存在的问题并进行智能答疑；增设异议提交功能，纳税人对开具金额总额度有异议时，可以通过平台向税务机关提出。

（3）入账归档一体化。通过制订电子发票数据规范、出台电子发票国家标准，实现数电发票全流程数字化流转，进一步推进企业和行政事业单位会计核算、财务管理信息化。

（三）“金税四期”工程

“金税四期”是“金税三期”的升级工程，“金税四期”工程核心内容为“以数治税”，即靠数据来管理税务。“金税四期”工程通过大数据、人工智能等新一代信息技术对税务的征管提供支持，在对税务系统业务流程进行全面监控的基础上，涵盖的范围增加了“非税”业务，包括社保也纳入税务管理并通过“金税四期”工程进行征管，使得企业的业务全面处于监控状态，实现多维化、全方位的全流程监控。

税务系统会与地产登记系统、银行系统等进行对接，会进行更加严格的资金管控；增加企业相关人员身份信息及信用的管控，包括法人、股东及其直系亲属的手机号、纳税状态、登记注册信息等，通过以上操作，能够帮助税务局监管到企业的每一笔交易，每一个合同，甚至是每一块钱，即企业变得会更加透明。

“金税四期”工程打通“云化”服务，税费全数据、全业务、全流程实施监管，从而实现智慧办税和智慧监管。在“金税四期”建设过程中，推进云计算、区块链等先进技术深度交互，与系统底层架构深度融合，推动传统 IOE 架构改造升级为适应大数据时代的“全云化”技术架构，实现征管系统海量数据存储和高并发响应、高可靠运行、高性能算力、高安全防护，更好地服务税收治理体系和治理能力现代化。

（四）国家电网智慧税务管理

国家电网公司坚持“集约、互联、高效、智能”原则，以国网云为依托，以税企直连通道及公司级发票池为基础，围绕财税政策执行标准化、发票管理电子化、业务处理自动化、税收筹划共享化、风险防控常态化、决策分析智慧化六大领域，创新打造新型智慧税务共享体系，对内推动业财税一体化融合，对外实现税企银互联互通，有效提升税务管理的合规和精益化水平，推动企业高质量发展。

思考与练习

一、思考题

1. 税收的特征是什么？

2. 增值税作为价外税，对企业的采购成本和销售收入有何影响？

3. 增值税一般纳税人企业，应纳增值税额的计算有何特点，应如何进行增值税的会计核算？

4. 企业所得税的计税依据是什么？

5. 企业可通过哪些会计信息去了解纳税风险？

6. 企业纳税业务可能面临哪些风险，应如何控制？

二、选择题

1. 下列不属于税收特征的是（　　）。

A. 无偿性　　B. 强制性

C. 固定性　　D. 灵活性

2. 下列各项业务中，不属于增值税征收范围的是（　　）。

A. 销售空调　　B. 提供空调安装服务

C. 将自产空调用于职工食堂　　D. 销售空调收取包装物押金

3. 一般纳税人销售的下列项目中，适用 9% 税率的是（　　）。

A. 销售农机整机　　B. 销售农机零件

C. 受托加工服务　　D. 有形动产租赁服务

4. 一般纳税人销售的下列项目中，适用 13% 税率的是（　　）。

A. 销售不动产　　B. 销售无形资产

C. 对外出租办公楼　　D. 对外出租生产设备

5. 下列选项中，属于增值税的计税依据是（　　）。

A. 利润　　B. 经营额

C. 销售额　　D. 增值额

6. 根据增值税相关规定，下列选项中可以抵扣进项税额的是（　　）。

A. 旅客运输服务的进项税

B. 发生非正常损失货物的进项税

C. 用于简易计税方法计税项目的进项税

D. 将外购的货物用于集体福利或个人消费的进项税

7. 下列行为不属于视同应税交易的是（　　）。

A. 将自产的空调用于职工食堂

B. 将自产的空调无偿赠送他人

C. 将购买的制冷机无偿赠送他人

D. 将自产的空调换取其他单位的冰箱

8. B 公司为小规模纳税人，销售甲产品一批，取得销售收入为 10 300 元，该笔业务的增值税额为（　　）。

A. 300 元　　B. 309 元

C. 1 185 元　　D. 1 339 元

9.《中华人民共和国企业所得税法》规定的企业所得税的税率为（　　）。

A. 20%　　B. 25%

C. 30%　　D. 33%

10. 下列选项中说法错误的是（　　）。

A. 企业增值税额会影响其资产的计量结果

B. 企业增值税额会影响其负债的计量结果

C. 企业增值税额不会影响企业的损益

D. 企业增值税额会对对其现金流产生影响

11. 下列各项中，关于企业确认所得税费用会计处理表述正确的是（　　）。

A. 借记“管理费用”科目，贷记“应付账款”科目

B. 借记“管理费用”科目，贷记“应交税费”科目

C. 借记“所得税费用”科目，贷记“应交税费”科目

D. 借记“应交税费”科目，贷记“银行存款”科目

12. 下列各项收入应该征收企业所得税的是（　　）。

A. 财政拨款

B. 股息、红利等权益性投资收益

C. 依法收取并纳入财政管理的政府性基金

D. 依法收取并纳入财政管理的行政事业收费

13. A 公司 2×23 年度销售收入为 4 000 万元，实际发生的与经营活动有关的业务招特费为 100 万元，该公司按照按规定在计算应纳税所得额时可税前扣除的业务招待费为（　　）。

A. 20 万元　　B. 60 万元
C. 80 万元　　D. 100 万元

14. 下列项目中，在计算企业所得税应纳税所得额时不得扣除的是（　　）。
A. 缴纳的消费税　　B. 企业所得税税款
C. 合理分配的材料成本　　D. 销售固定资产的损失

15. 企业的下列收入中，属于应税收入的是（　　）。
A. 国债利息收入
B. 银行存款利息收入
C. 符合条件的非营利组织的收入
D. 符合条件的居民企业之间的股息、红利等权益性投资受益

16. A 公司 2×22 年度的销售收入为 1 000 万元，实际发生的符合条件的广告支出和业务宣传费支出为 200 万元，该公司按规定可税前扣除（　　）。
A. 50 万元　　B. 100 万元
C. 150 万元　　D. 200 万元

17. 企业销售应税消费品计算应缴纳的消费税，借记的账户是（　　）。
A. 管理费用　　B. 销售费用
C. 税金及附加　　D. 主营业务成本

18. 下列选项的说法，正确的是（　）。
A. 增值税是价外税，对企业利润表不会产生影响
B. 增值税是价外税，对企业资产负债表不会产生影响
C. 企业所得税的缴纳，对企业现金流量表会产生影响
D. 企业所得税作为费用支出，对企业资产负债表不会产生影响

19. 企业支付的下列税费中，不应记入“税金及附加”账户的是（　　）。
A. 增值税　　B. 房产税
C. 印花税　　D. 城市维护建设税

20. 企业所得税的计税依据是（　　）。
A. 营业利润　　B. 利润总额
C. 净利润　　D. 应纳税所得额

21. 企业支付的下列税费中，可不通过“应交税费”账户核算的是（　　）。
A. 增值税　　B. 房产税
C. 印花税　　D. 城市维护建设税

三、业务题

1. 美乐公司为增值税一般计税方法纳税人，适用增值税率为 13%。原材料核算采用实际成本法。2×23 年 3 月，该公司有关购销情况如下：

（1）购进 A 材料，取得增值税专用发票上注明价款为 500 000 元，增值税税额为 65 000 元，材料验收入库，银行存款付清货款。并用银行存款支付运费取得增值税专用发票上注明运费为 5 000 元，增值税税额为 450 元。

（2）购进 B 材料，取得增值税普通发票上注明价款为 40 000 元，增值税税额为 5 200 元。材料验收入库，银行存款付清货款。

（3）销售甲产品一批，开具的增值税专用发票注明价款为 2 000 000 元，增值税税额为 260 000 元，产品已经发出，货款已收到。

要求：（1）依据上述业务编制相关会计分录；（2）列示计算本期应纳增值税额。

2. A 企业全年取得的销售收入为 3 000 万元，取得租金收入 50 万元；销售成本、销售费用等共计 2 800 万元；营业外支出中列支了 35 万元，其中通过公益性社会组织向灾区捐款 30 万元，直接捐赠 5 万元。所得税税率为 25%。

要求：（1）计算 A 企业当年应纳税所得额；（2）计算 A 企业当年所得税应纳税额。

四、案例分析题

（一）美乐公司为增值税一般纳税人，公司采购员王某出差采购回来后，将以下凭证拿到会计部门报销：两张货物采购发票，一张为增值税专用发票，一张为增值税普通发票；一张住宿费与餐饮费的增值税专用发票。

要求：根据上述资料，作为公司财务人员，请你从增值税核算的角度分析王某所取得增值税票对企业应纳增值税额的影响，并给予王某出差索取相关发票的建议。

（二）美乐公司为增值税一般纳税人，公司采购部门在与供应商甲公司协商的过程中，供应商甲公司提出如购货款不通过对公账户结算，而是直接通过微信转账转入甲公司财务经理李某的个人微信账户，可以享受 10% 的折扣。

要求：根据上述资料，分析美乐公司采购部门可否为了享受 10% 的优惠而接受通过微信转账方式付款。

（三）美乐公司是一家新成立的公司，目前有员工 30 人。由于公司地处郊区，位置相对较为偏僻，午餐成了大家的难题。在公司管理层会议上，大家着重讨论了员工的午餐问题。有人觉得应该承包食堂，有人认为应该发放补贴，有人认为公司应该报销。

经理提出新建食堂是一笔大支出，不建议建立公司自己的食堂。经讨论，最后提出两个方案。方案一：支付员工每人每月 500 元的午餐补贴。方案二：公司与附近的酒店签订协议，由酒店提供送餐服务，月末由公司统一结算餐款，预计每月费用 15 000 元。

要求：根据上述资料，从税收角度出发，对上述方案进行分析。

第六章　采购与付款业务

公司采购各项设备、原料，若一味只追求品质，容易造成成本的不合理增加。反过来说，若以廉价品为采购标的，又恐品质无法控制，影响后段的生产，造成一连串的损失。要想品质好、价格也公道，就有很多管理上的准备工作要做。若公司对经营使用的原材料或生产器材，用心了解其制造过程、成本结构，就能掌握它的品质以及合理售价，借此项分析后的成本与供应商洽议，就能达到想要的目标，品质好价格公道。

——王永庆，台塑集团创办人，被誉为中国台湾的“经营之神”

学习目标

1. 了解采购与付款业务的流程
2. 掌握采购与付款业务的会计核算
3. 理解采购与付款业务的会计信息应用与采购与付款业务控制

本章重点

采购与付款业务的基本核算；采购与付款业务的会计信息应用；采购与付款业务控制。

本章内容提要

▷采购与付款业务的流程
▷采购与付款业务的核算
▷采购与付款业务的控制
▷采购与付款业务中的会计信息应用

课堂思政

党的二十大报告指出，要坚持以推动高质量发展为主题，把实施扩大内需战略同深化供给侧结构性改革有机结合起来，增强国内大循环内生动力和可靠性，提升国际循环质量和水平，加快建设现代化经济体系，着力提高全要素生产率，着力提升产业链供应链韧性和安全水平。当前，我国处于科学、技术、管理理念蓬勃发展的数智化时代，企业的业务与财务也越来越融合成为一个有机整体。业财融合从管理视角实现了财务核算功能与价值创造相统一。基于信息化手段，业财融合可以通过对业务数据的实时记录、监测和分析，把握业务流程的潜在风险和变动趋势，即时反馈给业务部门和管理部门，提高企业的决策效率，降低经营风险，为企业创造价值。

第一节　企业采购与付款业务的流程

采购与付款业务是指企业购买商品或接受劳务及支付款项等相关活动。其中，商品主要包括企业的原材料、库存商品等。采购与付款业务的流程是计划下达、采购单生成、采购单执行、到货接收、检验入库、采购发票的收集到采购付款的采购活动全过程。本节主要介绍存货的采购业务。

一、存货的概念

存货是指企业在日常生产经营中持有以备耗用或出售的材料或物料、处在生产过程中的在产品、完工产品或库存商品等，包括各类材料、在产品、半成品、商品以及包装物、低值易耗品、委托代销商品等。存货的持有目的是为生产耗用或出售而非自用，这是存货不同于固定资产等非流动资产的重要特征。

二、存货采购业务流程

存货是企业的重要资产，企业存货采购业务流程，如图 6－1 所示。

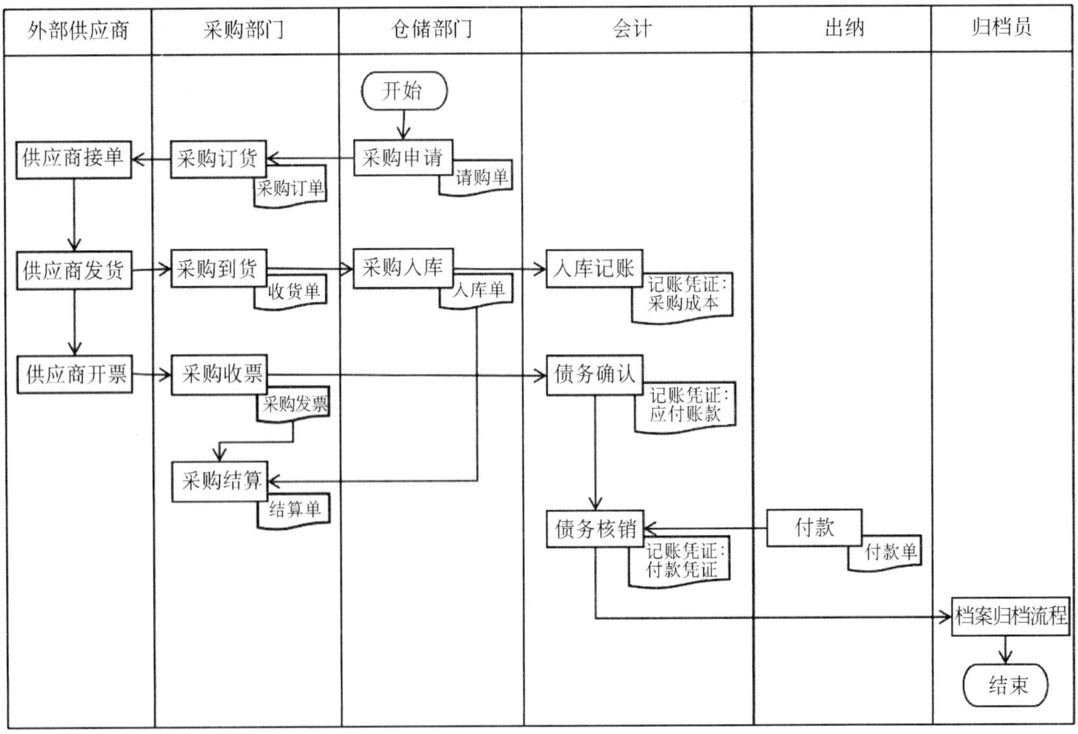

图 6－1　采购业务流程

1. 申请与审批

（1）使用单位根据生产经营需要和预算，提出采购申请。注明所需物资的名称、规格、数量、技术质量标准与要求等，经使用单位领导审核后报仓储部门审核。

（2）仓储部门根据物资储备定额，符合储备定额的给予办理发货手续；定额不足的编制物资请购计划，经部门领导审核后报采购部门。

（3）采购部门根据采购申请计划编制物资采购实施方案，报部门领导签字后再报主管领导审批。

2. 选择供应商及确定采购价格，签订采购合同

（1）采购部门依据批准的物资采购实施方案和资金计划，通过询价、招标、网上采购和公开采购信息等公平、透明的方式，并按企业物资采购的有关规定提出选择和确定采购价格和供应商的方案，经部门领导审核确定。

（2）与供应商签订采购合同。合同文本由采购部门拟订，传送财务、法律或技术有关部门审核。

（3）采购合同需要变更或提前终止时，应报原审批领导同意。重大合同变更需报企业总经理办公会研究同意。

3. 跟踪监督合同执行

采购部门采购人员、合同管理人员及有关部门在合同签订后，应当跟踪并监督合同的执行。

4. 采购物资验收入库

采购部门编制物资入库单或系统自动生成入库单（入库单应连续编号）；仓储部门对到货物资进行外观和数量检验并审核入库单。对符合合同要求的合格物资办理验收入库手续，并将入库验收单传送给财务部门和采购部门分别审核编制入账；对检验不符合合同要求的物资，不得办理入库手续，并由采购部门办理退货索赔事宜或提出折让方案。

5. 发票检验、货款支付及核算记账

（1）财务部门对购货增值税发票进行校验认证，未能通过发票认证的必须退回重新开具。将校验审核后的发票、采购合同、货物入库验收单等信息录入系统入账。

（2）财务部门根据采购部门提供信息及合同执行情况，支付款项并入账。若需提前付款、更改合同约定条件的以及金额较大的，按规定权限报批。

6. 清理、关闭合同

合同执行完毕后，采购部门应对合同执行情况进行清理、关闭，并建立供应商信用档案。并将合同清理和供应商信用情况反馈给财务部门。

第二节　企业采购与付款业务的会计处理

一、核算内容

原材料是企业存货重要组成部分，是生产产品不可或缺的物质要素，企业需储备原材料保证生产需要，企业的原材料一般都从外单位购买。本节以购买原材料为例介绍企业采购与

付款业务。

企业在原材料采购过程中，要从供应商购进各种材料，计算购入原材料的采购成本；还需根据合同约定的结算方式支付材料的买价和各种采购费用，与供货商进行款项的结算；此外，还对收到原材料验收入库。因此，采购业务的主要核算内容有：计算原材料采购成本、结算采购价款、结转原材料入库成本。

其中，购入原材料的采购成本是指采购过程中发生的合理必要支出，包括购买价格、相关税费（不包括可抵扣的增值税进项税）、运杂费、装卸费、包装费、保险费、仓储费、运输途中的合理损耗和入库前的挑选整理费用。购买价格直接计入所购原材料的成本，除购买价格外的支出，可统称采购费用，发生的采购费用，如能分清是由某种材料直接负担的，可直接记入其采购成本中，如不能直接分清，则按一定的标准对其进行分配后分别记入相关材料的采购成本中。为了简化核算，实际工作中对某些本应计入材料采购成本的采购费用，如采购人员的差旅费、市内采购材料的运杂费等，不计入材料采购成本，而是记入管理费用。

二、采购原材料的核算

（一）账户的设置

1. “在途物资”账户

用来反映企业已购入但尚未验收入库材料的实际成本的增减变动及结余情况。本账户属于资产类账户，借方登记已购入但尚未验收入库材料的实际成本，贷方登记结转已验收入库材料的实际成本，期末借方余额反映尚未验收入库的在途物资的实际成本。可按供应单位或物资品种设置明细账。“在途物资”账户的结构，如图 6－2 所示。

在途物资

已购入但尚未验收入库材料的实际成本	结转已验收入库材料的实际成本
期末余额：在途材料的实际成本	

图 6－2　“在途物资”账户结构

2. “原材料”账户

用来反映企业库存材料实际成本（或计划成本）的增减变动和结余情况。本账户属于资产类账户，借方登记验收入库材料的成本，贷方登记发出原材料的成本，期末借方余额反映库存材料的成本。可按材料的类别、品种和规格等设置明细账。“原材料”账户的结构，如图 6－3 所示。

原材料

已验收入库材料的成本	发出原材料的成本
期末余额：库存材料的实际成本	

图 6－3　“原材料”账户结构

3. “应付账款”账户

用来反映企业因购买商品（材料）和接受劳务等经营活动而与供应单位发生的债务结

算的增减变动及余额情况。本账户属于负债类账户，贷方登记应付账款的发生，借方登记应付账款的偿还和抵减额，期末贷方余额表示企业尚未偿还的应付款项。可按供应单位（债权人）设置明细账。“应付账款”账户的结构，如图 6－4 所示。

应付账款	
应付供货单位款项的减少	应付供货单位款项的增加
	期末余额：尚未偿还的应付款

图 6－4 “应付账款”账户结构

4. “应付票据”账户

用来反映企业采用商业汇票采购商品或接受劳务而与供应单位发生的结算债务的增减变动及余额情况。本账户属于负债类账户，贷方登记开出、承兑的商业汇票的票面金额和以后计提的利息，借方登记已兑付的商业汇票金额，期末贷方余额表示尚未到期的应付票据的票面金额和已计提的利息。可按供应单位（债权人）设置明细账。“应付票据”账户的结构，如图 6－5 所示。

应付票据	
到期兑付商业汇票	开出、承兑的商业汇票的增加
	期末余额：尚未到期的商业汇票的结余额

图 6－5 “应付票据”账户结构

5. “预付账款”账户

是用来反映企业因向供应单位预付材料价款，而与供应单位发生的债权结算的增减变动及余额情况。属于资产类账户，借方登记预付及补付款项金额，贷方登记收到货物时根据有关发票账单记入“原材料”等账户的金额及收回多付款项的金额，期末借方余额表示预付款项的结余额。可按供应单位设置明细账。“预付账款”账户的结构，如图 6－6 所示。

预付账款	
预付货款 补付货款	收货时冲销的预付款 收回多付的预付款
期末余额：预付的货款（债权）	期末余额：尚未补付的货款（债务）

图 6－6 “预付账款”账户结构

（二）采购业务会计处理

【例 6－1】 2×23 年 8 月，美的公司从永林公司购入甲、乙两种材料。取得增值税专用发票注明甲材料 1 000 千克，单价 50 元/千克，金额 50 000 元；乙材料 1 300 千克，单价 100 元/千克，金额 130 000 元；增值税税额为 23 400 元。上述款项已用银行存款支付，材料尚未验收入库。

解析：该经济业务的发生，一方面使企业的存货采购成本增加，因尚未验收入库，借记“在途物资”，支付的增值税使“应交税费”减少，借记“应交税费——应交增值税（进项税额）”；另一方面也使企业的“银行存款”减少，贷记“银行存款”。应编制会计分录如下：

借：在途物资——甲材料　　50 000

　　　　　　——乙材料　　130 000

　　应交税费——应交增值税（进项税额）　　23 400

　　贷：银行存款　　203 400

【例6-2】 承前例，以银行存款支付购入上述甲、乙材料的运杂费5 520元。

解析：采购费用计入购入材料的成本，当企业于同一地点同时购入两种或两种以上的材料所发生的运杂费等各项采购费用，如在发生时不能分清各种材料应负担的费用额，为了准确计算各种材料的采购成本，应采用一定的分配方法，按一定的分配标准在所采购的各种材料之间进行分配。常用的分配标准有材料的买价和所采购的材料的重量。一般情况下，当材料的计量单位一致时，采用重量标准进行分配；当材料的计量单位不一致时，则采用材料的买价标准进行费用的分配。

采购费用分配率＝采购费用总额÷材料分配标准（重量或买价）之和　　（公式6-1）

某种材料应分担的采购费用＝该材料分配标准（重量或买价）×采购费用分配率

（公式6-2）

本例可采用所采购材料的重量（甲材料1 000千克，乙材料1 300千克）作为标准进行分配，其计算过程如下：

分配率＝采购费用总额÷材料总重量之和＝5 520÷（1 000＋1 300）＝2.4（元/千克）

甲材料应分担的运杂费＝1 000×2.4＝2 400（元）

乙材料应分担的运杂费＝1 300×2.4＝3 120（元）

应编制的会计分录如下：

借：在途物资——甲材料　　2 400

　　　　　　——乙材料　　3 120

　　贷：银行存款　　5 520

【例6-3】 承前例，甲、乙材料验收入库，计算并结转已验收入库材料的实际采购成本。

解析：购入材料的实际采购成本，一般由买价和采购费用组成。本例购入并已验收入库的甲材料和乙材料的成本计算，如表6-1所示。

表6-1　　材料采购成本计算表

2×23年8月31日　　单位：元

材料名称	单位	数量	单价	买价	运杂费	分配率	应负担运杂费	总成本	单位成本
甲材料	千克	1 000	50.00	50 000	—	2.40	2 400	52 400	52.40
乙材料	千克	1 300	100.00	130 000	—	2.40	3 120	133 120	102.40
合计	—	2 300	—	180 000	5 520	—	5 520	185 520	—

一方面材料入库，库存材料增加，应记入“原材料”账户的借方；另一方面材料采购过程完毕，在途状态的材料减少，记入“在途物资”账户的贷方。应编制会计分录如下：

借：原材料——甲材料　52 400
　　　　　——乙材料　133 120
　贷：在途物资——甲材料　52 400
　　　　　　　——乙材料　133 120

【例 6－4】美的公司从宏明公司购进甲材料，取得增值税专用发票注明的数量为 600 千克，单价为 50 元/千克，金额为 30 000 元，增值税税额为 3 900 元，价税合计为 33 900 元。材料已验收入库，款项尚未支付。

解析：该经济业务的发生，一方面使企业的存货采购成本增加 30 000 元，因已验收入库，借记“原材料”，支付的增值税进项税额 3 900 元使负债“应交税费”减少，借记“应交税费——应交增值税（进项税额）”；另一方面因企业尚未支付款项使负债增加 33 900 元，贷记“应付账款”。应编制会计分录如下：

借：原材料——甲材料　30 000
　应交税费——应交增值税（进项税额）　3 900
　贷：应付账款——宏明公司　33 900

【例 6－5】美的公司以银行存款 54 000 元向宏林公司预付购买乙材料货款。

解析：该经济业务的发生，一方面使企业的“银行存款”减少 54 000 元，记入其贷方；另一方面使企业的“预付账款”增加 54 000 元，记入其借方。应编制会计分录如下：

借：预付账款——宏林公司　54 000
　　贷：银行存款　54 000

【例 6－6】承上例，收到宏林公司发运来的乙材料 500 千克，并已验收入库。取得增值税专用发票注明的价款为 50 000 元，增值税税额为 6 500 元，余款 2 500 元以银行存款支付。

解析：该经济业务的发生，一方面使企业的存货采购成本增加 50 000 元，并已验收入库，借记“原材料”，支付的增值税进项税额 6 500 元使“应交税费”减少，借记“应交税费——应交增值税（进项税额）”；另一方面也使企业的“预付账款”减少 54 000 元，“银行存款”减少 2 500 元，均记入贷方。应编制会计分录如下：

借：原材料——乙材料　50 000
　应交税费——应交增值税（进项税额）　6 500
　贷：预付账款——宏林公司　56 500
借：预付账款——宏林公司　2 500
　贷：银行存款　2 500

第三节　采购业务的控制

一、采购业务的主要风险

（1）采购行为违反国家法律法规受到行政处罚或法律制裁而造成资产损失。

（2）采购计划安排不合理，市场变化趋势预测不准确，造成库存短缺或积压，可能导致企业生产停滞或资源浪费。

（3）供应商选择不当，采购方式不合理，招投标或定价机制不科学，授权审批不规范，可能导致采购物资质次价高，出现舞弊或遭受欺诈。

（4）采购物资验收程序不规范，可能造成账实不符或资产损失。如采购物资的品种、数量、质量、价格与已审批的采购计划不一致，盲目采购，超储积压和舞弊行为的发生。

（5）付款方式不恰当，审核执行不严格或执行有偏差，可能导致企业采购的物资、资金遭受损失或信用遭受损失。

因此企业需要对采购业务进行控制，规范采购业务行为，防范采购业务活动中的差错和舞弊。

二、采购业务的风险控制

（一）岗位分工与授权批准

企业应建立采购业务岗位责任制，明确规定相关的部门和岗位的职责与权限，确保办理采购业务的不相容岗位相互分离、制约和监督。

1. 企业采购业务相关岗位的基本分工

（1）采购部负责编制采购计划、填制请购单、询价与价格谈判、签订合同、采购物资等业务。

（2）财务部负责核定物资采购价格；负责结算采购款项、登记存货及应付款项；负责采购业务的会计记录。

（3）生产部负责根据采购计划和物资请购单办理物资入库，安排登记保管账等。

（4）质检部负责物资入库前的质量验收等。

（5）审计部负责定期审计检查采购业务的合规性、合理性和会计记录的正确性与及时性。

2. 企业采购业务的授权审批

企业应严格规范和执行如下采购程序：①计划与审批；②请购和审批；③询价和核价；④确定供应商；⑤订立合同；⑥采购与验收；⑦物资入库；⑧账簿登记与支付采购款。

企业办理物资采购、核价与付款业务员工应当具备良好的业务素质和职业道德，办理采购、核价与付款业务的人员在同一个工作岗位连续工作时间一般不得超过三年。物资的采购价格、付款政策要严格执行企业授权文件的规定，各级审批人要在授权范围内行使职权，不得超越审批权限。企业授权负责采购的部门、质检部、生产部、财务部分别办理物资订购、检验、收存和付款业务。其他任何部门均无权经办采购与付款业务。企业对于重要的、技术性较强的采购业务，应当专家评审、集体决策制度。

（二）计划与审批控制

企业要强化采购需求的管理，各部门需求计划以项目管理形式与设计、技术、工程、生产等部门及时进行信息交流与沟通来明确采购数量、资金金额、订货要求与时间，确保需求计划物资的准确性。企业应建立采购申请制度，明确相关部门、人员的责任权限及相应的请购审批程序。企业采购部门、质检部、生产部、财务部各级审批人要在授权范围内行使职权，不得超越审批权限。

（三）采购价格控制

企业在物资采购过程中的价格决策要做到科学有效、公开公正、比质比价、监督制约，杜绝采购过程中的不正当行为发生。采购部和价格管理部门要广泛收集采购物资的质量、价格等市场信息，掌握主要采购物资的信息变化。物资采购价格的确定要履行询价、核价、审批、谈判和备案五项程序。

（四）采购与验收控制

企业应根据采购物资 的性质不同，通常采取的采购方式有：①小额零星物品采用择优采购方式；②一般采购物资在货比三家的基础上，采用订单或合同订购方式采购；③单项采购价值在一定金额以上的大宗物资，从生产厂家直接采购；④重大采购业务及设备购置实行招标采购。

企业应对所采购物资进行检验接收，以确保其符合合同相关规定或产品质量要求。企业应制定物资验收管理制度，明确相关检测、仓库管理入人员的权限和责任。物资采购到厂，需办理验收入库手续。核实到库物资是否与“物资请购单”规定的品名、数量、供货厂家相符；物资质量是否符合要求。到库物资与“物资请购单”不符或未经质量检验的，一律不予办理入库和结算手续。质量检验人员应当严格按标准和程序进行检验，并对检验结果承担责任。

如验收发现问题，可分情况按以下程序进行处理：①数量不足的，要求供应商予以补足；②存在质量问题，尚能使用的，要求供应商给予价格折让，不能使用的要求供应商退货或换货；③需要退货或折让的物资，均需供应商开出红字发票；④财务部根据退货通知单、红字发票等票据及时入账。

（五）货款支付与账目核对

对购进方来说，延期付款相当于向供应商借用资金购进商品，可以缓解采购资金压力，增加资金周转，满足短期的资金需要。为更好地利用延期付款手段，且能够不影响企业自身的信誉，采购人员与财务人员应考虑资金成本，积极做好延期付款的管理工作。

现金折扣是指在赊销情况下，债权人为了鼓励债务人在赊销期内尽早付款而给予债务人的一种债务扣除。债务人在不同时期内付款可享受到不同比例的折扣。现金折扣的表达方式一般为“折扣/付款期限”。如“2/10。N/20”，表示 10 天内付款折扣 2%；10—20 天内付款无折扣。增值税额是否可享受折扣，由购销双方协商确定。

企业在进行延期付款时，需加强由此形成的债务结算业务的控制。应付账款需根据发票等凭证经企业授权人审批后方可入账。由专门人员定期与供应商核对账目，及时查清原因并分清责任，确保双方账目相符。同时双方按事先约定的条件，及时清理债务，支付欠款后，依据相关凭证登记账簿。

采购物资的付款由财务部负责，付款的依据要同时满足如下条件：①订有采购合同的，要参照合同规定的时间、方式、金额付款；②要在企业预算范围内付款；③要在对采购发票、验收证明等相关凭证的真实性、完整性、合法性、合规性进行 严格审核、确认无误的前提下，办理付款。

（六）采购业务的监督控制

企业审计部负责对企业的采购业务进行监督检查。采购业务监督检查的内容主要包括：

①采购业务相关岗位及人员的设置情况；②采购业务授权批准制度的执行情况；③采购计划与合同情况；④采购价格及采购渠道情况；⑤货款结算情况；⑥应付账款和预付款的管理情况；⑦有关单据、凭证和文件的使用和保管情况。

审计部对监督检查的结果要出具内部审计报告，发现的薄弱环节和问题，有关部门要采取措施，及时加以纠正和完善。

第四节　采购与付款业务中的会计信息应用

一、账户与报表信息的应用

【例 6－7】 美达公司是一家发展态势良好的制造企业，每月消耗 A 材料约 100 吨。小李是新入职的财务部员工，他在检查“原材料——A 材料”明细账时，发现库存 A 材料 50 吨，金额为 10 000 元，于是向财务主管报告，并建议马上提醒采购部进行采购，以免耽误生产任务的完成。财务主管要求小李做以下工作：第一，检查“在途物资——A 材料”账户情况；第二，询问仓库 A 材料的实际库存；第三，询问采购部 A 材料的采购情况；第四，询问生产部 A 材料的耗用情况。

根据上述资料，回答以下问题：

（1）为什么财务主管要求小李做上述事情?

（2）列举可能的结果。

解析：

（1）一是“在途物资”反映公司已购入但尚未验收入库的材料成本，如公司“在途物资——A 材料”账户余额，表示公司已经购入 A 材料，如购入数量加上目前结余数量能满足下个月的消耗量，则不需马上采购。二是会计记录的 A 材料结存数量与实际在仓库中库存数量有可能不一致，因为需要与仓库核对 A 材料的实际库存数。三是采购部门有可能正在执行采购 A 材料的活动，只是因为采购业务还未完成，信息没有反馈到财务部门，所以也需要询问采购部门 A 材料的采购情况。四是公司每月对 A 材料的耗用量有可能会发生变动，因此，也需询问生产部门对 A 材料的耗用量。

（2）小李如果不了解公司对 A 材料的日常耗用量，及时查询“原材料——A 材料”的账户余额信息，有可能导致公司原材料短缺，造成暂时停止生产，进而影响后续销售等业务的开展。如果小李没有及时查询“在途物资——A 材料”的账户余额信息，没有与仓储部、采购部以及生产部沟通，有可能导致盲目采购 A 材料，导致 A 材料积压，占用公司资金等。

二、采购与付款业务对财务报表的影响

【例 6－8】 美联公司需要采购一批 A 原材料 1 000 千克，疫情期间通过阿里巴巴采购平台（阿里 1688）寻找货源，获得如下信息：甲供应商报价为 50 元/千克，付款后 10 天内发货；乙供应商报价为 52 元/千克，付款条件是 2/10，1/20，N/30；丙供应商报价为 48 元/千克，最低采购数量为 3 000 千克，付款条件是到货后 60 天内。

根据上述资料，回答以下问题：

（1）分析三种报价对财务报表的影响。

（2）美联公司应该如何做出选择？

解析：

（1）首先，甲供应商的报价对美联公司而言，是预付款采购。美联公司预付款后，公司资产负债表的资产项目中“货币资金”减少，“预付账款”增加，公司资产总量不变。实际收到货物时，资产负债表的资产项目中“存货”增加，“预付账款”减少，负债项目的“应交税费”减少。该种报价还会增加现金流量表中的“购买商品、接受劳务支付的现金”。其次，乙供应商的报价对美联公司而言，是赊销采购，且美联公司获得享受现金折扣的优惠，但具体优惠额度，取决于美联公司何时支付款项。此方式下，美联公司采购时，引起资产负债表中资产项目“存货”增加，负债项目“应交税费”减少，“应付账款”等增加。付款时，引起资产负债表中资产项目“货币资金”减少，“应付账款”等减少；实际享受的现金折扣金额影响利润表“财务费用”项目。同样，该方式影响现金流量表中经营活动的现金流出。最后，丙供应商的报价对美联公司而言，也是赊销采购，但无现金折扣的优惠。该方式报价对报表的影响，除由于没有享受现金折扣而不直接影响利润表外，对资产负债表和现金流量表的影响类似。

（2）三个供应商的报价，除采购结算方式不同外，采购的单价和对最低采购数量也有所不同。美联公司应结合自身对原材料的需求和自身资金情况进行选择。①甲供应商要求美联公司预付款，且付款10天后才发货，如美联公司资金比较紧张，且急需购入原材料投入生产，那甲供应商并不是其最优的选择。②乙供应商虽然所报单价比甲供应商高2元，但能接受美联公司赊购并还提供现金折扣，美联公司可基于单价较高所增加的成本和能享受现金折扣的优惠额度进行比较后选择。③丙供应商给出的赊销期是最长的，有60天，这某种程度上缓解了美联公司付款的压力，但丙供应商规定3 000千克的最低采购数量远高于美联公司1 000千克的计划采购数量，如美联公司没有那么大的需求，那多购入的2 000千克的A材料所支付的货款而占用的资金成本，可能远高于享受60天赊销期带来的益处，且还有存货贬值风险。如美联公司对A材料需求量不变，且自身资金不紧张的情况下，丙供应商并不是其最优的选择。

思考与练习

一、思考题

1. 企业采购业务的流程有哪些步骤？
2. 企业采购业务的会计核算应关注哪些环节？
3. 企业采购业务发生后，付款方式有哪些？企业应如何选择？
4. 企业可通过哪些会计信息去了解存货情况？
5. 企业采购业务可能面临哪些风险，应如何控制？

二、选择题

1. 对一般纳税企业的工业制造企业来说，不计入存货成本的项目是（　　）。

A. 增值税　　　　B. 直接人工费

C. 直接材料费　　D. 生产产品的间接费用

2. 下列各项支出中，一般纳税企业不计入存货成本的是（　　）。

A. 入库后的仓储费用　　B. 入库前的挑选整理费

C. 购买存货而发生的运输费用　　D. 购买存货而支付的进口关税

3. 实际成本法下，核算企业已支付货款但尚未运到企业或尚未验收入库的各种物资实际成本的账户是（　　）。

A. 原材料　　B. 材料采购

C. 在途物资　　D. 材料成本差异

4. 企业可直接计入相应材料的采购成本的内容是（　　）。

A. 材料的买价和增值税费

B. 材料的买价和能够直接分清受益对象的采购费用

C. 材料的买价和不能够直接分清受益对象的采购费用

D. 材料的买价和材料采购人员的差旅费

5. 下列各项中，在"在途物资"账户的贷方核算的是（　　）。

A. 已验收入库物资应结转的实际采购成本

B. 登记购入材料的买价

C. 登记购入材料的采购费用

D. 在途材料的采购成本

6. 甲公司购入 C 材料一批，增值税专用发票上记载的货款为 100 000 元，增值税额为 13 000 元，对方代垫包装费 500 元，全部款项已用转账支票付讫，材料已验收入库，A 公司会计处理正确的是（　　）。

A. 借：原材料——C 材料　　100 500
　　　应交税费——应交增值税（进项税额）　　13 000
　　　贷：银行存款　　　　113 500

B. 借：原材料——C 材料　　100 000
　　　应交税费——应交增值税（进项税额）　　13 000
　　　其他应收款　　500
　　　贷：银行存款　　　　113 500

C. 借：原材料——C 材料　　100 500
　　　贷：银行存款　　　　100 500

D. 借：原材料——C 材料　　113 500
　　　贷：银行存款　　　　100 500
　　　　　应交税费——应交增值税（销项税额）　　13 000

7. 某企业为增值税一般纳税人，购入材料一批，增值税专用发票上标明的价款为 100 万元，增值税税额为 13 万元，另支付材料的保险费 2 万元、包装物押金 5 万元。该批材料的采购成本为（　　）万元。

A. 100　　B. 102

C. 107　　D. 124

8. 材料按实际成本核算时，"原材料"账户的借方和贷方登记的均为（　　）。

A. 材料的实际成本　　B. 材料的计划成本
C. 材料的估计成本　　D. 材料的重置成本

9. 某制造业企业为增值税小规模纳税人，本期外购原材料一批，发票注明买价 20 000 元，增值税为 2 600 元，入库前发生的挑选整理费用为 1 000 元，则该批原材料的入账价值为（　　）元。

A. 20 000　　B. 22 600
C. 21 000　　D. 23 600

10. 在下列项目中，一般纳税人企业应计入存货成本的有（　　）。

A. 购入存货支付的关税　　B. 存货采购过程中支付的保险费
C. 支付的增值税　　D. 采购人员的差旅费

11. 下列不能计入存货采购成本的有（　　）。

A. 装卸费　　B. 入库后的仓储费
C. 运输费　　D. 非正常消耗的直接材料费

12. 下列各项目，应计入商品流通企业存货入账价值的有（　　）。

A. 一般纳税人购入存货时支付的增值税额
B. 购入存货支付的运杂费
C. 购入存货时支付的包装费
D. 进口商品时支付的关税

13. 下列各项中，应计入材料采购成本的有（　　）。

A. 买价　　B. 运输费
C. 包装费　　D. 入库前的挑选整理费

14. 某企业购入 6 000 元材料，以银行存款支付 3 000 元，余额未付，材料已入库。这一经济业务涉及账户有（　　）。

A. 原材料　　B. 应收账款
C. 应付账款　　D. 银行存款

15. 在下列各种物资中，应该作为企业存货核算的有（　　）。

A. 原材料　　B. 发出商品
C. 库存商品　　D. 工程物资

三、业务题

美达公司为增值税一般纳税人，2×23 年 6 月发生下列经济业务：

1. 从甲公司购入 A 材料 300 千克，单价 200 元/千克，取得增值税专用发票注明的价款为 60 000 元，增值税税额为 7 800 元。全部款项尚未支付，材料已验收入库。

2. 从乙公司购入 B 材料 50 千克，单价 200 元/千克，取得增值税专用发票注明价款为 10 000 元，增值税税额为 1 300 元。公司开具三个月不带息的商业承兑汇票一张，材料尚未运达。

3. 以银行存款 67 800 元，偿还前欠黄河公司的货款。

要求：不考其他因素，根据上述经济业务编制会计分录。

四、案例分析题

（一）稻盛和夫的“买一升”原则

京瓷公司进行原材料采购时，每个月只购入当月生产需要数量的原材料。有时不是每个月，而是每天只购进当天生产需要的原材料数量。稻盛和夫将此种采购原则称为“买一升”原则，即使一次买一斗便宜划算，却坚持只买当前需要的一升。

要求：根据上述资料，评价稻盛和夫的“买一升”原则。

（二）是否享受现金折扣

美华公司于 2×23 年 6 月 2 日购入甲材料并已验收入库，增值税专用发票上注明的价款为 1 500 万元，增值税税额为 195 万元。合同中规定的现金折扣条件为“2/20、1/40、N/60”，假定计算现金折扣时不考虑增值税。

美华公司目前的流动资金有些紧张，对于支付货款有四种意见：等资金充裕时再考虑支付货款；59 天时支付货款，不违约就可以了；39 天时支付货款，还是享受点现金折扣；19 天时支付货款，尽量享受现金折扣。

要求：根据上述资料，对四种支付货款方式进行评价。

（三）美达公司采购部门根据已获审批的采购计划，拟采购甲材料 1 000 千克，采购预算总金额为 500 000 万元。经询价，供应商甲公司可提供所需甲材料，开出条款如下：材料不含税的销售价格为 500 元/千克，增值税税率为 13%；运输甲材料产生 80 元/千克的运费和保险费（假设不考虑增值税）需由采购方美达公司承担；款项结算方式为现结。

要求：（1）分析判断美达公司采购部门是否可接受供应商甲公司的销售方案。

（2）在不改变供应商的前提下，如美达公司不接受供应商甲公司的销售方案，可与甲公司如何协商促进该笔采购业务的实现。

第七章　生产业务

在玉溪卷烟厂期间，财务部门的人很怕与褚时健坐在同一辆车上，因为褚时健打发路途时间的方法就是盘问他们的账。褚时健有一个天分，那就是计算能力出众。玉溪卷烟厂的财务人员形容褚时健肚子里有一台高配置计算机，一块烟田大概多少产量，一年施肥投入多少，给烟农大概多少补贴，收购其烟叶大概多少，之后生产卷烟工厂能收入多少，利润会是多少……从头到尾，褚时健能气定神闲地坐在座位上靠心算就给同事们一笔算下来。

——褚时健，云南红塔集团有限公司原董事长，曾被誉为中国烟草大王

学习目标

1. 了解生产业务的流程
2. 掌握生产业务的核算
3. 掌握生产业务的关键控制点
4. 理解生产业务中的会计信息应用

本章重点

生产业务的核算；生产业务的控制。

本章内容提要

▷生产业务的定义与流程
▷生产业务的核算
▷生产业务的控制
▷生产业务中的会计信息应用

课堂思政

党的二十大报告中提到：我们必须坚持解放思想、实事求是、与时俱进、求真务实，一切从实际出发，着眼解决新时代改革开放和社会主义现代化建设的实际问题，不断回答中国之问、世界之问、人民之问、时代之问，做出符合中国实际和时代要求的正确回答，得出符合客观规律的科学认识，形成与时俱进的理论成果，更好指导中国实践。生产业务所反映出来的会计信息对企业成本的计算尤为重要。我们要坚持实事求是，一切从企业的生产业务实

际出发，真实准确反映其成本信息，才能为企业降低成本，增加效益，提供更好的指导价值。

第一节　生产业务的定义与流程

一、生产业务的定义

生产业务是指企业将原料、辅料、包装物等各种物料转化为产成品过程的相关活动。生产业务关系到企业的产能、产品质量与制造成本，是企业尤其制造业企业十分重要的业务。

企业的生产过程一般涉及采购部门、仓储部门、生产部门、质检部门、财务部门。一般而言，采购部门主要负责原料、辅料、包装物等各种物料的采购及运输等工作；仓储部门主要负责所有生产物资的出入库管理等工作；生产部门主要负责编制生产预算及生产计划，组织生产活动，做好生产设备的日常维护、保养等工作；质检部门主要负责生产关键环节的质量控制及生产车间及生产物料、半成品、产成品的质量检验；财务部门主要负责核算在产品成本及库存产成品成本、重点环节的单据核对、账实核对、生产预算执行情况分析等会计工作。

二、生产业务的流程

（一）计划和安排生产

生产部门每月根据生产预算及客户订单需求，拟定和修订生产任务表，向各车间分配生产任务，组织协调生产中的各种问题，确保生产作业计划的全面完成。

（二）发出材料

生产部门根据生产需求明确所需材料数量和种类。仓储部门根据生产部门填制的领料单，发出生产所需材料，并登记材料明细账，送会计部门进行材料收发核算和成本核算。

（三）生产产品

在生产准备就绪及领取原材料后，将生产任务分解到相应的生产车间，并将所领取的原材料交给生产车间，生产车间据以执行生产任务。

（四）质量检查

生产车间在完成生产任务后，将完成的产品交质检部门检查质量，确保质量符合标准。

（五）核算产品成本

为了正确核算产品成本，一方面，需要收集生产过程中的各种记录、生产通知单、领料单、入库单等文件资料，并把上述资料都要汇集到会计部门；另一方面，会计部门根据相关资料进行账务处理，并且会同有关部门对生产过程中的成本进行核算和控制。

（六）存储产成品

仓储部门点验产成品，并签收产成品。产品入库以后，仓储部门将实际入库数量通知会计部门。

生产业务的主要流程，如图 7－1 所示。

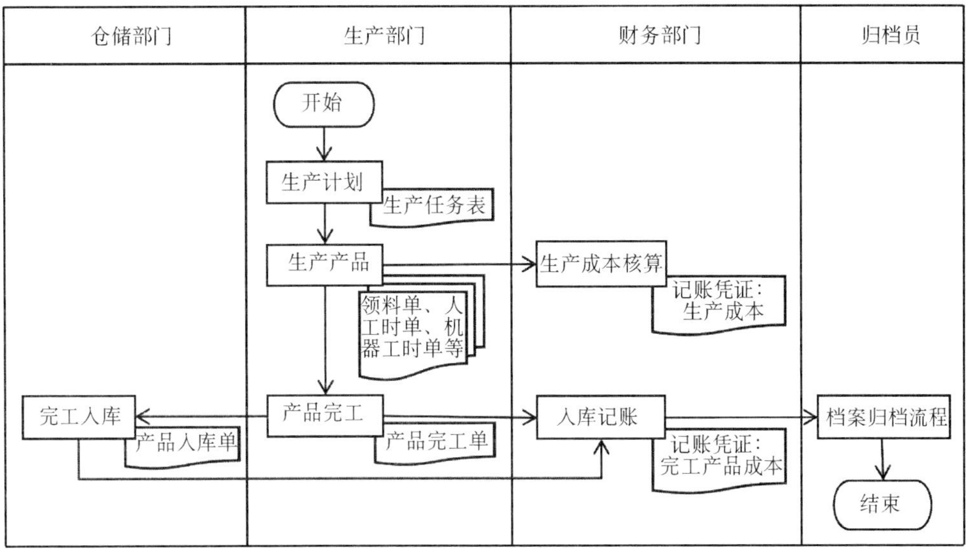

图 7－1　生产业务流程

第二节　生产业务的核算

一、材料费用的核算

（一）账户设置

企业在生产过程中，需要消耗大量的材料，如原材料及主要材料、辅助材料及燃料。它们的用途各不相同，有的用于产品生产，有的用于管理活动。因此，在确认生产物料时，应根据不同的部门及用途计入相应的成本或费用中。为了核算产品在生产过程中各种生产物料的发生、归集和分配情况需要设置“生产成本”和“制造费用”账户，具体如下：

1. “生产成本”账户

本账户用来核算企业进行工业性生产发生的各种生产费用。其属于成本类账户。借方登记企业发生的各种生产费用，包括直接计入产品生产成本的直接材料、直接人工和期末转入的制造费用；贷方登记已生产完工验收入库半成品、产成品的生产成本。期末如有借方余额，则表示未完工产品（在产品）的成本。本账户可按产品种类或类别设置明细科目进行核算。“生产成本”账户的结构，如图 7－2 所示。

生产成本

直接材料 直接人工 转入的制造费用	已生产完工验收入库半成品、产成品的生产成本
期末余额：未完工产品（在产品）成本	

图 7－2　“生产成本”账户结构

2. “制造费用” 账户

本账户用来核算企业生产车间为生产产品或提供劳务所发生的各种间接费用，具体包括生产车间管理人员的工资和福利费、办公费、水电费、机物料消耗、劳动保护费、机器设备的折旧费、修理费、低值易耗品摊销等。其属于成本类账户，借方登记生产车间实际发生的各项间接费用，贷方登记期末分配转入“生产成本”账户的制造费用额，期末结转后，本账户一般没有余额。本账户可根据车间类别或者费用类别设置明细科目进行核算。“制造费用”账户的结构，如图 7 - 3 所示。

制造费用	
生产车间发生的各项制造费用	分配转入“生产成本”账户的制造费用

图 7 - 3　“制造费用” 账户结构

（二）业务核算

企业所耗用的生产物料费用，能够直接计入产品成本的，应当直接计入产品的生产成本；由几种产品共同负担的生产物料费用，应当先计算归集到制造费用中，再选择合理的分配标准分配计入产品的生产成本。

企业生产产品所需用的生产物料一般是由生产部门按照规定向仓库管理部门办理领料手续后获取。会计部门则根据生产部门传递的领料资料，结合生产物料的用途进行会计核算。涉及的会计资料一般有“领料单”“领用材料汇总表”或“材料分配表”等。

【例 7 - 1】 美的公司本月领用甲、乙材料各一批，合计 230 000 元，其中，生产 M 空调领用甲材料 60 000 元，乙材料 70 000 元；生产 N 空调领用甲材料 40 000 元，乙材料 30 000 元；车间一般耗用甲材料 20 000 元，乙材料 10 000 元。

解析：该业务的发生，一方面使得企业的生产费用增加了 230 000 元；另一方面使得企业的材料减少了 230 000 元。其中，材料耗费在两部分：一部分是直接用于 M、N 两种空调生产的直接材料费用 200 000 元，应记入“生产成本”账户的借方；另一部分是车间一般耗用 30 000 元，属于间接费用，应记入“制造费用”账户的借方。同时，甲、乙材料的减少，属于资产的减少，记入“原材料”账户的贷方。应编制会计分录如下：

借：生产成本——M 空调	130 000	
——N 空调	70 000	
制造费用	30 000	
贷：原材料——甲材料		120 000
——乙材料		110 000

二、人工费用的核算

（一）职工薪酬的内容

根据《企业会计准则第 9 号——职工薪酬》（以下简称职工薪酬准则）的界定，职工薪酬是指企业为获得职工提供的服务或解除劳动关系而给予的各种形式的报酬或补偿。企业提供给职工配偶、子女、受赡养人、已故员工遗属及其他受益人等的福利，也属于职工薪酬。

这里所称的职工，主要包括：与企业订立劳动合同的所有人员，含全职、兼职和临时职工；虽未与企业订立劳动合同但由企业正式任命的人员；未与企业订立劳动合同或未由其正式任命，但向企业所提供服务与职工所提供服务类似的人员，包括通过企业与劳务中介公司签订用工合同而向企业提供服务的人员。

职工薪酬主要包括以下内容：

1. 短期薪酬

短期薪酬，是指企业在职工提供相关服务的年度报告期间结束后十二个月内需要全部予以支付的职工薪酬，因解除与职工的劳动关系给予的补偿除外。短期薪酬具体包括：职工工资、奖金、津贴和补贴，职工福利费，医疗保险费、工伤保险费和生育保险费等社会保险费，住房公积金，工会经费和职工教育经费，短期带薪缺勤，短期利润分享计划，非货币性福利以及其他短期薪酬。

带薪缺勤，是指企业支付工资或提供补偿的职工缺勤，包括年休假、病假、短期伤残、婚假、产假、丧假、探亲假等。利润分享计划，是指因职工提供服务而与职工达成的基于利润或其他经营成果提供薪酬的协议。

2. 离职后福利

离职后福利，是指企业为获得职工提供的服务而在职工退休或与企业解除劳动关系后，提供的各种形式的报酬和福利，短期薪酬和辞退福利除外。

3. 辞退福利

辞退福利，是指企业在职工劳动合同到期之前解除与职工的劳动关系，或者为鼓励职工自愿接受裁减而给予职工的补偿。

4. 其他长期职工福利

其他长期职工福利，是指除短期薪酬、离职后福利、辞退福利之外所有的职工薪酬，包括长期带薪缺勤、长期残疾福利、长期利润分享计划等。

（二）职工薪酬的核算

职工薪酬，实际上是企业为了获得职工提供的服务给予或者付出的各种形式的对价，也是企业的一项耗费，构成人工耗费。因此，在职工为企业提供服务的会计期间，实际发生的职工薪酬除了确认为企业的一项流动负债外，也需根据所在部门及实际情况计入相关资产成本或者当期损益。具体主要按以下原则进行：

（1）由生产产品、提供劳务负担的职工薪酬，计入相关产品或劳务成本。

（2）由在建工程、无形资产负担的职工薪酬，计入固定资产、无形资产的成本。

（3）公司管理部门人员、董事会成员、监事会成员等人员相关的职工薪酬，在发生时直接计入当期损益。

下面以短期薪酬为例，说明职工薪酬的核算。为了核算企业根据规定应付给职工的各种薪酬，需要设置“应付职工薪酬”账户。本账户用来核算企业职工薪酬的发生和实际支付情况，属于负债类账户。贷方登记本期计算的应付职工薪酬总额，借方登记本期实际支付的职工薪酬数。若余额在贷方，则表示尚未支付的职工薪酬；若余额在借方，则表示预付或多付的职工薪酬。本账户可按“工资”“职工福利”“社会保险费”“住房公积金”等明细科目进行核算。“应付职工薪酬”账户的结构，如图 7 - 4 所示。

应付职工薪酬

实际支付的职工薪酬	期末计算的职工薪酬
期末余额：预付或多付的职工薪酬	期末余额：尚未支付的职工薪酬

图7－4 “应付职工薪酬”账户结构

一般情况下，对于企业所发生的职工薪酬，能确定由某一产品负担的，应当按照所对应的产品成本项目，直接计入产品的生产成本；由几种共同负担的职工薪酬，一般先归集到制造费用中，再选择合理的分配标准分配计入产品生产成本。具体的分配过程将在业务的处理中具体说明。每期末，企业应根据职工当月实际工作情况计算职工薪酬，并根据计算出来的相关薪酬数据支付给相关职工。因此，短期薪酬的主要核算内容涉及两个方面：一是短期薪酬的计算；二是短期薪酬的支付。以下举例说明生产过程中发生的工资等职工薪酬的计算分配与发放的核算。

【例7－2】美的公司计算分配本月职工工资总额65 000元。其中，生产M空调的工人工资30 000元，生产N空调的工人工资20 000元，车间管理人员的工资10 000元，厂部管理人员工资5 000元。

解析：该项业务的发生，不仅使得公司成本费用类增加了65 000元，也使得公司的应付职工薪酬增加了65 000元。其中，生产M空调和N空调的工人工资，作为一种生产费用，直接计入产品的生产成本，登记入“生产成本”账户的借方；车间管理人员的工资，也作为一种生产费用，先归集到制造费用中，登记入“制造费用”账户的借方；厂部管理人员的工资，直接计入当期损益，登记入“管理费用”账户的借方。上述的职工工资由于是按照权责发生制原则结转成本或费用，尚未实际支付，使得企业的负债增加，应记入“应付职工薪酬”账户的贷方。应编制会计分录如下：

借：生产成本——M空调	30 000	
——N空调	20 000	
制造费用	10 000	
管理费用	5 000	
贷：应付职工薪酬——工资		65 000

【例7－3】美的公司用银行存款35 000元发放上月工资。

解析：该项业务的发生，一方面使得公司的负债类账户“应付职工薪酬”减少了35 000元，该负债类的减少应记入“应付职工薪酬”账户的借方；另一方面，使得公司的资产类账户“银行存款”减少了35 000元，该资产类的减少应记入“银行存款”的贷方。应编制会计分录如下：

借：应付职工薪酬——工资	35 000	
贷：银行存款		35 000

三、制造费用的核算与分配

制造费用，是指企业为生产产品和提供劳务而发生的各项间接费用，如企业生产部门（如生产车间）发生的水电费、固定资产折旧、无形资产摊销、管理人员的职工薪酬、劳动保护费、国家规定的有关环保费用、季节性和修理期间的停工损失等。制造费用的典型特点是在发生时，一般比较难确定其归属的成本核算对象，不能直接计入所生产的产品成本中，因此，需要先在“制造费用”中进行计算归集，然后按照合理的分配标准按月分配计入各成本核算对象的生产成本。企业可以采取的分配标准包括机器工时、人工工时、计划分配率等。

在归集和分配制造费用的过程中，一般会涉及“生产成本”“制造费用”“应付职工薪酬”账户（这些账户已经在前面的节次中介绍），也会涉及“累计折旧”账户。“累计折旧”账户是用来核算企业固定资产的已计提折旧的累计情况，属于资产类账户，是固定资产的备抵账户，贷方登记计提固定资产的折旧额，即累计折旧的增加；借方登记因减少固定资产而转销的折旧额，期末余额在贷方，反映固定资产已提取的累计折旧额。值得注意的是该账户的账户结构与一般资产类账户结构略有差别，借方表示减少数，贷方表示增加数。“累计折旧”账户的结构，如图7－5所示。

累计折旧

累计折旧的减少（转销）	计提的固定资产折旧的增加数
	期末余额：已计提累计折旧额

图7－5　“累计折旧”账户结构

固定资产的折旧实际是其使用过程因损耗而逐渐减少的价值。折旧金额会影响固定资产净值。在不考虑减值的情况下，其固定资产净值等于固定资产原值减去累计折旧。这部分逐渐减少的价值应作为折旧费用区别不同用途计入相关成本和费用中。一般情况下，生产部门用的固定资产折旧应记入“制造费用”账户中；企业行政管理部门用的固定资产折旧计入当期损益，如“管理费用”账户等。以下举例说明制造费用的归集与分配的核算。

【例7－4】美的公司于月末计提本月固定资产折旧16 000元，其中生产车间用的固定资产折旧额9 000元，企业行政管理部门用的固定资产折旧额7 000元。

解析：该项业务，一方面使得企业的成本费用类增加了16 000元，其中，9 000元属于生产车间的耗用，应记入成本类账户“制造费用”的借方，7 000元属于企业行政管理部门的耗用，应记入费用类账户“管理费用”的借方；另一方面使得企业的累计折旧额增加16 000元，应该记入资产类账户“累计折旧”的贷方。应编制会计分录如下：

借：制造费用	9 000	
管理费用	7 000	
贷：累计折旧		16 000

【例7－5】美的公司以银行存款支付本月负担的生产车间的水电费6000元。

解析：该项业务的发生，一方面使得公司成本增加了6 000元，由于该成本属于生产车间的间接费用，因此，应记入成本类账户“制造费用”的借方；另一方面使得公司的银行存款资产减少6 000元，应记入资产类账户“银行存款”的贷方。应编制会计分录如下：

借：制造费用	6 000	
贷：银行存款		6 000

【例 7－6】 根据【例 7－1】至【例 7－5】的资料，将美的公司本月发生的制造费用按照生产工人工时比例进行分配计入 M、N 空调的生产成本中。其中，M 空调的生产工人工时为 700 个工时，N 空调的生产工时为 300 个工时。

解析：该项业务中，首先应该计算归集本月发生的制造费用，根据【例 7－1】至【例 7－5】的资料，计算出本月制造费用总额为 55 000 元（30 000＋10 000＋9 000＋6 000）。再根据生产人工工时比例进行分配，具体如下：

分配率＝制造费用总额÷生产工时总和＝55 000÷（700＋300）＝55（元/工时）

M 空调应负担的制造费用＝55×700＝38 500（元）

N 空调应负担的制造费用＝55×300＝16 500（元）

把本月发生的制造费用分配给 M、N 空调的生产成本中，一方面，使得产品的生产成本增加 55 000 元，应记入成本类账户“生产成本”的借方；另一方面，使得公司的制造费用减少 55 000 元，应记入成本类账户“制造费用”的贷方，应编制会计分录如下：

借：生产成本——M 空调	38 500	
——N 空调	16 500	
贷：制造费用		55 000

四、完工产品成本的计算与结转

通过前面各项成本或费用的归集与分配，在生产产品过程中发生的各种直接材料、直接人工和制造费用已经集中反映在“生产成本”账户中，这些费用都是本期发生的产品生产费用，并不是本期完工产品（产成品）的成本。如果要计算出本期产成品的成本，还需考虑期初在产品成本和期末在产品的成本。因此，完工产品成本的计算可以用以下公示来表达：

完工产品成本＝期初在产品成本＋本期发生的生产费用－期末在产品成本

上述公式中，期初在产品成本和本期发生的生产费用为已知数，要计算出本期完工产品生产成本，需要知道期末在产品的数量。如果期末某种产品全部完工了，则可根据期初在产品成本和本期发生的生产费用直接相加取得该种完工产品的生产成本；如果期末某种产品一部分完工了，一部分尚未完工，则需要把生产费用总额（包括期初在产品成本和本期发生的生产费用）按照相应的分配方法分配到完工产品与在产品之间，进而计算本期完工产品的生产成本与单位成本。生产费用在完工产品与在产品之间的分配，在成本计算工作中是一个重要而又复杂的问题，这部分内容将会在成本会计课程中具体介绍。下面仅以期末某种产品全部完工的成本计算为例说明完工产品成本的计算与结转。

库存商品主要包括企业库存的自制半成品及成品、外购商品以及各种存放在外但归属于企业所有的商品等。为了核算产成品的成本与结转情况，需要设置“库存商品”账户。本账户主要核算企业各种库存商品的实际成本（或计划成本）的增减变动及结果，属于资产类账户，借方登记验收入库商品的成本，贷方登记发货出库商品的成本，期末如有借方余额，反映结存留库商品的成本。本账户可按库存商品的类别、品种、规格等设置明细科目进行核算。“库存商品”账户的结构，如图 7－6 所示。

库存商品

验收入库商品的成本	发货出库商品的成本
期末余额：结存留库商品的成本	

图 7－6 “库存商品”账户结构

【例 7－7】 美的公司生产车间本月生产的 M、N 两种产品，全部完工。其中，M 空调的完工成本为 210 000 元，N 空调的完工成本为 120 000 元，现已全部验收入库。

解析：该项业务的发生，一方面使得公司的资产库存商品增加了 330 000 元，应记入资产类账户“库存商品”的借方；另一方面，由于完工产品的结转，使得生产过程中产品的生产成本转移到了产成品中，因此，成本类账户“生产成本”减少了 330 000 元，应记入其账户的贷方。具体的会计分录如下：

借：库存商品——M 空调　　210 000

　　　　　　——N 空调　　120 000

　贷：生产成本——M 空调　　210 000

　　　　　　　——N 空调　　120 000

生产业务会计核算过程，如图 7－7 所示。

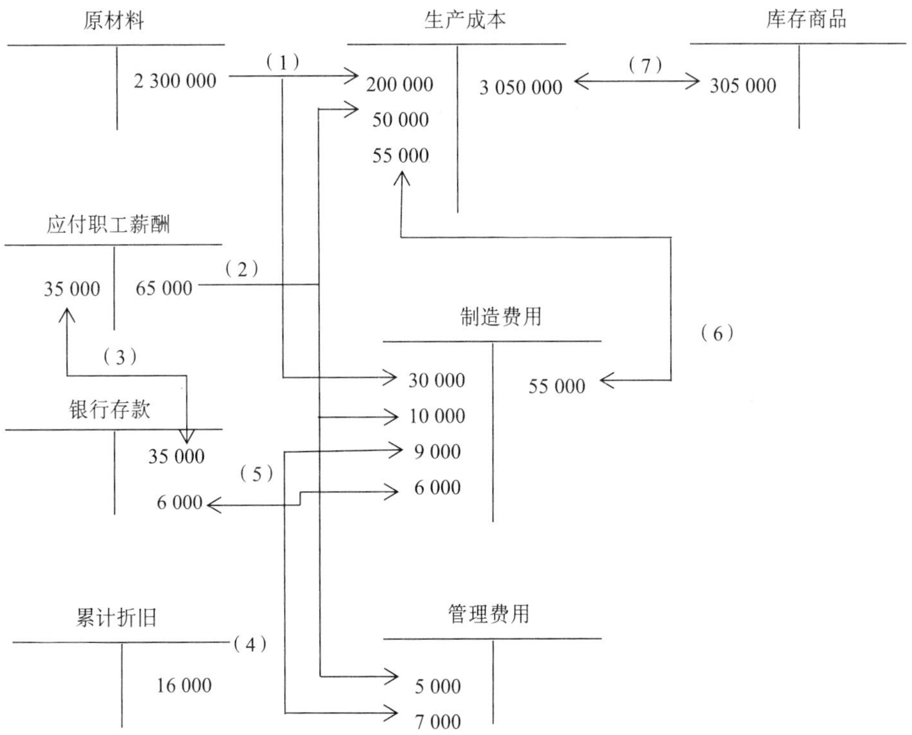

图 7－7 生产过程业务核算

第三节 生产业务的控制

一、生产材料的充足性与设备的适应性

生产材料的投入是生产过程的首要环节，因此，确保生产材料的到位十分重要。生产部门应该根据生产任务的要求，预测生产材料的需要量，及时采购生产所需的材料，以满足生产的需要。在材料投入之前，生产设备的良好性能是生产的前提条件，因此，在投入生产之前，需要针对设备的各种性能进行检测，确保其能适应生产产品的需要。

二、生产流程的规范性与有序性

生产的流程直接影响着产品质量，因此，需要确保生产流程的规范与有序。生产部门应严格按照规定的生产要求及工序生产产品，以保证产品的质量。在生产过程中，可以适当的频次监测、控制和验证过程参数，以掌握所有设备及操作人员等是否满足产品质量的要求。

三、生产记录的准确性与完整性

生产记录是进行成品成本核算的前提条件。因此，生产部门应该根据相关的生产过程，及时登记做好各种记录，从生产领料开始、到生产过程、再到产品完工入库为止的全过程都应该按要求如实、准确做好记录。这些记录主要包括：材料的领用、人工的投入、设备的耗用、产品的验收、出入库记录等。记录好以后，需及时传递文件到会计部门，以便及时进行会计核算。

四、产品质量的标准性与合格性

符合标准并质检合格的产品是保证顺利销售的前提，因此，在销售之前，确保产品质量的标准性与合格性十分重要。产品完工以后，生产部门首先应该对产品进行自检或互检，经检验合格的产品，才能进入下一个环节。针对不合格的产品，需要对不合格品加以明确的标识并隔离存放，确定对不合格品的处理方法并加以监督，防止顾客收到不合格品及不合格品的非预期使用，避免进一步加工不合格品而发生不必要的费用。

五、生产业务的关键控制点

（一）授权审批控制

生产过程的业务，必须要经过授权审批才能进行，从材料设备的准备、生产任务的确定、材料的领用，到生产加工、质量检验、入库出库等都需要审批才能进行，这样才能形成控制与监督。

（二）不相容职务相互分离

生产过程的不相容职务相互分离主要如下：首先是生产计划的制定者应与审批人员相分离；其次是产品的生产部门应与产品的验收部门相分离；接着是存货保管人员不能同时负责

相应账簿的会计记录；最后是存货的盘点不能只由负责保管、使用或记录的人员来进行，应当由独立于这些人员的其他人员共同完成。

（三）存货的保护制度

生产过程中，涉及存货项目很多，企业应该建立完善的资产保护制度，以保证存货的安全性和完整性。主要控制包括：收到存货的验收制度；领用存货的审批制度；存货的接触限制规定如不相关人员不得进入仓储部门；存货的安全保障措施，包括防止意外灾害、盗窃的措施；存货的盘存及记录制度；存货的定期清点制度等。

（四）存货计价与成本核算制度

为了客观真实地反映生产过程相关信息，企业应当确定合理的存货计价方法以确定存货的发出及结存成本。另外，产品成本的确定在许多方面影响着企业的经营状况及结果，因此，企业应当恰当地选择成本核算对象及成本核算方法，以合理确定产品的成本。

【例7-8】李红是美达公司仓储部门保管员，主要负责存货明细账的登记工作，具体做法是对仓储部门中的所有存货项目的验收、发、存进行永续记录。仓储部门对于存货的收发管理情况如下：存货入库时，结合验收部门送交的存货和验收单，根据验收单登记存货明细账。存货出库时，各车间或其他部门可根据原材料用量需求，填写领料单，李红根据领料单直接发出存货。另外，对于辅助材料，由于美的公司对辅助材料的用量需求较少，因此，领取辅助材料时，不需要使用领料单。各车间经常有辅助材料剩余（根据每天特定工作购买而未消耗掉，但其实还可再为其他工作所用的），这些材料由车间自行保管，无须通知仓储部门。如果李红有时间，偶尔也会对存货进行实地盘点。

根据上述资料，回答以下问题：

（1）请指出对存货的控制的不足之处？并简要说明该缺陷可能导致的后果。

（2）针对美达公司存货控制的不足，提出改进意见。

解析：

1. 对存货的控制的不足之处和可能导致的后果

（1）不相容职务没有相互分离。本例中，存货的保管和记账职责未分离。将可能导致存货保管人员监守自盗，并通过篡改存货明细账来掩饰舞弊行为，存货可能被高估。

（2）存货管理流程不够严密。在存货入库环节，缺乏入库通知单的填写流程，直接入账。储部门保管员的记账依据是验收单，而不是入库通知单，将可能导致一旦存货数量或质量上发生问题，无法明确是验收部门还是仓储部门保管人员的责任。

（3）没有进行授权审批控制。①领取原材料时，不需要审批直接发出，将可能导致原材料的领用失控，造成原材料的浪费或被贪污，以及生产成本的虚增。②领取辅助材料时未使用领料单，也不需要审批直接发出，对剩余的辅助材料也不加以控制。将可能导致辅助材料的领用失控，造成辅助材料的浪费或被贪污，以及生产成本的虚增。

（4）缺乏存货的保护制度。本例中，对存货未实行定期盘点制度。将可能导致存货出现账实不符现象，也会导致信息不能及时提供。

2. 对存货控制的改进建议

（1）建立永续盘存制，仓储部门保管人员设置存货台账，按存货的名称分别登记存货收、发、存的数量；财务部门设置存货明细账，按存货的名称分别登记存货收、发、存的数量、单价和金额。

（2）仓储部门保管员在收到验收部门送交的存货和验收单后，根据入库情况填制入库通知单，并据以登记存货实物收、发、存台账。入库通知单应事先连续编号，并由交接各方签字后留存。

（3）对原材料和辅助材料等各种存货的领用实行审批控制。即各车间根据生产计划编制领料单，经授权人员批准签字，仓库保管员经检查手续齐备后，办理领用。

（4）对剩余的辅助材料实施退库控制。

（5）实行存货的定期盘存制。

第四节　生产业务中的会计信息应用

一、账户与报表信息的应用

【例 7-9】 美达公司销售部需要对一种新产品进行定价，这种新产品有两款型号：普通型与商务型。经过市场调研，确定普通型的售价为 1 100 元/件，商务型为 1 700 元/件。可根据财务部门提供的库存商品账户等方面信息计算得出的生产成本为：普通型 1 000 元/件；商务型 1 100 元/件。销售部认为普通型的成本偏高，而商务型的成本偏低，希望财务部门重新核定其成本。财务部小张检查新产品的生产成本计算过程，发现制造费用占比为 40%，按直接材料成本分配。而实际上这两种产品耗用的材料基本相同，商务型产品由于精度与功能要求更高，需要更多的机器工时。

根据上述资料，回答以下问题：

（1）上述的制造费用分配存在什么样的问题？

（2）如何改进上述存在的问题？

解析：

（1）制造费用占比较高，但分配标准不合理，导致商务型承担的制造费用偏少，普通型承担的制造费用偏多。

（2）根据资料，商务型产品耗用了更多的机器工时，而机器设备与厂房折旧是制造费用的主要来源。因此，应该按照生产产品的机器工时作为制造费用的分配标准，以计算得出更准确的产品生产成本。

二、生产业务对财务报表的影响

【例 7-10】 2×23 年 5 月，美达公司生产部门因工人操作失误，导致机器故障，1 位生产工人受重伤。因需要对机器进行停工维修，造成当月产品产量下降了 20%，因此，无法按合同约定及时供给客户——顺德公司约定的产品数量，顺德公司要求美达公司按原合同总价 1% 的金额进行赔偿并尽快提供剩余产品。此外，关于该生产工人的医疗费用，美达公司作出了全部垫付的承诺。

问题：（1）该案例中的事项可能对美达公司产品的成本产生哪些影响？

（2）该案例中的事项可能对美达公司的财务报表产生哪些影响？

解析：

（1）由于生产部门的机器故障需要停工维修，产生相应的修理支出及停工损失，可能形成产品的间接成本，增加了产品成本。此外，因为1位生产工人受伤，产生的医疗费用，也可能形成产品的间接成本，增加产品的成本。

（2）案例中产生相应的修理支出、停工损失、产生的医疗费用，按实际情况，若是形成产品的间接成本，则是先通过制造费用的归集与分配，形成产品的成本，影响资产负债表中的存货项目。若不形成产品的间接成本，可能直接形成费用，则可能影响利润表中的费用类项目。

思考与练习

一、思考题

1. 产品的生产成本由哪些具体项目构成？

2. 产品的生产成本各项目是如何核算的？

3. 生产业务的关键控制点有哪些？

4. 生产业务对财务报表的影响有哪些？

二、选择题

1. 下列各项中，“生产成本”账户期末借方余额反映的是（　　）。

A. 完工产品成本　　B. 本月生产费用合计

C. 期末在产品成本　　D. 已入库产品成本

2. 对于生产部门所发生的间接耗费，先归集到（　　），然后再分配计入有关产品中。

A. 直接费用　　B. 期间费用

C. 生产成本　　D. 制造费用

3. 某企业生产A产品领用材料9 000元，车间一般耗用5 000元，企业行政管理部门领用2 000元，则应直接记入“生产成本”科目的金额为（　　）元。

A. 2 000　　B. 5 000

C. 9 000　　D. 14 000

4. 下列各项中，不属于制造业企业成本项目的是（　　）。

A. 直接材料　　B. 直接人工

C. 制造费用　　D. 管理费用

5. 下列各项中，可以直接记入企业“生产成本”账户的是（　　）。

A. 生产车间设备的维修费　　B. 生产工人的工资及福利费

C. 生产车间主任的工资　　D. 生产车间的办公费

6. 某企业本月“制造费用”发生额为8 000元，月末按机器工时在A、B两种产品之间进行分配。其中，A产品30 000工时，B产品10 000工时，则A产品应分配的制造费用为（　　）元。

A. 2 000　　B. 3 000

C. 6 000　　D. 8 000

7. 下列各项中，关于职工薪酬表述不正确的是（　　）。

A. 由生产产品、提供劳务负担的职工薪酬，计入相关产品或劳务成本

B. 由生产产品、提供劳务负担的职工薪酬，计入当期损益

C. 由在建工程、无形资产负担的职工薪酬，计入固定资产、无形资产的成本

D. 公司管理部门人员、董事会成员、监事会成员等人员相关的职工薪酬，在发生时直接计入当期损益

8. 从仓库领用材料时，可能贷记的账户是（　　）。

A. 原材料　　B. 管理费用

C. 制造费用　　D. 生产成本

9. 期末计提固定资产折旧，应贷记的账户是（　　）。

A. 累计折旧　　B. 管理费用

C. 制造费用　　D. 固定资产

10. “生产成本”账户的期初余额是 20 000 元，本期借方发生额为 70 000 元，贷方发生额为 60 000 元。不考虑其他因素，该账户的期末余额为（　　）元。

A. 10 000　　B. 20 000

C. 30 000　　D. 40 000

11. 下列各项中，属于固定资产的备抵账户的是（　　）。

A. 累计折旧　　B. 管理费用

C. 制造费用　　D. 固定资产

12. 下列各项中，与“累计折旧”账户结构类似的账户是（　　）。

A. 库存商品　　B. 应付职工薪酬

C. 制造费用　　D. 固定资产

13. 下列各项中，企业期末结转完工入库产品的成本会计处理表述正确的是（　　）。

A. 借记“库存商品”科目，贷记“制造费用”科目

B. 借记“生产成本”科目，贷记“库存商品”科目

C. 借记“库存商品”科目，贷记“生产成本”科目

D. 借记“主营业务成本”科目，贷记“库存商品”科目

14. 下列各项中，企业期末结转分配制造费用会计处理表述正确的是（　　）。

A. 借记“生产成本”科目，贷记“制造费用”科目

B. 借记“制造费用”科目，贷记“生产成本”科目

C. 借记“制造费用”科目，贷记“银行存款”科目

D. 借记“制造费用”科目，贷记“累计折旧”科目

15. “累计折旧”账户的期初余额是 50 000 元，本期借方发生额为 80 000 元，贷方发生额为 100 000 元。假设不考虑其他因素，该账户的期末余额为（　　）元。

A. 10 000　　B. 20 000

C. 30 000　　D. 70 000

16. 企业以银行存款发放工资，所引起的变化是（　　）。

A. 一项资产减少，一项负债减少　　B. 一项资产增加，一项负债增加

C. 一项资产减少，一项所有者权益减少　　D. 一项资产减少，一项资产增加

17. 一般情况下，以下账户贷方登记的是（　　）。

A. 生产成本的增加　　B. 制造费用的增加

C. 累计折旧的增加　　D. 库存商品的增加

18. 2×23 年 11 月，甲公司购入的一台设备，原值为 30 000 元，截至 2×23 年 12 月 31 日，该设备计提的累计折旧为 4 000 元，则该设备在 2×23 年 12 月 31 日的净额为（　　）元。

A. 4 000　　B. 26 000

C. 30 000　　D. 34 000

19. 下列各项中，关于生产业务对财务报表的影响表述错误的是（　　）。

A. 生产业务的完成，直接影响库存商品的成本，待销售实现后转变为营业成本，影响利润表

B. 设备的损耗涉及“累计折旧”账户，影响固定资产净额，从而影响资产负债表项目

C. 生产业务涉及生产部门人员的薪酬支付以及生产过程中一些杂费的支付等，影响现金流量表中“经营活动产生的现金流量”

D. 生产业务涉及生产部门人员的薪酬支付以及生产过程中一些杂费的支付等，影响现金流量表中“筹资活动产生的现金流量”

20. 下列各项中，不符合不相容职务相互分离的规定的是（　　）。

A. 生产计划的制定者应与审批人员相分离

B. 产品的生产加工部门应与产品的验收部门相分离

C. 存货保管人员可以同时负责相应账簿的会计记录

D. 存货的盘点不能只由负责保管、使用或记录的人员来进行，应当由独立于这些人员的其他人员共同完成

21. 下列各项中，不属于存货保护制度的是（　　）。

A. 收到存货的验收制度　　B. 领用存货的审批制度

C. 存货的安全保障措施　　D. 资金的审批制度

22. 下列各项中，属于生产业务的关键控制点的有（　　）。

A. 授权审批控制　　B. 不相容职务相互分离

C. 存货的保护制度　　D. 存货计价与成本核算制度

23 下列各项中，影响完工产品生产成本的有（　　）。

A. 期初在产品成本　　B. 本期发生的生产费用

C. 期末在产品成本　　D. 期初完工产品成本

24. 下列各项中，属于生产业务主要流程的有（　　）。

A. 计划和安排生产　　B. 发出材料

C. 生产产品　　D. 质量检查

25. 下列各项中，“应付职工薪酬”科目中的职工应包括（　　）。

A. 与企业订立劳动合同的所有人员，含全职、兼职和临时职工

B. 虽未与企业订立劳动合同但由企业正式任命的人员

C. 未与企业订立劳动合同或未由其正式任命，但向企业所提供服务与职工所提供服务类似的人员，包括通过企业与劳务中介公司签订用工合同而向企业提供服务的人员

D. 未与企业签订劳动合同的人员

26. 下列各项中，属于企业制造费用的有（　　）。

A. 生产车间发生的水电费　　B. 生产车间的固定资产折旧

C. 企业行政管理部门人员的薪酬　　D. 生产车间管理人员的职工薪酬

三、业务题

2×23 年 12 月，美的公司发生如下有关经济业务：

1. 本月乙材料耗用情况如下：生产 A 类空调耗用 40 000 元，生产 B 类空调耗用 25 000 元，生产车间一般耗用 3 000 元，管理部门耗用 2 000 元；

2. 本公司应分配工资费用为：生产工人工资 50 000 元（其中：生产 A 类空调工人工资 30 000 元，生产 B 类空调工人工资 20 000 元），车间管理人员工资 20 000 元，厂部管理人员工资 40 000 元；

3. 本月提取生产车间固定资产折旧 6 000 元，企业管理部门固定资产折旧 3 000 元；

4. 分配结转本月制造费用 28 000 元，其中 A 类空调分配 11 000 元，B 类空调分配 17 000 元。

要求：不考虑其他因素，根据上述经济业务进行账务处理。

四、案例分析题

张荣是某财经大学会计学专业的学生，他刚毕业就在美的公司财务处工作，负责的工作主要是成本核算，他通过查阅账簿资料掌握了以下情况：美的公司的主营业务之一是生产与销售 M、N 两类空调。本月月初，M 空调的月初在产品的余额是 30 000 元，N 空调的月初在产品的余额是 20 000 元，M 空调本月投入的直接材料费为 57 800 元，直接人工费为 30 000 元；N 空调本月投入的直接材料费为 44 590 元，直接人工费为 26 500 元。为生产 M、N 空调发生的共同费用合计 45 200 元。月末，本月投入生产的 M 空调 200 台和 N 空调 250 台全部完工。于是，张荣就针对以下指标进行了计算：

M 空调应承担的制造费用 $=45\ 200\div 2=22\ 600$（元）

N 空调应承担的制造费用 $=45\ 200\div 2=22\ 600$（元）

M 空调总成本 $=57\ 800+30\ 000+22\ 600=110\ 400$（元）

N 空调总成本 $=44\ 590+26\ 500+22\ 600=93\ 690$（元）

M 空调单位成本 $=110\ 400\div 200=552$（元）

N 空调单位成本 $=93\ 690\div 250=374.76$（元）

成本管理科李科长看了这个计算结果以后，笑着对张荣说："你的基本计算步骤是对的，但是计算结果有误。你再好好考虑考虑，看看错在什么地方。"

要求：根据上述资料，分析张荣的计算结果是否正确？为什么？如果是你，将怎样进行制造费用的分配及完工产品成本的计算？

第八章　销售与收款业务

“我有一本很大的分类账簿，用胶水粘在一起，记着我想记下的所有内容。账页上大概有15个不同的栏目，每个店都是。栏目包括销售额、开支、纯利润、减价商品、每一项商品、公共事业费、邮费、保险费、税费。每个月，我都亲自用钢笔登记那些数字，这能帮助我把它们记得更牢。这已经成为我的习惯，当我到各个店里去时，衣袋里总是放着这本账簿，所以每个人都能一直非常确切地知道自己店的经营状况。”

——山姆·沃顿，沃尔玛连锁超市创始人，1985年成为美国首富

学习目标

1. 了解销售与收款业务的流程
2. 掌握销售与收款业务的基本核算方法
3. 掌握销售与收款业务的关键控制点
4. 理解销售与收款业务中的会计信息应用

本章重点

收入的确认与计量；关键控制点；销售与收款业务对财务报表的影响。

本章内容提要

▷销售与收款业务的定义与流程
▷销售与收款业务的核算
▷销售与收款业务的控制
▷销售与收款业务中的会计信息应用

课堂思政

党的二十大报告提出：要毫不动摇鼓励、支持、引导非公有制经济发展；要为民营企业发展提供有利环境，依法平等保护民营企业产权和企业家权益，促进民营经济发展。党的二十大报告坚定了民营企业发展信心，为企业发展指明了奋斗的方向，为民营经济高质量发展提供了动力。

早在2019年7月，美国《财富》杂志发布2019年世界500强排行榜。小米集团首次登

榜，排名第468位，在上榜的全球互联网企业中排名第7，在上榜的中国企业中排名第112位。小米集团2010年4月创立，到登上《财富》世界500强榜单，仅用8年（《财富》统计截至2018年底），成为目前最快上榜的中国互联网以及科技企业。

《财富》世界500强榜单，被视为全球最权威及最著名的企业排行榜。依据公司年度营收以及利润来作为评选准则。小米集团2018年全年总营收1 749亿元人民币，净利润85.5亿元人民币，居于榜单第468位，居于入榜的互联网公司第7位。

第一节 销售与收款业务的定义与流程

一、销售与收款业务的定义

销售与收款业务是指企业出售商品（或提供劳务）及收取款项等相关活动。销售业务直接关系到收入与利润的实现，收款业务关系到现金的流入，是企业非常关键的业务。

销售与收款循环一般涉及销售部门、信用管理部门、仓储部门、财务部门。一般而言，销售部门主要负责处理客户订单、执行销售政策、签订销售合同、催收货款；信用管理部门主要负责客户信用档案管理、信用调查与评定、信用审核和批准赊销；仓储部门主要负责审核发货单据是否齐全并据以办理具体的发货事宜；财务部门主要负责销售业务实现的结算和会计处理、监督收款等。

二、销售与收款业务的流程

1. 客户开发与信用管理

企业要维护现有客户与开发潜在客户，以确保实现销售目标。对于有销售意向的客户进行资信评估，根据企业自身风险接受程度确定具体的信用等级。

2. 接受客户订单

客户提出订货要求，企业销售部门在符合授权批准的情况下接受客户订单。

3. 销售谈判与合同订立

企业在销售合同订立前，应当指定专门人员就销售价格、信用政策、发货及收款方式等具体事项与客户进行谈判。在谈判达成一致基础上且在正式签署销售合同前，执行审批程序，由企业授权人与客户遵循《中华人民共和国合同法》的相关规定签订销售合同，明确双方权利和义务，以此作为开展销售活动的基本依据。

4. 组织发货或提供服务

企业一旦成功订立销售合同，立即进入根据销售合同的约定向客户提供商品或服务的环节，即由销售部门按照经批准的销售合同向发货部门下达销售通知单。发货部门则对销售发货单据进行审核，严格按照销售通知单所列的发货品种和规格、发货数量、发货时间、发货方式组织发货或提供服务。

5. 开具销售发票

在完成发货后，由财务人员或授权人员根据销售部门开具的销售发票通知单，开具一式三联的销售发票，分别用于记账、寄送给客户与留存。

6. 收款

收款是企业销售成果的兑现。销售业务按照发货时是否收到货款区分为现销与赊销两种形式。现销（现金销售）形式即一手交钱一手交货或者收到预收款后发货，其收款业务简单，按程序认真办理相关收款入账手续即可。赊销形式是发出商品后给予客户一定的付款信用期，到期后才与客户结算收款，其收款业务是一个动态跟踪和管理的过程，在货款到期前要定期对账，一旦到期要及时催收，谨防形成坏账的风险。

销售与收款业务的主要流程，如图 8 -1 所示。

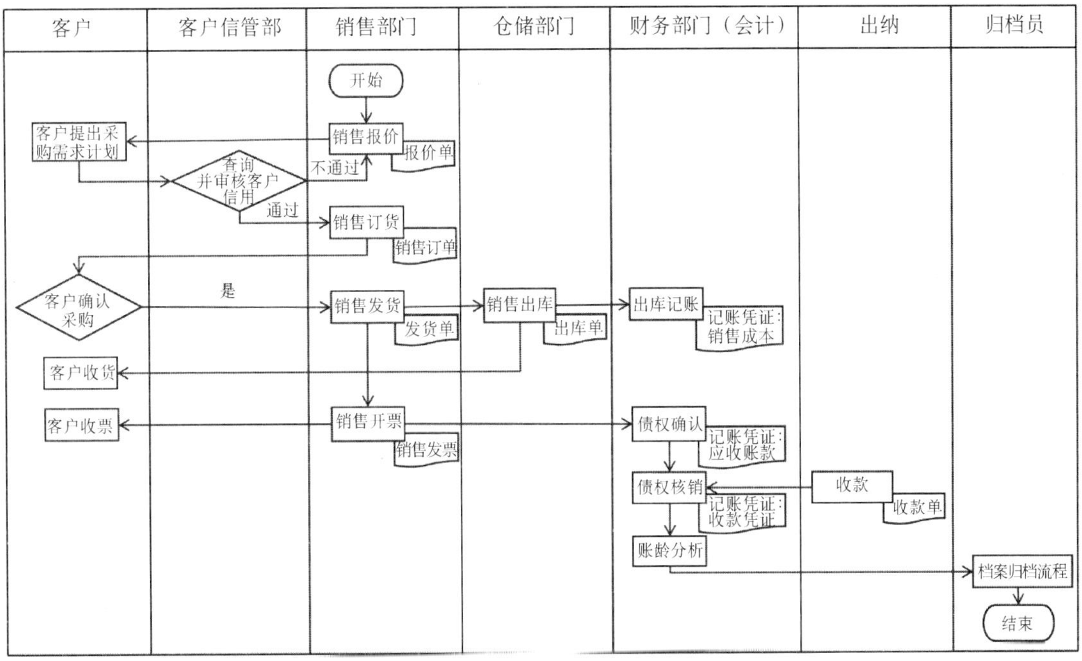

图 8 -1　销售与收款业务流程

第二节　销售与收款业务的核算

一、销售与收款业务的核算内容

销售与收款业务的核算是指企业财务部门依据收到或开具的销售合同、销售通知单、发货凭据、运输单据、销售发票、收款凭证等内外部原始凭证，按照会计准则与企业规定进行账务处理。主要包括：收入的确认与计量、增值税销项税额的确认与计量、钱款的入账或应收款项的结算、商品发出与成本结转等。为了核算企业销售与收款业务，一般需要设置以下账户。

1. “主营业务收入”账户

本账户用来核算企业销售或提供劳务所实现的收入，属于损益类账户，贷方登记企业实现的收入，借方登记企业收入的减少数和期末转入“本年利润”账户的净收入数，期末结转后，本账户一般没有余额。本账户可根据主营业务的类别设置明细科目进行核算。“主营业务收入”账户的结构，如图 8 – 2 所示。

主营业务收入

减少的主营业务收入 期末 转入 本年利润账户	实现的主营业务收入数（增加）

图 8 – 2　“主营业务收入”账户结构

2. “主营业务成本”账户

本账户用来核算企业销售或提供劳务而发生的实际成本及其结转情况，属于损益类账户，借方登记企业销售或提供劳务而发生的实际成本，贷方登记主营业务成本的减少数和期末转入“本年利润”账户的主营业务成本，期末结转后，本账户一般没有余额。本账户可根据主营业务的类别设置明细科目进行核算。“主营业务成本”账户的结构，如图 8 – 3 所示。

主营业务成本

本期发生的主营业务成本	期末转入本年利润账户

图 8 – 3　“主营业务成本”账户结构

3. “应收账款”账户

本账户用来核算企业因销售或提供劳务等而发生应收取的款项。其属于资产类账户，借方登记企业因销售或提供劳务而发生的应收款项，贷方登记已经收回的应收款项。期末余额若在借方，表示尚未收回的应收账款；期末余额若在贷方，表示预收的款项。本账户可根据购货单位或接受劳务单位类别设置明细科目进行核算。“应收账款”账户的结构，如图 8 – 4 所示。

应收账款

本期发生的应收账款	收回的应收账款
期末余额：应收未收的款项	期末余额：预收的款项

图 8 – 4　“应收账款”账户结构

4. “预收账款”账户

本账户用来核算企业按合同规定预收的款项。其属于负债类账户，贷方登记预收的款项，借方登记销售实现时冲减的预收账款。期末余额若在贷方，表示预收款的结余数；期末余额若在借方，表示应收的款项。本账户可根据购货单位类别设置明细科目进行核算。“预收账款”账户的结构，如图 8 – 5 所示。

预收账款

预收账款的减少数	预收账款的增加数
期末余额：应收的款项	期末余额：预收的款项

图 8－5　“预收账款”账户结构

二、现销方式销售业务的核算

【例 8－1】 2×23 年 3 月 1 日，美的公司向乙公司销售 M 空调一批，开具增值税专用发票注明的价款为 400 万元，增值税税额为 52 万元。该批商品的成本为 350 万元，提货单和增值税专用发票交给乙公司后，已收到乙公司支付 452 万元的转账支票。

解析：

（1）收入的确认。企业应当在履行了销售合同中的履约义务，即在客户取得相关商品控制权时确认收入。所谓取得相关商品的控制权，是指能够主导该商品的使用并从中获得几乎全部的经济效益。当企业与客户之间的销售合同同时满足下列条件时，企业应当在客户取得相关商品控制权时确认收入：①合同各方已批准该合同并承诺将履行各自义务；②该合同明确了合同各方与所转让商品或提供劳务相关的权利和义务；③该合同有明确的与所转让商品相关的支付条款；④该合同具有商业实质，即履行该合同将改变企业未来现金流量的风险、时间分布或金额；⑤企业因向客户转让商品而有权取得的对价很可能收回。

对照上述条件，【例 8－1】中美的公司已将商品交付给乙公司，而且已经收到钱款，可以确认收入，计入“主营业务收入”科目。

（2）收入的计量。按照销售商品的交易价格计量收入，而不应是收到或应收的全部款项。增值税是价外税，是企业代第三方收取的款项，应当作为负债进行会计处理，不计入交易价格。【例 8－1】中美的公司应把收到乙公司支付的 452 万元区分为两部分：一是收入 400 万元；二是增值税销项税额 52 万元。

（3）确认销售收入的会计分录。

借：银行存款　　4 520 000

　　贷：主营业务收入——M 空调　　4 000 000

　　　　应交税费——应交增值税（销项税额）　　520 000

（4）结转销售成本的会计分录。该笔业务发生，企业除了确认收入外，还要按照配比原则而结转销售成本。

借：主营业务成本——M 空调　　3 500 000

　　贷：库存商品——M 空调　　3 500 000

三、赊销方式销售业务的核算

【例 8－2】 2×23 年 3 月 5 日，美的公司向丙公司销售 N 空调一批，开具增值税专用发票注明价款为 600 万元，增值税税额为 78 万元。该批商品的成本为 520 万元，提货单和增值税专用发票已交给乙公司。根据销售合同，丙公司承诺 3 个月内付款。

解析：

（1）确认销售收入。美的公司履约了销售合同规定的义务，获得了收款的权利，可以确认收入。美的公司应通过“应收账款”科目登记已形成但尚未收取的款项，其表现为企业的一种收款权利，是企业的资产，应编制会计分录如下：

借：应收账款——丙公司　　6 780 000
　　贷：主营业务收入——N空调　　6 000 000
　　　　应交税费——应交增值税（销项税额）　　780 000

（2）结转销售成本。

借：主营业务成本——N空调　　5 200 000
　　贷：库存商品——N空调　　5 200 000

（3）计算销售毛利。销售毛利是指销售收入扣除主营业务的直接成本后的利润部分，其中的直接成本不包括企业的管理费用、财务费用、销售费用、税收等。

销售毛利计算公式为：销售毛利 = 销售额（不含增值税）- 已售产品成本

N空调销售毛利 = 600 - 520 = 80（万元）

四、预收货款方式销售业务的核算

【例8-3】2×23年3月1日，美的公司与丁公司签订商品销售合同，约定如下：①美的公司向丁公司销售M空调一批，不含税售价1 000万元，增值税税率13%；②合同签订起三日内，丁公司向美的公司预付80%的货款；③美的公司收到预付款后15天内交付商品；④丁公司收到商品后三日内支付余款。

3月3日，美的公司收到丁公司支付的800万元；3月16日，美的公司将提货单和增值税专用发票交给丁公司；3月19日，美的公司收到丁公司支付的余款。该批商品的成本为900万元。

解析：

（1）3月1日，双方签订合同，明确权利与义务，尚未发生资金运动，财务部门可知晓但不作会计处理。

（2）3月3日，美的公司收到800万元预付款，资产增加；但商品尚未交付，不能确认收入，对应的是形成交付商品的义务，故确认一项负债，应编制会计分录如下：

借：银行存款　　8 000 000
　　贷：预收账款——丁公司　　8 000 000

（3）3月16日，美的公司交付商品与发票，丁公司获得商品的控制权，满足收入确认条件，确认商品销售收入，同时冲减债权，应编制会计分录如下：

借：预收账款——丁公司　　11 300 000
　　贷：主营业务收入——M空调　　10 000 000
　　　　应交税费——应交增值税（销项税额）　　1 300 000

此时，“预收账款——丁公司”账户出现借方余额330万元，表明美的公司履行交付全部商品的义务后，除减少800万元的负债外，形成了一项对丁公司的债权，有权利向丁公司收取剩余款项330万元。

（4）3月19日，美的公司收到丁公司支付的余款 = 1 000 + 1 000 × 13% - 800 = 330万

元，应编制会计分录如下：

借：银行存款　3 300 000

　贷：预收账款——丁公司　3 300 000

至此，双方在此业务上的权利与义务都基本履行完毕，售后事宜依据销售合同的规定。

（5）结转销售成本，应编制会计分录如下：

借：主营业务成本——M 空调　9 000 000

　贷：库存商品——M 空调　9 000 000

第三节　销售与收款业务的控制

一、销售合同订立的合理性与有效性

销售合同是企业销售业务的基础。合同内容要公允、合理、有效，既要体现合同条款本身符合市场规则，又要符合企业的战略发展要求。在合理性方面，要求合同订立程序合理，是经过双方的平等协商与谈判确定的；合同内容合理遵循商业规范和惯例；合同条件合理地切合企业实际经营状况等。

合同有效性是保护合同双方合法权益和商业利益的根本要求。要求签订合同的形式要件完整、内容合法，而且履行了完备的内部审批程序。例如，合同中约定的赊销条件或者提供的销售折让与折扣是获得内部授权批准的。

二、发货装运的准确性与时效性

组织发货和装运是销售业务中一个承上启下的环节。若控制缺失，对内则可能导致企业资产失窃遭损，对外则可能因为发货品种、规格或数量不符，导致对客户的违约损失，甚至让企业蒙受信用损失和客户流失。为了保证发货装运的准确性与时效性，应做到：发货装运经过审批与验证，与销售合同一致；保证到货时间符合合同约定，货物发给指定地点的指定接收人。

三、销售收入的真实性与完整性

确保销售收入的真实性和完整性，就是要将所有真实的销售业务及时、准确地加以记录，完整地反映企业每一项销售业务的全过程，防止少记、漏记或有意不记所实现的销售收入，也不能虚增销售收入。

四、货款回收的安全性与及时性

销售业务的完成不单是售出商品，收回货款才是销售业务的目标实现和结束。只有确保货款完整、安全地收回，才能确认一项产品销售业务的真实实现。资金既有成本也有时间价值，及时收回就意味着降低企业资金成本和提供资金周转效率。确保货款回收的安全性与及时性，涉及销售与收款业务循环整个业务流程的各环节，包括客户的审慎选择、客户信用评定和合理的赊销政策、及时有效地组织发货与办理结算等。

五、销售与收款业务的关键控制点

销售与收款业务的关键控制点可以概括为：适当的不相容职务分离、正确的授权审批、预先编号凭证且充分记录、内部复核等。

1. 适当的不相容职务分离

企业应对销售、发货、收款三大环节分设不同部门共同完成，各部门各司其职，职责分离。各部门内部的不相容岗位也要分离，比如销售合同谈判与审批签订、货物的发送与出库记录、出纳与收款记账等。

2. 正确的授权

授权意味着指定职务或岗位方可审批或行动，还包括权限的大小程度。比如正式销售合同须由企业授权的有关人员签订、销售折扣的确定须由企业授权的有关人员审批等。

3. 预先编号凭证且充分记录

凭证预先编号可防止丢失或调换。销售与收款业务环节的凭证包括：客户订货单、销售合同、销售发票、发运凭证、主营业务收入明细账、银行存款日记账、应收账款明细账、应收账款对账单、收款凭证等。

4. 内部复核

部门内部安排业务执行以外的人员进行复核，既是一种检查、也是一种监督，可有效降低无意或有意的失误或错误。

第四节　销售与收款业务中的会计信息应用

一、账户与报表信息的应用

【例 8-4】东方公司是一家发展态势良好的家电企业，其主要的产品之一是空调。黄河公司是经常赊购其空调的客户，本月初黄河公司又准备跟东方公司销售部门赊购一批空调，其总价约为 800 万元。销售部门很想达成此笔业务，信用部门张主管向财务部门李主管咨询黄河公司的回款情况。据李主管提供的应收黄河公司的款项可知，截至上月末，“应收账款——黄河公司”明细账户为借方发生额为 500 万元，贷方发生额为 300 万元，借方余额 1 000 万元。自从 3 年前与黄河公司建立供销关系以来，有关黄河公司的应收账款明细账户借方余额一直在增加。

根据上述资料，回答以下问题：

（1）根据应收账款明细账户的信息，说明黄河公司的回款情况？

（2）信用部门张主管还要做哪些工作，以帮助他审批是否赊销该批空调？

解析：

（1）应收账款明细账的借方余额一直在增加，说明黄河公司的回款金额小于其赊购金额，上月的发生额也证明了这种情况。

（2）由于黄河公司的回款速度较慢且欠款余额较大，张主管应进一步收集信息，评估应收账款发生坏账的可能性，包括黄河公司的财务状况与还款意愿等。

二、销售与收款业务对财务报表的影响

【例8－5】长江公司是一家发展态势良好的家电企业，主要产品是净水器。本月初长江公司销售部门接到A客户的订单意向：拟采购净水器5 000台。长江公司的净水器报价为10 000元/台。A客户要求在长江公司报价的基础上优惠10%，并由长江公司承担运输费与保险费，同时提供3个月的信用期。长江公司预计运输费与保险费为80元/台。长江公司正常销售净水器的销售毛利率为20%，资金成本为5%，最低销售毛利率控制线为8%。

根据上述资料，回答以下问题：

(1) 如果长江公司接受该项订单，如期完成订单，并完成相关款项的收、付，会对长江公司哪些报表项目的金额产生影响？

(2) 长江公司是否应接受A客户的该项订单？

解析：

(1) 长江接受并完成该项订单，同时完成相关款项的收、付，会对长江公司以下报表项目的金额产生影响：

①确认销售收入并收到款项，将会增加资产负债表货币资金和应交税费项目金额，增加利润表营业收入项目金额，进而增加营业利润项目金额，增加现金流量表销售商品、提供劳务收到现金项目金额；

②结转销售成本，将会减少资产负债表存货项目金额，增加利润表营业成本项目金额，进而减少营业利润项目金额；

③支付运费及保险费，将会减少资产负债表货币资金项目金额，增加利润表销售费用项目金额，进而减少营业利润项目金额，增加现金流量表购买商品、接受劳务支付现金项目金额。

(2) 计算该订单的实际销售毛利率，若大于企业最低销售毛利率控制线，则可接受该项订单。

①A客户拟支付的货款 $=5\ 000\times10\ 000\times(1-10\%)=4\ 500$（万元）

②甲公司销售商品的总成本：

a. 商品成本 $=5\ 000\times10\ 000\times(1-20\%)=4\ 000$（万元）

b. 运输费与保险费 $=5\ 000\times80=40$（万元）

c. 信用期的资金成本 $=4\ 500\times(1+13\%)\times5\%\times3\div12=63.56$（万元）

总成本 $=4\ 000+40+63.56=4\ 103.56$（万元）

③甲公司的实际销售毛利 $=4\ 500-4\ 103.56=396.44$（万元）

甲公司的实际销售毛利率 $=396.44\div5000=7.93\%<8\%$

④由于甲公司销售该产品的实际毛利率低于最低毛利率控制线，所以不能接受A客户提出的条件。建议与A客户谈判：降低优惠力度；或者运输保险费由客户承担；或者现金销售。

【例8－6】丙公司销售部门接到B客户建设通讯基站的意向，总投资额约为2亿元，其中基建部分约1.2亿元、通信设备约0.8亿元。B客户还提供了其财务资料，基本情况如下：

(1) 资产总额为20亿元，负债合计为8亿元；

（2）货币资金余额为 1 亿元，应收款为 0.7 亿元，应付款为 1.5 亿元。

（3）年营业收入为 5 亿元，净利润为 0.5 亿元。

根据上述资料，丙公司销售部门该如何处理？

解析：

B 客户的实力比较强，负债不高；盈利能力不错；但货币资金不足；应收款远小于应付款，市场地位有待进一步研究。B 客户资金比较紧张，如果丙公司提供销售融资，或许可以拿下订单，并获取较高的收益。例如，丙公司提出销售方案：基建与设备报价 2 亿元，提供 1 亿元的销售融资，3 年期，年利率 10%，以基站固定资产作为抵押，以 B 客户其他资产与基站营业收入作为担保。

思考与练习

一、思考题

1. 销售与收款业务涉及哪些部门？如何分工的？
2. 如何理解销售合同具有商业实质？
3. 收入与收款有什么联系与区别？
4. 如何在销售与收款业务中贯彻“不相容职务分离”原则？
5. 销售与收款业务对财务报表有哪些影响？
6. 如何在销售与收款业务中运用会计知识？

二、选择题

1. 下列各项中，企业商品销售收入确认的基础是（　　）。

A. 权责发生制　　B. 配比性

C. 谨慎性　　D. 可比性

2. 下列各项中，属于确认销售商品收入时必须满足的条件是（　　）。

A. 已将商品交付给物流公司　　B. 已开具销售发票

C. 客户取得相关商品控制权　　D. 已向购货方收取货款

3. “主营业务成本”账户按用途和结构分类属于（　　）。

A. 费用类账户　　B. 资产类账户

C. 成本类账户　　D. 权益类账户

4. 应收账款产生的主要原因是（　　）。

A. 现销　　B. 赊销

C. 现购　　D. 赊购

5. 某企业销售商品一批，增值税专用发票注明的货款为 60 万元，增值税为 7.8 万元，为购买方代垫的运杂费为 2 万元，款项尚未收回，则企业确认计量的应收账款为（　　）万元。

A. 60　　B. 62

C. 67.8　　D. 69.8

6. 某企业销售商品一批，增值税专用发票注明的价款为 60 万元，增值税税额为 7.8 万元，为购买方代垫的运杂费为 2 万元，款项尚未收回，则企业应确认计量的销售收入为（　　）万元。

A. 60　　B. 62

C. 67.8　　D. 69.8

7. 下列各项中，属于“主营业务收入”账户核算内容的经济业务是（　　）。

A. 收到客户支付的款项　　B. 发出商品的成本

C. 收到的增值税　　D. 销售库存商品的价款

8. 2×23 年 10 月 8 日，某企业销售商品 100 件，增值税专用发票注明的价款为 100 000 元，增值税税额为 13 000 元，该企业为了及早收回货款而在合同中规定的现金折扣条件为：2/10、1/20、N/30，假设计算现金折扣时不考虑增值税。如果买方在 2×23 年 10 月 24 日付款，该企业实际收款金额应为（　　）元。

A. 13 000　　B. 100 000

C. 112 000　　D. 113 000

9. 在下列收入或利得项目中，与计算营业利润无关的有（　　）。

A. 主营业务收入　　B. 其他业务收入

C. 营业外支出　　D. 销售费用

10. 2×23 年 6 月 9 日，甲公司向乙公司销售一批商品，增值税专用发票上注明价款为 20 万元，增值税税额为 2.6 万元；该批商品成本为 16 万元。甲公司在销售该批商品时已得知乙公司资金周转发生暂时困难，但为了减少存货积压，同时为了维持与乙公司长期以来建立的商业关系，甲公司仍将商品发出。甲公司销售该批商品的纳税义务已经发生，不考虑其他因素，下列说法正确的是（　　）。

A. 甲公司应在发出商品当日确认主营业务收入 20 万元

B. 甲公司应在发出商品当日确认主营业务成本 16 万元

C. 甲公司在发出商品当日不需确认增值税销项税额

D. 甲公司应在发出商品时，借记“发出商品”16 万元

11. 下列各项中，关于“预收账款”科目表述正确的是（　　）。

A. 属于资产类会计科目　　B. 属于负债类会计科目

C. 未来一定会导致现金流出企业　　D. 未来一定会导致现金流入企业

12. 下列各项中，关于销售与收款循环业务中的内部控制表述存在缺陷的是（　　）。

A. 对于超过既定销售政策和信用政策规定范围的特殊销售业务，采用集体决策方式

B. 在销售发生之前，赊销已经适当审批

C. 销售价格、条件、折扣由销售人员根据客户情况进行谈判并签订合同

D. 未经批准的销售业务不允许发货

13. 甲公司向国外乙公司销售一批商品，合同标期价为 400 万元。在此之前，甲公司从未向乙公司所在国家的其他客户进行过销售，乙公司所在国家正在经历严重的经济危机。甲公司预计不能从乙公司收回全部的对价金额，而是仅能收回 350 万元。尽管如此，甲公司预计乙公司所在国家的经济情况将在未来 2 至 3 年内好转，且甲公司与乙公司之间建立的良好关系将有助于其在该国家拓展其他潜在客户。甲公司能够接受乙公司支付低于合同对价的金额，即 350 万元，且估计很可能收回该对价。甲公司销售该商品的交易价格为（　　）

万元。

A. 400　　B. 50

C. 0　　D. 350

14. 下列被审计单位销售交易相关的内部控制设计错误的是（　　）。

A. 登记主营业务收入明细账的人员与登记应收账款明细账的人员相互分离

B. 销售部门经理负责客户的赊销额度审批

C. 由出纳、应收账款和主营业务收入记账员以外的人员按月向客户寄发对账单

D. 应收票据的取得和贴现由保管票据以外的主管人员书面审批

15. 在工业企业下列活动形成的经济利益流入中，构成其主营业务收入的有（　　）。

A. 销售产成品　　B. 销售半成品

C. 销售原材料　　D. 出租房屋

16. 在下列活动形成的经济利益流入中，构成其营业收入的有（　　）。

A. 销售产成品　　B. 销售半成品

C. 销售原材料　　D. 出租生产设备

17. 企业因销售商品发生的应收账款，其入账价值应当包括（　　）。

A. 销售商品的价款　　B. 增值税销售税额

C. 代购买方垫付的运杂费　　D. 销售人员差旅费

18. 下列各项中，属于收入确认与计量的五步法模型包括的程序有（　　）

A. 识别与客户订立的合同　　B. 识别合同中的单项履约义务

C. 确定交易价格　　D. 将交易价格分摊至各单项履约义务

E. 在履行每一单项履约义务时确认收入

三、业务题

1. 2×23 年 6 月 8 日，美华公司向甲公司赊销一批商品，商品成本 80 000 元，不含税售价 110 000 元，增值税税率为 13%。美华公司已开出发票账单，并按照合同约定的品种和质量发出商品。甲公司已将该商品验收入库，同时取得对该批商品的控制权。商品赊销期限为 30 天，美华公司赊销商品时即获得对合同对价的无条件收款权利。

（1）6 月 8 日，发出商品实现收入并结转销售成本；

（2）7 月 8 日，收回货款。

要求：不考其他因素，根据上述资料编制会计分录

2. 南方公司为增值税一般纳税人。采购产成品一批，取得增值税专用发票注明价款为 1 000 000 元，增值税税额为 130 000 元。另承担运杂费 3 000 元。开出一张商业承兑汇票（不带息）结清所有款项。南方公司将上述产品卖出，开具增值税专用发票注明价款为 1 200 000 元，增值税税额为 156 000 元。款项暂未收到。

要求：根据上述资料，完成以下任务。

（1）编制采购业务的会计分录。

（2）编制销售业务、结转成本业务的会计分录。

（3）计算上述采购、销售业务实现的毛利润是多少？

（4）根据上述业务，计算实际要上缴的增值税是多少？编制用银行存款缴纳增值税的会计分录。

(5) 不考虑期初余额等，用“T”型账户登记“应交税费——应交增值税”，并结出本期发生额与余额。

四、案例分析题

小米公司是中国一家以智能手机、智能硬件和IoT平台为核心的消费电子及智能制造公司。创立至今，小米已成为全球领先的智能手机品牌之一，智能手机全球出货量稳居全球前三。

某天，小米公司销售部门正在如同以往那样核对销售数据。忽然，有人提醒了一句：调拨到印度的小米手机4似乎出货流速特别慢。雷军马上向印度团队要来了销售数据。宋嘉宁清晰地记得，雷军的面部表情从舒缓变成了愤怒，那种愤怒，在他身上其实很少见。雷军不由自主地提高了嗓音：“天啊，每周的流速这么慢，你们是积攒了多少库存？这么大的事情怎么不早说？”会议室里的所有人陷入了可怕的沉默。据查，到开会这天，这批手机在印度已经囤积了50万部库存，按照每部2 000元的成本计算，库存的总额就是10亿元。

小米公司某销售主管为了开拓印度尼西亚市场，签了一份经销商保底合同。合同规定：如果经销商收不到零售商的货款，将由小米公司进行保底支付。没有想到的是，与经销商合作的印度尼西亚商家最终关门大吉，没有办法支付货款给经销商了，小米公司因为合同上的这句话只能进行保底支付，损失了600万美元。

小米公司销售部门与国外C客户谈判时，发现该国政府要额外征收20%的关税。C客户提出如果由买方承担关税，则商品交易价格要优惠20%。小米公司产品的毛利率为20%，如果由小米公司承担关税或者商品价格优惠20%，那将意味着亏损。

根据上述资料，回答以下问题：

(1) 小米公司在印度市场的手机库存总额达到10亿元，雷军为什么感到愤怒？

(2) 如何评价小米公司销售主管签订的经销商保底合同？

(3) 小米公司销售部门要怎样处理关税负担？

第九章　企业行政部门业务

“各级干部要相互知晓，财务干部要懂些业务，业务干部要知晓财务管理。有序开展财经与业务的干部互换及通融，财务要懂业务，业务也要懂财务，混凝土结构的作战组织，才能高效、及时、稳健地抓住机会点，在积极进攻中实现稳健经营的目标，使公司推行的LTC、IFS能真正发挥作用。”

——任正非，华为公司创始人，美国《时代》杂志全球100位最具影响力人物

学习目标

1. 了解企业行政部门业务的流程
2. 掌握企业行政部门业务的基本核算方法
3. 掌握企业行政部门业务的关键控制点
4. 理解企业行政部门业务中的会计信息应用

本章重点

期间费用的确认与计量；关键控制点。

本章内容提要

▷企业行政部门业务的定义与流程
▷企业行政部门业务的核算
▷企业行政部门业务的控制
▷企业行政部门业务中的会计信息应用

课堂思政

党的二十大报告中提到：必须坚持系统观念。万事万物是相互联系、相互依存的。只有用普遍联系的、全面系统的、发展变化的观点观察事物，才能把握事物发展规律。我国是一个发展中大国，仍处于社会主义初级阶段，正在经历广泛而深刻的社会变革，推进改革发展、调整利益关系往往牵一发而动全身。我们要善于通过历史看现实、透过现象看本质，把握好全局和局部、当前和长远、宏观和微观、主要矛盾和次要矛盾、特殊和一般的关系，不断提高战略思维、历史思维、辩证思维、系统思维、创新思维、法治思维、底线思维能力，

为前瞻性思考、全局性谋划、整体性推进党和国家各项事业提供科学思想方法。企业行政部门业务属于企业管理活动之一，虽与企业制造过程间接相关，但也在企业的发展中发挥了十分重要的作用，我们要坚持系统观念，把企业行政部门业务涉及费用类的会计信息在企业经济效益的衡量中全局性考虑，为企业的长远发展提供科学思想方法。

第一节 企业行政部门业务的内容

一、企业行政部门业务的定义

企业行政部门业务主要涉及管理部门、财务部门与销售部门所发生的各类业务。一般而言，企业管理部门负责企业行政办公、会议安排、人员招聘、外访接待、物资采购等活动；财务部门则主要负责办理款项收支、费用报销、投融资和会计处理等；销售部门主要负责产品的推广、销售与售后服务等。企业行政部门业务发生时，相关的支出包括职工薪酬、物料消耗、低值易耗品摊销、办公费、差旅费、业务招待费以及固定资产修理费用等。

二、企业行政部门业务的流程

企业行政部门业务的办理流程一般包括事前审批、可能的借支款项、事中遵循预算规定、事后报告与报账等步骤，下面以企业常发生的费用报销流程为例进行介绍。

1. 事前审批

当企业行政部门人员因公需要出差时，应填写出差审批表，连同出差事由证明文件（如：会议邀请函等）一起交由部门负责人审批，如果超出部门负责人权限，还须经企业负责人审批。

2. 借支款项

如果出差所需费用金额较大，为避免自行垫支资金，企业行政部门人员可按照企业的财务制度事先向企业财务部门借支款项。借款人按规定在财务处填写《借款单》，注明借款事由、借款金额（大小写须完全一致，不得涂改）以及预计办理销账手续的时间。部门负责人进行真实性审核后，在借款单上签字。借款人将借款单交由财务部门对其完整性、规范性进行复核；若借支金额较大，超出部门负责人权限范围的，还须经企业负责人审批。借款人凭审批后的借款单到财务部办理领款手续。

3. 事中遵循预算规定

出差人员在出差过程中，其开销应遵循企业的预算规定。应按照企业的出差经费管理办法，根据其职务、职级购买相应等级的航空、铁路等交通工具的坐席，住宿标准不得超出企业制定的标准要求。

4. 事后报告与报账

出差人员结束出差返回后，应及时提交出差报告，并报销差旅费。出差人报销时，必须取得相应的合法票据且发票背面有经办人签名，并填写差旅费报销单，连同事前的出差审批表一同交由部门负责人进行真实性审核并签字；若报销金额较大，超出部门负责人权限范围的，还须经企业负责人审批；出差人再将报销单据交由财务部门对其合法性、合理性、完整性、准确性进行复核。出差人凭审批后的报销单在财务部门办理报销手续时，应结合之前是否借支款项，由财务人员进行多退少补结算该项业务的款项。

费用报销业务是企业常见的企业行政部门业务，业务流程如图 9－1 所示。

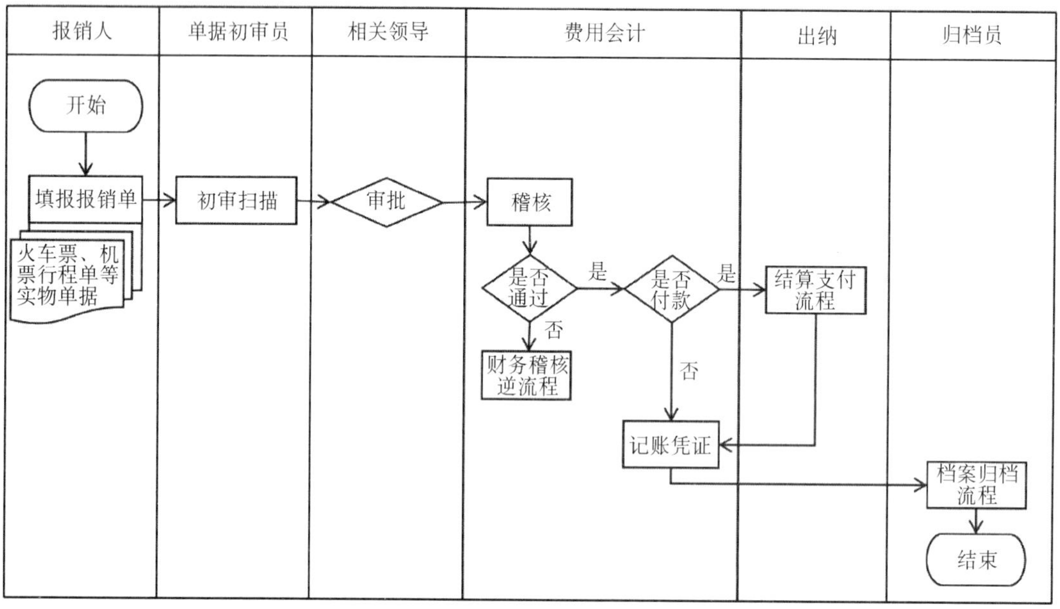

图 9－1　费用报销业务流程

第二节　企业行政部门业务的核算

一、企业行政部门业务的核算内容

企业行政部门业务的核算是指对企业行政部门发生各类业务的核算，相关费用分别计入管理费用、财务费用与销售费用三个账户。

管理费用是指企业为组织和管理生产经营发生的各种费用，包括：企业董事会和管理部门在企业的经营管理中发生的或者应由企业统一负担的公司经费（包括管理部门职工薪酬、修理费、物料消耗、低值易耗品摊销、办公费和差旅费等）、工会经费、董事会费（包括董事会成员津贴、会议费和差旅费等）、聘请中介机构费、咨询费（含顾问费）、诉讼费、业务招待费、房产税、车船使用税、土地使用税、印花税、技术转让费、矿产资源补偿费、研究费用、排污费等。

财务费用是指企业为筹集生产经营所需资金等而发生的筹资费用，包括利息支出、汇兑损益以及相关的手续费等。

销售费用是指企业销售商品和材料、提供服务的过程中发生的各种费用，包括企业在销售商品过程中发生的保险费、包装费、展览费和广告费、商品维修费、预计产品质量保证损失、运输费、装卸费等以及专设销售机构的职工薪酬、业务费、折旧费等经营费用。

二、管理费用的核算

（一）账户设置

企业应设置“管理费用”账户核算管理费用的发生和结转。“管理费用”账户借方登记企业发生的各项管理费用，贷方登记期末转入“本年利润”账户的管理费用，结转后，“管理费用”账户应无余额。本账户可根据费用类别设置明细科目进行核算。“管理费用”账户的结构，如图 9－2 所示。

管理费用

本期发生的管理费用	期末转入本年利润账户

图 9－2　“管理费用”账户结构

（二）业务核算

1. 借支款项

【例 9－1】 2×23 年 4 月 3 日，职工李明因出差预借差旅费 5 000 元，以现金付讫。

解析：本例中，由于李明尚未出差，根据权责发生制的要求，企业不能在 2×23 年 4 月 3 日确认差旅费，该项业务为职工向企业借支款项，对于企业而言，形成一项债权，应编制会计分录如下：

借：其他应收款——李明　　5 000

　　贷：库存现金　　5 000

该笔业务将会引起企业资产负债表货币资金项目减少 5 000 元，其他应收款项目增加 5 000 元，属于资产项目内部一增一减，资产总额保持不变。

2. 报销费用

【例 9－2】 承例 9－1，2×23 年 4 月 8 日，李明出差归来，报销差旅费 4 500 元，余款退回。

解析：本例中，李明通过提交差旅费报销单以及火车票、住宿费发票等单据报销差旅费，相关单据证明李明已完成出差业务，根据权责发生制的要求，企业应承担差旅费 4 500 元，而李明在 4 月 3 日借支了 5 000 元，尚余 500 元，归还给企业，因而企业收到退回的 500 元现金，应编制会计分录如下：

借：管理费用——差旅费　　4 500

　　库存现金　　500

　　贷：其他应收款——李明　　5000

该笔业务将会导致企业利润表管理费用项目增加 4 500 元，进而引起营业利润项目减少 4 500 元；同时，资产负债表项目中的货币资金项目增加 500 元，其他应收款项目减少 5 000 元。

【例 9－3】 2×23 年 4 月，美的公司企业行政部门共发生费用 168 000 元，其中：企业行政部门人员薪酬 150 000 元；报销因公发生的业务招待住宿费 6 000 元（假定报销人员均未借支款项），其他办公、水电费 12 000 元（均用银行存款支付）。不考虑增值税等因素，应编制会计分录如下：

借：管理费用——员工薪酬　150 000
　　　　——业务招待费　6 000
　　　　——办公费　12 000
　贷：应付职工薪酬　150 000
　　　库存现金　6 000
　　　银行存款　12 000

该笔业务将会导致企业当期利润表管理费用项目增加 168 000 元，进而引起营业利润项目减少 168 000 元；同时，资产负债表项目中的货币资金项目减少 18 000 元，应付职工薪酬项目增加 150 000 元。

【例 9－4】 2×23 年 4 月 13 日，美的公司购入一批办公用品，取得增值税专用发票注明的价款为 1 000 元，增值税税额为 130 元，以转账支票支付价税款，该批办公用品已被企业行政部门领用。

解析：本例中，该批该批办公用品已被企业行政部门领用，由于金额较小，可一次性计入管理费用，应编制会计分录如下：

借：管理费用——办公费　1 000
　　应交税费——应交增值税（进项税额）　130
　贷：银行存款　1 130

【例 9－5】 2×23 年 4 月 30 日，美的公司计提管理部门固定资产折旧 50 000 元，摊销管理部门用无形资产成本 70 000 元。

解析：本例中，由于管理部门使用固定资产和无形资产，导致固定资产及无形资产的价值减少，根据权责发生制的要求，企业应确认费用，企业行政管理部门的耗费计入管理费用，应编制会计分录如下：

借：管理费用——折旧及摊销　120 000
　贷：累计折旧　50 000
　　　累计摊销　70 000

该笔业务将会导致企业当期利润表管理费用项目增加 120 000 元，进而引起营业利润项目减少 120 000 元；同时，累计折旧、累计摊销分别作为固定资产及无形资产的备抵调整账户，将导致资产负债表项目中的固定资产项目减少 50 000 元，无形资产项目减少 70 000 元。

三、财务费用的核算

企业应设置“财务费用”账户核算财务费用的发生结转。“财务费用”账户借方登记企业发生的各项财务费用，贷方登记期末转入“本年利润”账户的财务费用，结转后，“财务费用”账户应无余额。本账户可根据费用类别设置明细科目进行核算。“财务费用”账户的结构，如图 9－3 所示。

财务费用

本期发生的财务费用	期末转入本年利润账户

图 9－3　“财务费用”账户结构

【例9－6】2×23年4月1日，美的公司从银行借入生产经营用短期借款3 000 000元，期限6个月，年利率3.6%，该借款本金到期后一次归还，利息按月支付（假设不考虑增值税，只进行月末利息支出的会计处理）。

解析：按照权责发生制的要求，在借款期限内，每月末，美的公司应将该笔短期借款产生的利息费用9 000元（3 000 000×3.6%÷12）确认为财务费用，并支付该月的利息费用，应编制会计分录如下：

借：财务费用——利息费用　　9 000

　　贷：银行存款　　9 000

该笔业务将会导致企业当期利润表财务费用项目增加9 000元，进而引起营业利润项目栏减少90 000元；同时，导致资产负债表项目中的货币资金项目减少9 000元。

四、销售费用的核算

企业应设置“销售费用”账户核算销售费用的发生结转。“销售费用”账户借方登记企业发生的各项销售费用，贷方登记期末转入“本年利润”账户的销售费用，结转后，“销售费用”账户应无余额。本账户可根据费用类别设置明细科目进行核算。“销售费用”账户的结构，如图9－4所示。

销售费用

本期发生的销售费用	期末转入本年利润账户

图9－4　“销售费用”账户结构

【例9－7】2×23年4月10日，美的公司为宣传新产品发生广告费，取得增值税专用发票上注明的价款为1 000 000元，增值税税额为60 000元，价税款项以银行存款支付。

解析：按照权责发生制的要求，美的公司应在业务发生的当月，按照增值税专用发票上注明的广告费价款1 000 000元确认为销售费用，将增值税税额确认为进项税额，应编制会计分录如下：

借：销售费用——广告费　　1 000 000

　　应交税费——应交增值税（进项税额）　　60 000

　　贷：银行存款　　1 060 000

该笔业务将会导致企业当期利润表销售费用项增加1 000 000元，进而引起“营业利润”项目减少1 000 000元；同时，导致资产负债表项目中的货币资金项目减少1 060 000元，应交税费项目减少60 000元。

【例9－8】2×23年4月，美的公司专设的销售公司共发生费用700 000元，其中：销售人员薪酬500 000元，销售公司专用办公设备和房屋的折旧费80 000元，业务费120 000元（用银行存款支付），假设不考虑其他因素。

解析：按照权责发生制的要求，美的公司专设的销售公司4月发生的人员薪酬、固定资产折旧费用、业务费均应确认为4月份的销售费用，应编制会计分录如下：

借：销售费用　　700 000

贷：应付职工薪酬　　500 000

　　累计折旧　　80 000

　　银行存款　　120 000

该笔业务将会导致企业利润表销售费用项目增加 700 000 元，进而引起营业利润项目减少 700 000 元；同时，导致资产负债表项目中的货币资金项目减少 120 000 元，固定资产项目减少 80 000 元，应付职工薪酬项目增加 500 000 元。

第三节　企业行政部门业务的控制

一、借支款项的控制点

（1）一定限额以下支出不予借款；

（2）同类性质的借款前款不清、后款不借；

（3）遵循“谁执行谁借款、谁借款谁还款”原则，不得有他人代借及代还款；

（4）借款遵循严格审批原则；

（5）借款用途描述需清晰，如有合同，需上传合同以供审核；

（6）借款人员应及时报账，除周转金外其他借款不允许跨月借支。

二、报销费用的控制点

（1）按照计划管理，分级负责的原则，由部门负责人负责本部门人员费用报销的真实性、合理性的审核，由财务部门对报销票据的合法性、可行性及合理性进行审核，最后按照企业金额权限的要求，大额费用报销还须由企业负责人进行最后的审核批准；

（2）一切费用支出应按先申请、后办理的原则进行，对未进行申请审批的费用开支不予报销，特殊情况需经企业负责人批准；

（3）所有费用支出报销原则上依据财务审核、相关负责人批准的资金权限凭有效票据实报实销，报销人员所报销的费用支出必须真实合规，严禁和杜绝弄虚作假行为；

（4）报销人员必须凭真实、合规、有效的原始单据报销，所持票据必须是国家税务机关统一印制的票据并要填写完整数字清楚，严禁和杜绝白条入账和费用支出项目与所付票据不符以及其他违规行为；

（5）报销人在填写“报销单”时，应遵循“实事求是、准确无误”的原则，将费用的发生原因、发生金额、发生时间等要素填写齐全，并签名。报销单的填写一律不得涂改，尤其是费用金额，必须保证金额的大、小写保持一致，否则无效。

（6）报销人应当在业务发生过程中，充分取得费用的相关单据，如合约或协议、合法的票据等，如因未能取得合法的票据而受到财务人员剔除的部分支出，原则上不予报销，由当事人自行负责；

（7）在报销差旅费时，应注意差旅费报销单的相关信息（如：出差人员、路线、日期安排等）应与出差审批表中的信息相一致，特别是出差行程的日期应具有连贯性，各程的交通、停留的时间应与住宿时间相一致；

(8) 在采购办公用品业务中，验收人应对照采购申请、采购发票、采购清单进行逐一清点、验收，在清点过程中应关注验收入库商品的数量、质量、单价的真实性、合理性、准确性；

(9) 借款销账时，应以借款申请单为依据，据实报销，超出申请单记载使用范围的，需详细说明情况并提供证明资料，并经企业负责人批准，否则财务人员有权拒绝销账；

(10) 在会计信息化条件下，通过费用报销方式冲销借款时，必须关联借款单下推生成费用报销单，以保证对应借款单及时核销。

三、采购办公用品的控制点

1. 职责分工与授权的控制

企业应该建立办公用品采购与付款业务的岗位责任制，明确相关部门和岗位的职责、权限，确保办理采购与付款业务的不相容岗位相互分离、制约和监督：请购人员与审批人员分离；询价人员与确定供应商人员分离；采购合同的订立人员与审核人员分离；采购、验收人员与相关会计记录人员分离；付款的申请、审批人员与执行付款人员分离。

2. 授权与审批的控制

企业应该建立办公用品采购与付款业务的授权和审核批准制度，并按照规定的权限和程序办理办公用品采购与付款。首先，企业应建立完整的采购登记制度，加强请购手续、采购订单、验收证明、入库凭证、采购发票等文件和凭证的相互核对工作；其次，建立采购申请制度，确定归口管理部门，授予相应的请购权，并明确相关部门和人员的职责及相应的请购程序；最后，加强办公用用品采购的预算管理，对于预算内采购项目，具有请购权的部门应当严格按照预算执行进度办理请购手续，超预算和预算外的采购项目，具有请购权的部门应当对需求部门提出的申请进行审核后再行办理请购手续。

3. 采购与验收的控制

企业应该建立健全采购与验收环节的管理制度，对采购方式确定、供应商选择、验收程序等做出明确规定，确保采购过程的透明化；建立供应商评价制度，由相关部门对供应商进行评价，并根据评价结果对供应商进行调整；对紧急、小额零星采购的范围、供应商的选择做出明确规定。严格执行验收制度，应当根据规定的验收制度和经批准的订单、合同等采购文件，指定专人对所购办公用品的品种、规格、数量、质量和其他相关内容进行验收，并出具验收证明，对验收过程中发现的异常情况，负责验收的部门或人员应当立即向以后管部门报告，有关部门应当查明原因，及时处理。

4. 付款的控制

企业应当按照《现金管理暂行条例》《支付结算办法》等相关规定办理办公用品采购付款业务。企业会计部门在办理付款业务时，应当对采购合同约定的付款条件以及采购发票、结算凭证、验收证明等相关凭证的真实性、完整性、合法性及合规性进行审核；加强应付账款的管理，由专人按照约定的付款日期、折扣条件等管理应付款项。

四、利息支付的控制点

企业应当恪守信息用，按期支付银行借款的利息，并指定专人对不同银行借款支付利息的日期分别在利息支付备忘录上予以记账，防止可能发生的违约事件，对于企业在利息支付日前筹备一定金额的库存现金也能起到保证作用。

第四节　企业行政部门业务中的会计信息应用

一、账户与报表信息的应用

【例 9－9】 美的公司 2×23 年第一季度实现销售收入为 825.04 亿元，发生销售费用 74.57 亿元；2×22 年第一季度实现销售收入为 580.13 亿元，发生销售费用 56.57 亿元。要求：评价美的公司 2×23 年第一季度销售费用绩效。

解析：企业一般使用销售费用率来对销售费用管理进行绩效评价，销售费用率＝销售费用÷销售收入，费用率高则意味者企业获利低，所以该指标越低越好。

（1）2×22 年第一季度销售费用率＝56.57÷580.13＝9.75%

（2）2×23 年第一季度销售费用率＝74.57÷825.04＝9.04%

（3）通过计算可知，美的公司 2×23 年第一季度的销售费用率同比下降 0.71%，意味着企业获利能力更强，销售部门对于销售费用的利用有所提高。但是，与此同时也不能认定 2×22 年第一季度销售费用的管理比 2×23 年第一季度差，由于疫情的影响，全球在 2×22 年初开始，经济开始陷入低迷，我国也存在同样的情况，企业为了维持原有的市场份额，投入更多的销售费用，造成获利能力下降也是情有可原的。

二、企业行政部门业务对财务报表的影响

【例 9－10】 小张大学毕业后到一家制造业公司做会计工作中，其工作内容的会计核算。刚工作不久，其会计主管李主管就小张做的上一季度利润表情况提出了疑问：为什么该利润表中三项期间费用的金额为何是这样：财务费用和销售费用为 0 元，管理费用占营业收入的比例为 60%。小张平时只管尽快完成工作，没有考虑到特殊的金额也会引起领导的高度重视。但是针对领导的提问，小张只好结合自己的经验与能力回答李主管：上个季度没有新增的筹资，因而没有筹资费用，也没有做广告宣传，所以财务费用与销售费用为 0 元。管理费用占比高，是因为公司全部部门那些水电费用、办公费、差旅费等相关费用都计入了管理费用，所以占的比例较高。听了小张的回答，李主管有些失望，于是叫小张重新核实这三项期间费用的金额。

根据上述资料，回答以下问题：

（1）小张对三项期间费用的描述是否正确？

（2）上述三项费用的金额对利润表可能产生什么影响？

（3）如果你是小张，你将怎样核实上述三项期间费用的金额？

解析：

（1）小张对三项期间费用的描述不够全面。管理费用是指企业为组织和管理生产经营发生的各种费用，包括：企业董事会和管理部门在企业的经营管理中发生的或者应由企业统一负担的公司经费（包括管理部门职工薪酬、修理费、物料消耗、低值易耗品摊销、办公费和差旅费等）、工会经费、董事会费（包括董事会成员津贴、会议费和差旅费等）、聘请

中介机构费、咨询费（含顾问费）、诉讼费、业务招待费、房产税、车船使用税、土地使用税、印花税、技术转让费、矿产资源补偿费、研究费用、排污费等。财务费用是指企业为筹集生产经营所需资金等而发生的筹资费用，包括利息支出、汇兑损益以及相关的手续费等。销售费用是指企业销售商品和材料、提供服务的过程中发生的各种费用，包括企业在销售商品过程中发生的保险费、包装费、展览费和广告费、商品维修费、预计产品质量保证损失、运输费、装卸费等以及专设销售机构的职工薪酬、业务费、折旧费等经营费用。

（2）上述三项期间费用的金额对利润表的影响主要是反向影响，三项期间费用越大，利润总额越小；反之，三项期间费用越小，利润总额越大。

（3）首先核查三项期间费用的确认是否正确，然后再进行分类核算。

思考与练习

一、思考题

1. 企业行政部门业务的核算包括哪些内容？
2. 如何理解期间费用与生产费用的不同？
3. 怎样组织期间费用的核算？
4. 期间费用发生如何影响财务会计报表的变化？

二、选择题

1. 下列各项中，关于期间费用表述错误的是（　　）。

A. 期间费用是企业当期发生费用的重要组成部分

B. 包括管理费用

C. 包括财务费用

D. 期间费用不应计入当期损益

2. 企业购买空白支票支付的工本费，应记入的会计科目是（　　）。

A. 管理费用　　B. 财务费用

C. 制造费用　　D. 销售费用

3. 企业通过银行结算系统跨行转账支付的手续费，应计入的会计科目是（　　）。

A. 管理费用　　B. 财务费用

C. 制造费用　　D. 销售费用

4. 企业因法律纠纷发生诉讼费，应记入的会计科目是（　　）。

A. 管理费用　　B. 财务费用

C. 制造费用　　D. 销售费用

5. 下列各项中，期间费用发生直接引起利润表变化的项目是（　　）。

A. 营业利润　　B. 利润总额

C. 所得税　　D. 净利润

6. 下列各项中，关于期间费用发生引起资产负债相关项目变化表述正确的是（　　）。

A. 资产增加　　B. 负债减少

C. 所有者权益增加　　D. 未分配利润减少

7. 下列各项中，关于企业行政部门业务表述正确的有（　　）。
A. 部门负责人因公出差，填制出差审批表后，可自行审批出差审批表
B. 在报销差旅费时，应注意差旅费报销单的相关信息应与出差审批表中的信息相一致
C. 出差人员可按照企业的财务制度事先向企业财务部门借支差旅费
D. 在出差过程中应严格执行企业制定的交通坐席等级以及住宿标准
8. 下列各项中，应在发生时直接确认为期间费用的有（　　）。
A. 管理人员工资支出　B. 广告费支出
C. 固定资产安装工人工资支出　D. 专设销售机构的职工工资支出
9. 下列各项中，属于期间费用的有（　　）。
A. 管理费用　B. 财务费用
C. 制造费用　D. 销售费用
10. 下列各项中，应在发生时直接确认为期间费用的有（　　）。
A. 专设销售机构固定资产的折旧费　B. 业务招待费
C. 管理人员差旅费　D. 车间管理人员薪酬
11. 下列各项中，应计入管理费用的有（　　）。
A. 销售部门固定资产折旧费　B. 离退休人员工资
C. 发生坏账损失　D. 董事会会费
12. 下列各项中，应计入销售费用的有（　　）。
A. 业务招待费　B. 专设销售机构的人员工资
C. 销售商品由销售方承担的运费　D. 销售材料发生的材料成本
13. 下列各项中，应通过"财务费用"账户核算的有（　　）。
A. 利息费用　B. 利息收入
C. 金融机构手续费　D. 财务部门人员工资
14. 下列各项中，企业行政部门业务发生可能会引起现金流量表变化的项目有（　　）。
A. 支付的与其他经营活动有关的现金
B. 支付的各项税费
C. 支付给职工以及为职工支付的现金
D. 分配股利、利润或偿还利息所支付的现金

三、业务题

1. 2×23 年 4 月，甲企业发生部分经济业务如下：
（1）应分配专设销售机构的职工工资 100 000 元；
（2）用银行存款支付产品广告费 50 000 元；
（3）用现金支付应由甲企业负担的销售 A 产品的运输费 900 元；
（4）通过转账支票支付东盟博览会展览费 20 000 元；
（5）企业行政部主任张三借支差旅费 8 000 元，以现金付讫；
（6）计提固定资产折旧费 50 000 元，其中：企业管理部设备折旧费 30 000 元，财务部设备折旧费 20 000 元；
（7）零星采购办公用品，取得增值税专用发票注明价款 500 元，增值税税额 65 元，已由企业管理部领用，款项尚未支付；

（8）张三报销差旅费 9 500 元，差额部分以现金付讫；

（9）转账支付 2×22 年度财务会计报表审计费 5 000 元；

（10）以银行存款支付生产车间设备日常维修费 1 000 元；

（11）计提本月应负担短期借款利息 20 000 元；

（12）以银行存款支付业务招待费 1 500 元。

要求：

（1）不考虑相关税费及其他因素，根据上述资料编制会计分录。

（2）上述经济业务对甲企业 2×23 年 4 月会计报表产生哪些影响？

2. 乙企业 2×22 年管理费用、财务费用、销售费用的预算金额以及实际金额，如表 9－1 所示。

表 9－1　　乙企业利润表部分项目　　单位：亿元

项目	预算金额	实际金额
管理费用	25.91	29.62
财务费用	8.65	7.24
销售费用	94.47	84.64
销售收入	285.85	303.07

要求：对乙企业 2×22 年管理费用、财务费用、销售费用进行评价。

四、案例分析题

甲公司财务人员于 2×23 年 4 月 20 日完成 2×22 年的企业所得税汇算清缴工作，补缴了 52 000 元，4 月 27 日收到主管税务机关评估部门的电话，该公司 A104000 期间费用明细表中“管理费用”合计 1 098 万元，但是管理费用中“其他”项目达 1 020 万元，如表 9－2 所示。经税务稽查人员核查后发现，该公司财务人员将近千万元的礼品招待支出全部记入了“管理费用——其他”。

表 9－2　　A104000 期间费用明细表

行次	项目	销售费用	管理费用	财务费用
1	一、职工薪酬	略	500 000.00	略
2	二、咨询顾问费			
3	三、业务招待费		60 000.00	
4	四、广告费和业务宣传费			
5	五、佣金和手续费			
6	六、折旧摊销费		70 000.00	
7	七、办公费		50 000.00	
8	八、董事会费			
9	九、诉讼费			
10	十、差旅费		100 000.00	
11	……			
12	二十、其他		10 200 000.00	
13	合计（1＋2＋3＋…＋20）		10 980 000.00	

要求：根据上述资料，回答以下问题。

（1）分析甲公司财务人员将近千万元的礼品招待支出全部记入了“管理费用——其他”的原因是什么？

（2）甲公司该行为会产生哪些法律后果？

第十章　财务报表的编制

“项目经理和总经理一定要认真研究所管辖的项目，对项目每天的利息、费用、效益等要了然于胸；要懂得提前推进一天工作所增加的费用与产生的效益的对比，在守法前提下，力求效益最大化。”

——杨国强，碧桂园公司创始人，入选《财富》“中国最具影响力的50位商界领袖”

学习目标

1. 了解期末资产负债计量原则
2. 掌握期末会计事项的核算方法
3. 掌握财务报表的编制
4. 了解财务报表的审计

本章重点

期末资产负债的计量；期末会计事项的核算方法；财务报表的编制。

本章内容提要

▷ 期末资产负债计量
▷ 期末会计事项处理
▷ 财务报表的编制与披露
▷ 财务报表的审计

课堂思政

在党的二十大报告中，强调了“深化财税体制改革”，需要推动财务与会计制度改革，并优化财务管理机制，加强财务报表透明度，提高财务报表的标准化和规范化水平。财务报表是企业向外部用户提供的主要财务报告，反映了企业财务状况、经营成果和现金流量等信息。在党的二十大报告中还提到“推动建设健康稳定的资本市场”，财务报表有助于资本市场的透明度和稳定性的提高，也为投资者提供了重要的投资参考。在编制财务报表过程中，需要遵循财务管理原则和财务规范，确保财务报表的准确性和实用性。此外，在报告中还强调了，加强对国有企业财务报表的监督和审计，这也为进一步提高财务报表的规范化和透明度提供了有力的保障。

第一节　期末资产负债计量

一、谨慎性原则

谨慎性原则又称稳健性原则，要求企业对交易或者事项进行会计确认、计量和报告应当保持应有的谨慎，不应高估资产或者收益、低估负债或者费用。

在市场经济环境下，企业的生产经营活动面临着许多不确定性，如应收款项的可收回性、存货价值的波动性、固定资产的使用寿命、售出商品可能发生的退货或者返修等。根据会计信息质量的谨慎性要求，需要企业在面临不确定性因素的情况下做出职业判断时，应当保持应有的谨慎，充分估计到各种风险和损失，不应高估资产或者收益、低估负债或者费用。例如，要求企业在期末时对很可能发生的资产减值损失计提资产减值准备、对售出商品很可能发生的保修义务确认预计负债等，就体现了会计信息质量的谨慎性要求。

二、资产的期末计价

在历史成本计量属性下，资产按照其购置时支付的现金或现金等价物的金额，或者按照购置资产时所付出的对价的公允价值计量。所以，在账簿记录中反映的资产价值一般为其历史成本。根据会计信息质量的首要要求——可靠性要求，企业要如实反映符合确认和计量要求的会计要素及其他相关信息，保证会计信息真实可靠、内容完整，因此在会计期间终了，需要对资产的价值进行再计量，以保证会计信息的真实可靠。

（一）资产期末计价的原因

资产是指企业过去交易或者事项形成的、企业拥有或者控制的、预期会给企业带来经济利益的资源。资产的主要特征之一就是它必须能够为企业带来经济利益的流入，如果资产不能够为企业带来经济利益或者带来的经济利益低于其账面价值，那么该资产就不能够再予以确认，或者不能够再以原账面价值予以确认，否则就不符合资产的定义，也无法反映资产的实际价值，其结果会导致企业资产价值虚增和利润的虚增。所以，在期末当企业资产的可收回金额低于其账面价值时，则表明资产发生了减值，企业应当确认资产减值损失，并把资产的账面价值调减至可收回金额。可见资产减值是和资产计价相关的，是对资产计价的一种调整，企业所有资产发生减值时，原则上都应当及时加以确认和计量。

按照我国现行的资产减值准则的要求，企业应当在资产负债表日（一般为会计期间期末）判断资产是否存在减值迹象，如果有确凿证据表明资产存在减值迹象的，应当在资产负债表日进行减值测试，估计资产的可收回金额，当资产的可收回金额低于其账面价值时，就要确认资产减值准备。

（二）资产期末计价的一般原则

企业在对资产进行减值测试后，如果可收回金额的计量结果表明资产的可收回金额低于其账面价值的，应当将资产的账面价值减记至可收回金额，减记的金额确认为资产减值损失，计入当期损益；同时，计提相应的资产减值准备。企业当期确认的减值损失应当反映在其利润表中，而计提的资产减值准备应当作为相关资产的备抵项目，反映在资产负债表中，从而夯实企业资产价值，避免虚增资产与利润，如实反映企业的财务状况和经营成果。

（三）应收账款的期末计价

1. 应收账款期末计价要求

企业应当定期或者至少于每年年度终了，对应收款项进行减值测试，分析各项应收款项的可收回性，预计可能发生的减值损失。根据会计信息质量要求（重要性要求），应收款项单项金额为重大的，应当单独进行减值测试，有客观证据表明发生了减值的，应当以其未来现金流量低于账面价值的差额作为减值金额，据以计提坏账准备；应收款项单项金额为非重大的，可以单独进行减值测试，也可以与经单独测试后未减值的应收款项一起按类似信用风险特征划分为若干组合，再按这些应收款项组合在资产负债表日余额的一定比例预计减值金额，据以计提坏账准备。

2. 坏账准备核算方法

在会计实务中，经常使用的确定应收款项组合减值金额的方法为应收款项余额百分比法，是指按应收款项的期末余额和预计坏账比率计算确定减值金额，据以计提坏账准备的一种方法。资产负债表日，企业可按下列公式计算确定当期应计提的坏账准备金额：

当期应计提的坏账准备金额 = 以期末应收账款计算的减值金额 - 坏账准备科目原有贷方金额

或者：当期应计提的坏账准备金额 = 以期末应收账款计算的减值金额 + 坏账准备科目原有借方余额

其中：以期末应收款项计算的减值金额 = 应收款项期末余额 × 预计坏账比率

3. 坏账准备的账务处理

（1）账户设置。企业计提坏账准备，应设置“坏账准备”科目和“信用减值损失”科目核算。“坏账准备”科目是应收账款的备抵调整科目，其贷方登记企业计提的减值准备的金额、收回已核销的应收账款而恢复的坏账准备，借方登记冲减已计提的坏账准备、实际发生坏账损失；期末贷方余额反映企业已计提的坏账准备。“信用减值损失”科目属于损益类科目，其借方登记企业计提的坏账准备的金额，贷方登记企业冲减已计提坏账准备的金额；期末，应将本科目余额转入“本年利润”科目，结转后本科目无余额。“坏账准备”“信用减值损失”账户结构，如图 10-1、图 10-2 所示。

坏账准备	
冲减已计提坏账准备 实际发生坏账损失	当期计提的坏账准备 收回已转销的应收账款而恢复的坏账准备
	余：已计提但尚未转销的坏账准备

图 10-1　“坏账准备”账户结构

信用减值损失	
计提坏账时确认信用减值损失	冲减已计提坏账准备 期末结转至本年利润

图 10-2　“信用减值损失”账户结构

（2）计提坏账准备。根据前述的公式，如果计提坏账准备前，“坏账准备”科目无余额，应按以期末应收款项计算的减值金额计提坏账准备，借记“信用减值损失”科目，贷记“坏账准备”科目。如果计提坏账准备前，“坏账准备”科目已有贷方余额，应按以期末应收款项计算的减值金额大于“坏账准备”科目原有贷方余额的差额补提坏账准备，借记“信用减值损失”科目，贷记“坏账准备”科目；按以期末应收款项计算的减值金额小于“坏账准备”科目原有贷方余额的差额冲减已计提的坏账准备，借记“坏账准备”科目，贷记“信用减值损失”科目；本期以期末应收款项计算的减值金额等于“坏账准备”科目原有贷方余额时，不计提坏账准备。如果计提坏账准备前，“坏账准备”科目已有借方余额，应按以期末应收款项计算的减值金额与“坏账准备”科目原有借方余额之和计提坏账准备，借记“信用减值损失”科目，贷记“坏账准备”科目。经过上述会计处理后，各期期末“坏账准备”科目的贷方余额应等于以期末应收款项计算的减值金额。

【例 10－1】 美的公司采用应收款项余额百分比法计算确定应收账款的减值金额。根据以往的营业经验、债务单位的财务状况和现金流量情况，并结合当前的市场状况、企业的赊销政策等相关资料，美的公司确定的应收账款坏账比率为 3%。2×23 年 12 月 31 日，应收账款余额为 1 000 万元，“坏账准备”科目无期初余额及本期发生额。

解析：本例中，按照应收账款余额百分比法，本年计提的坏账准备 = 1 000 万 × 3% = 30 万元，应编制会计分录为：

借：信用减值损失　　　　300 000

　　贷：坏账准备　　　　　　300 000

该笔业务中计提的“坏账准备”将导致美的公司资产负债表的应收账款项目金额减少 30 万元，其账面价值由 1 000 万元调整为 970 万元；同时，确认的“信用减值损失”导致美的公司利润表的信用减值损失项目金额增加 30 万元，并最终导致利润表的营业利润项目金额减少 30 万元。

（四）存货的期末计价

1. 期末存货计量原则

资产负债表日，存货应当按照成本与可变现净值孰低计量。当存货成本低于可变现净值时，存货按成本计量；当存货成本高于可变现净值时，存货按可变现净值计量，同时按照成本高于可变现净值的差额计提存货跌价准备，计入当期损益。

成本，是指期末存货的实际成本，即采用先进先出法、加权平均法等存货计价方法，对发出存货、期末存货进行计量所确定的期末存货账面成本。如果存货采用计划成本法进行日常核算，则期末存货的实际成本是指通过成本差异调整而确定的存货成本。

可变现净值，是指在日常活动中，存货的估计售价减去至完工时估计将要发生的成本、估计的销售费用以及相关税费后的金额。存货的可变现净值由存货的估计售价、至完工时将要发生的成本、估计的销售费用和估计的相关税费等内容构成。

2. 存货跌价准备的核算方法

企业应当定期或至少每年年度终了对存货进行全面清查，如果期末存货的成本低于可变现净值，不需要做会计处理，资产负债表中的存货仍按期末的账面价值列示；如果期末可变现净值低于成本，则必须确认当期的期末存货跌价损失，计提存货跌价准备，具体方法有：按单个存货项目计提存货跌价准备、按存货类别计提存货跌价准备、合并计提存货跌价准备。

3. 存货跌价准备的账务处理

（1）账户设置。企业计提存货跌价准备，应设置“存货跌价准备”账户和“资产减值损失”账户核算。“存货跌价准备”科目是存货的备抵调整科目，其贷方登记企业计提的减值准备的金额，借方登记冲减恢复的减值准备、发出存货应转出的减值准备；期末贷方余额反映企业已计提的但尚未转销的存货跌价准备。“资产减值损失——计提存货跌价准备”科目属于损益类科目，其借方登记企业计提的存货跌价准备的金额，贷方登记企业转回的存货跌价准备的金额；期末，应将本科目余额转入“本年利润”科目，结转后本科目无余额。“存货跌价准备”“资产减值损失——计提存货跌价准备”账户结构如图 10－3、图 10－4 所示。

存货跌价准备

冲减恢复的跌价准备	当期计提的跌价准备
	余：已计提但尚未转销的存货跌价准备

图 10－3 “存货跌价准备”账户结构

资产减值损失——计提存货跌价准备

计提存货跌价准备时确认跌价损失	转回存货跌价准备 期末结转至本年利润

图 10－4 “资产减值损失——计提存货跌价准备”账户结构

（2）存货跌价准备的计提。资产负债表日，企业应当首先确定存货的可变现净值。存货可变现净值的确定应当以资产负债表日的状况为基础，既不能提前确定，也不能延后确定，并且在每一个资产负债表日都应当重新确定。在确定存货可变现净值的基础上，将存货可变现净值与存货成本进行比较，确定本期存货可变现净值低于成本的差额，该差额即为“存货跌价准备”科目本期期末应保持的贷方余额。然后，再将本期存货可变现净值低于成本的差额（即“存货跌价准备”科目本期期末应保持的贷方余额）与“存货跌价准备”科目原有余额进行比较，计提存货跌价准备前，如果本期存货可变现净值低于成本的差额与“存货跌价准备”科目原有贷方余额相等，表明存货价值未发生变动，不需要计提存货跌价准备；如果本期存货可变现净值低于成本的差额大于“存货跌价准备”科目原有贷方余额，表明存货价值进一步降低，应按二者之差计提存货跌价准备，借记“资产减值损失”科目，贷记“存货跌价准备”科目。

【例 10－2】 美的公司 2×23 年末存货 A 的账面成本为 1 100 万元，预计可变现净值为 1 050 万元。已知该公司 2×23 年之前未计提存货跌价准备，也无存货相关业务发生。

解析：2×23 年末，存货预计可变现净值（1 050 万元）低于其成本（1 100 万元），存货应以可变现净值 1 050 万元计价并在资产负债表上列示。因此，本期应计提存货跌价准备 50 万元，同时确认资产减值损失 50 万元，应编制会计分录如下：

借：资产减值损失——计提存货跌价准备　　500 000

　　贷：存货跌价准备　　500 000

该笔业务中计提的“存货跌价准备”将导致美的公司资产负债表的存货项目金额减少 50 万元，其账面价值由 1 100 万元调整为 1 050 万元；同时，确认的“资产减值损失”导致美的公司利润表的资产减值损失项目金额增加 50 万元，并最终导致利润表的营业利润项目金额减少 50 万元。

（3）存货跌价准备的转回。资产负债表日，将本期存货可变现净值低于成本的差额与“存货跌价准备”科目原有余额进行比较，如果计提存货跌价准备前，本期存货可变现净值低于成本的差额小于“存货跌价准备”科目原有贷方余额，表明存货价值有所回升，应按二者之差转回已计提存货跌价准备，借记“存货跌价准备”科目，贷记“资产减值损失”科目；如果本期存货可变现净值高于成本，表明存货价值完全恢复，应将已计提的存货跌价准备全部转回，借记“存货跌价准备”科目，贷记“资产减值损失”科目。

需要注意的是，企业的存货只有在符合条件的情况下才可以转回计提的存货跌价准备。存货跌价准备转回的条件是以前减记存货价值的影响因素已经消失，而不是在当期造成存货可变现净值高于成本的其他影响因素。

当符合存货跌价准备转回的条件时，应在原已计提的存货跌价准备的金额内转回。在对该项存货、该类存货或该合并存货已计提的存货跌价准备的金额内转回，转回的存货跌价准备与计提该准备的存货项目或类别应当存在直接对应关系，但转回的金额以将存货跌价准备的余额冲减至零为限。

【例 10 －3】 承上例，美的公司 2 ×24 年末该批存货 A 的可变现净值有所恢复，预计可变现净值为 1 110 万元，已知无其他业务发生。

解析：2 ×24 年末，存货预计可变现净值（1 110 万元）高于其成本（1 100 万元），因此，应将存货的账面价值 1 050 万元恢复至账面成本 1 100 万元，将已计提的存货跌价准备 50 万元全部转回。

借：存货跌价准备　　500 000

　　贷：资产减值损失——计提存货跌价准备　　500 000

该笔业务中转回的“存货跌价准备”将导致美的公司资产负债表的存货项目金额增加 50 万元，其账面价值由 1 050 万元调整为 1 100 万元；同时，冲减的“资产减值损失”导致美的公司利润表的资产减值损失项目金额减少 50 万元，并最终导致利润表的营业利润项目金额增加 50 万元。

（五）固定资产、无形资产的期末计价

1. 账户设置

为了正确核算企业确认的固定资产、无形资产的减值损失和计提的资产减值准备，企业应当设置“资产减值损失”科目，按照资产类别进行明细核算，反映各类资产在当期确认的资产减值损失金额；同时，分别设置“固定资产减值准备”“无形资产减值准备”等科目。“固定资产减值准备”科目是固定资产的备抵调整科目，其贷方登记企业计提的减值准备的金额，借方登记处置固定资产时转销的减值准备；期末贷方余额，反映企业已计提的但尚未转销的固定资产减值准备。“无形资产减值准备”科目是无形资产的备抵调整科目，其贷方登记企业计提的减值准备的金额，借方登记处置无形资产时转销的减值准备；期末贷方余额，反映企业已计提的但尚未转销的无形资产减值准备。“固定资产减值准备”“无形资产减值准备”账户结构，如图 10 －5、图 10 －6 所示。

固定资产减值准备

处置时转销的减值准备	当期计提的减值准备
	余：已计提但尚未转销的固定资产减值准备

图 10－5　“固定资产减值准备”账户结构

无形资产减值准备

处置时转销的减值准备	当期计提的减值准备
	余：已计提但未转销的无形资产减值准备

图 10－6　“无形资产减值准备”账户结构

2. 资产减值准备的计提

当企业确定资产发生了减值时，应当根据所确认的资产减值金额，借记“资产减值损失”科目，贷记“固定资产减值准备”“无形资产减值准备”等科目。

在期末，企业应当将“资产减值损失”科目余额转入“本年利润”科目，结转后该科目应当没有余额。各资产减值准备科目累积每期计提的资产减值准备，直至相关资产被处置时才予以转出。

【例 10－4】 美的公司拥有一项外购的专利权，2×23 年 12 月 31 日，“无形资产——专利权”科目期末余额为 20 万元，“累计摊销”科目期末余额为 5 万元。美的公司对该项外购专利权进行检查时，发现其存在减值迹象，经减值测试，预计可收回金额为 12 万元。

解析：本例中，2×23 年 12 月 31 日，该项无形资产的账面价值为账面余额 20 万元减去累计摊销 5 万元，结果为 15 万元，可收回金额为 12 万元，因为可收回金额低于其账面价值，应将资产的账面价值 15 万元减记至可收回金额 12 万元，即将该项无形资产的账面价值调整为 12 万；减记的 3 万元确认为资产减值损失，同时计提资产减值准备 3 万元，应编制会计分录如下：

借：资产减值损失——计提无形资产减值损失　　30 000

　　贷：无形资产减值准备　　30 000

该笔业务中计提的“无形资产减值准备”将导致美的公司资产负债表的无形资产项目金额减少 3 万元，其账面价值由 15 万元调整为 12 万元；同时，确认的“资产减值损失”导致美的公司利润表的资产减值损失项目金额增加 3 万元，并最终导致利润表的营业利润项目金额减少 3 万元。

三、预计负债

（一）或有事项

1. 或有事项的概念

企业在经营活动中有时会面临诉讼、仲裁、债务担保、产品质量 保证、重组等具有较大不确定性的经济事项，这些不确定事项对企业的财务状况和经营成果可能会产生较大的影响，其最终结果须由未来事项的发生或不发生加以决定。比如，某企业（被告）正在面临一项未决诉讼，如果该企业败诉，就将需要承担赔偿责任。未决诉讼是企业过去发生的事项，由此形成的未来赔偿构成一项不确定事项，赔偿责任是否会发生以及发生的金额是多少将取决于未来是否发生败诉以及法院的判赔结果。按照权责发生制的核算要求，该企业不能等到法院最终判决时，才确认因未决诉讼而发生的义务，而应当在资产负债表日对这一不确定事项做出判断，以决定是否在当期确认应承担的赔偿义务。这种不确定事项在会计上被称为或有事项，常见的或有事项主要包括：未决诉讼或未决仲裁、企业为其他单位的债务提供担保、企业对售后产品提供质量保证（含产品安全保证）、亏损合同、重组义务、由于污染环境而可能发生整治费用或可能支付罚金、在发生税收争议时，可能补交税款或获得税款返还、承诺等。

2. 或有事项的特征

（1）或有事项是由过去的交易或者事项形成的；

（2）或有事项的结果具有不确定性；

（3）或有事项的结果须由未来事项决定。

3. 或有负债

或有事项的结果可能会产生预计负债、或有负债或者或有资产，其中，预计负债属于负债的范畴，一般符合负债的确认条件而应予确认。随着某些未来事项的发生或者不发生，或有负债可能转化为企业的预计负债或者消失，或有资产也有可能形成企业的资产或者消失。或有负债，是指过去的交易或者事项形成的潜在义务，其存在须通过未来不确定事项的发生或不发生予以证实；或过去的交易或者事项形成的现时义务，履行该义务不是很可能导致经济利益流出企业或该义务的金额不能可靠计量。或有负债涉及两类义务：潜在义务和现时义务。

（二）预计负债的确认条件与计量

1. 确认条件

与或有事项相关的义务同时满足以下三个条件时，才能确认为负债，作为预计负债进行确认和计量：①该义务是企业承担的现时义务；②履行该义务很可能导致经济利益流出企业；③该义务的金额能够可靠地计量。

2. 计量

当与或有事项有关的义务符合确认负债的条件时应当将其确认为预计负债，预计负债应当按照履行相关现时义务所需支出的最佳估计数进行初始计量。此外，企业清偿预计负债所需支出还可能从第三方获得补偿。

企业应当在资产负债表日对预计负债的账面价值进行复核。有确凿证据表明该账面价值不能真实反映当前最佳估计数的，应当按照当前最佳估计数对该账面价值进行调整。例如，某化工企业对环境造成了污染，按照当时的法律规定，只需要对污染进行清理。随着国家对环境保护越来越重视，按照现在的法律规定，该企业不但需要对污染进行清理，还很可能要对居民进行赔偿。这种法律要求的变化，会对企业预计负债的计量产生影响。企业应当在资产负债表日对为此确认的预计负债金额进行复核，如有确凿证据表明预计负债金额不再能反映真实情况时，需要按照当前情况下企业清理和赔偿支出的最佳估计数对预计负债的账面价值进行相应的调整。

（三）预计负债的账务处理

1. 账户设置

企业确认应设置“预计负债”科目，核算企业根据或有事项等相关准则确认的各项预计负债，包括对外提供担保、未决诉讼、产品质量保证、重组义务以及固定资产和矿区权益弃置义务等产生的预计负债。“预计负债”科目贷方登记企业确认的预计负债的金额，借方登记实际清偿预计负债的金额，余额在贷方，反映企业已预计但尚未清偿的债务。“预计负债”账户结构，如图10－7所示。

预计负债	
实际清偿预计负债	当期确认的预计负债
	余：已预计尚未清偿的债务

图10－7　“预计负债”账户结构

2. 预计负债的确认

企业应根据《企业会计准则——或有事项》准则确认的由对外提供担保、未决诉讼、重组义务产生的预计负债，应按确定的金额，借记“营业外支出”科目，贷记“预计负债——预计担保损失、预计未决诉讼损失、预计重组损失”科目；根据《企业会计准则——或有事项》准则确认的由产品质量保证产生的预计负债，应按确定的金额，借记“销售费用”科目，贷记“预计负债——预计产品质量保证损失”科目。

【例10－5】美的公司于2×23年12月8日被西财公司向法院起诉其侵犯专利权，截至2×23年12月31日，法院尚未对西财公司提起的诉讼进行审理。美的公司在咨询了法律顾问后，预计如无特殊情况，最终的法院判决很可能对公司不利，根据法律顾问的估计，美的公司预计将要支付的赔偿金额、诉讼费等费用为100万—160万元的某一个金额，而且这个区间的每个金额的可能性都大致相同，其中诉讼费为3万元。

解析：根据或有事项准则的规定，美的公司应在2×23年12月31日确认一项预计负债，金额为（1 000 000＋1 600 000）÷2＝1 300 000元，同时在财务报表附注中进行披露，应编制会计分录如下：

借：管理费用——诉讼费　　30 000

　　营业外支出　　1 270 000

　　贷：预计负债——未决诉讼　　1 300 000

该笔业务中计提的“预计负债——未决诉讼”将导致美的公司资产负债表的负债项目金额增加130万元；确认的“管理费用——诉讼费”导致美的公司利润表的管理费用项目金额增加3万元，确认的“营业外支出”导致美的公司利润表的营业外支出项目金额增加127万元，进而引起利润表的利润总额项目金额减少130万元。

第二节　期末会计事项处理

一、期末账项调整

（一）概述

为了使报告期的全部收入和全部成本费用相匹配，正确计算期间损益，在期末结账前，企业应当按照权责发生制的要求对那些在平时的会计记录中，未能予以反映的收入和费用进行确认，并记入相应的账户。通过这种账项调整，把那些应该由本期享有的收入或负担的费用记入本期的损益中，而不论是否已经实际收付款项。期末应当调整的收入与费用项目主要包括预收收入摊销、应计未收收入、预付费用摊销以及应计未付费用。

（二）收入的期末账项调整

期末收入账项调整的内容可以归纳为两方面：一是将本期和本期以前实际收到时被确认为负债入账的预收款项，根据本期实现情况，调整为本期收入；二是将应归属本期但尚未实际收款的各项收入，确认为本期收入并予以记录。

1. 预收收入的摊销

所谓预收收入是指本期或前期已经收款入账，但又不归属当期，应待后续会计期间才能获得的各项收入，如预收销货款、预收固定资产的租金等。

（1）账户设置。企业应设置“合同负债”科目核算已收客户对价而应向客户转让商品的义务。该科目是属于负债类科目，贷方登记企业在向客户转让商品之前，已经收到的合同对价；借方登记企业向客户转让商品时冲销的金额；期末贷方余额，反映企业已收客户对价而应向客户转让商品的义务，在向客户转让商品之前已经收到的合同对价。“合同负债”账户结构，如图 10－8 所示。

合同负债

向客户转让商品，冲销负债	向客户转让商品之前，已收到的合同对价
	余：已收客户对价而应向客户转让商品的义务

图 10－8　“合同负债”账户结构

（2）账务处理。根据《企业会计准则第 14 号——收入》的规定，在企业向客户转让商品之前，客户已经支付了合同对价或企业已经取得了无条件收取合同对价权利的，企业应当在客户实际支付款项时，按照该已收或应收的金额，借记“银行存款”“应收账款”“应收票据”等科目，贷记“合同负债”科目；企业向客户转让相关商品时，借记“合同负债”科目，贷记“主营业务收入”“其他业务收入”等科目。

【例 10－6】美的公司经营一家健身俱乐部。2×23 年 6 月 30 日，某客户与美的公司签订合同，成为该俱乐部会员，并向美的公司支付会员费 6 000 元，可在未来的 12 个月内在该俱乐部健身，且没有次数的限制。假设不考虑相关税费。

解析：客户签订合同时支付了合同对价，可在未来的 12 个月内在俱乐部内进行健身消费，且没有次数限制。美的公司在 2×23 年 6 月 30 日收到会员费时，并未向客户转让商品（服务），所以不符合收入确认条件，不能将收到 6 000 元确认为当月的收入，而是确认为一项负债，即合同负债。应编制会计分录如下：

借：银行存款　　　　6 000

　　贷：合同负债　　　　6 000

2×23 年 7 月 31 日，美的公司为该客户提供了一个月的健身服务，已履行了合同义务，符合收入确认条件，根据权责发生制，应确认 7 月份的收入为 6 000 ÷ 12 = 500 元，同时冲销合同负债。应编制调整会计分录为如下：

借：合同负债　　500

　　贷：主营业务收入　　500

2×23 年 8 月至 2×24 年 6 月，美的公司每月月末都须编制相同会计分录，以确认当月的收入。

2. 应收收入的调整

应收收入是指本期已经获得，但尚未收到的收入。例如，应收出租固定资产、包装物的租金收入，应收银行存款利息等，均属于该类收入。应收收入与预收收入的性质相反，它是先提供劳务或财产物资的使用权，再按期结算，可以通过“应收账款”科目进行核算。

【例 10－7】 2×23 年 1 月 1 日，美的公司将自有厂房出租给某公司，合同约定每月租金为 6 万元，按季结算。

解析：本例中，根据合同约定，美的公司将于 2×22 年 3 月 31 日收到第一个季度的租金。在 2×23 年 1 月 31 日，美的公司尽管没有收到 1 月的租金，由于其已经履行了履约义务，符合收入确认条件，根据权责发生制，应确认 1 月的租金收入 6 万元。假设不考虑相关税费和其他因素，应编制调整分录如下：

借：应收账款　　60 000

　　贷：其他业务收入　　60 000

（三）费用的期末账项调整

1. 预付费用的摊销

预付费用是指已经支付，但是应由本期和后续会计期间分摊的费用。例如预付下一年度报刊杂志费用、保险费用、租金费用等。这些费用虽在本期已经实际支付，但是应按受益原则分摊计入各个会计期间。

【例 10－8】 2×22 年 12 月 1 日，美的公司以银行存款预付 2×23 年度厂部财产保险费 12 000 元。

解析：本例中，美的公司在 2×22 年 12 月 1 日支付的是 2×23 年的财产保险费，根据受益原则，应计入 2×23 年的费用。所以其在预付保险费时，不应确认为当期费用，而应作为 一项资产确认。假定不考虑相关税费和其他因素，编制会计分录如下：

借：预付账款　　12 000

　　贷：银行存款　　12 000

2×23 年 1 月 31 日，美的公司享受了保险公司提供的保险服务，根据受益原则，应摊销之前预付的保险费 12 000÷12＝1 000 元，将其确认为当期的费用。应编制调整分录如下：

借：管理费用　　1 000

　　贷：预付账款　　1 000

2. 应计费用的调整

应计费用是指本期已经受益，按照受益原则应由本期负担，但本期并未实际支付的费用，这些费用于后续会计期间支付。由于本期尚未实际支付的费用并未在日常会计记录中登记，如果在会计期末不将这些费用计入本期，则必然会影响收入与费用的配比。因此，期末必须将应计费用调整入账。

【例 10－9】 2×23 年 1 月 1 日，美的公司从银行借入期限 6 个月的借款 100 万元，合同约定借款年利率为 6%，到期一次还本，按季度支付利息。

解析：美的公司将于 2×23 年 3 月 31 日支付 1—3 月的利息费用 15 000 元。1 月，尽管美的公司没有支付 1 月份的利息费用 5 000 元，但是其已经使用银行提供的借款，已经受益，根据权责发生制，承担利息费用的责任形成，所以在 1 月末应将本月负担的借款利息计入本期费用，同时，形成一项负债。假定不考虑相关税费和其他因素，应编制调整分录如下：

借：财务费用　　5 000

　　贷：应付利息　　5 000

二、利润的结转

（一）利润的构成

利润是指企业在一定会计期间的经营成果，包括收入减去费用后的净额、直接计入当期利润的利得和损失等。未计入当期利润的利得和损失扣除所得税影响后的净额计入其他综合收益项目，净利润与其他综合收益的合计金额为综合收益总额。利得是指由企业非日常活动所形成的、会导致所有者权益增加的、与所有者投入资本无关的经济利益的流入。损失是指由企业非日常活动所发生的、会导致所有者权益减少的、与向所有者分配利润无关的经济利益的流出。

收入减去费用后的金额反映的是企业日常活动的业绩，直接计入当期利润的利得和损失，反映的是企业非日常活动的业绩，企业应当严格划分收入和利得、费用和损失之间的界线，以更加准确地反映企业的经营业绩。

利润的确认主要依赖于收入和费用，以及直接计入当期利润的利得和损失，确认利润金额的计量主要取决于收入和费用，以及直接计入当期利润的利得和损失金额的计量。

与利润相关的计算公式主要如下：

1. 营业利润

营业利润 = 营业收入 - 营业成本 - 税金及附加 - 销售费用 - 管理费用 - 研发费用 - 财务费用 + 投资收益（ - 投资损失）+ 公允价值变动收益（ - 公允价值变动损失）- 信用减值损失 - 资产减值损失

其中：营业收入是指企业经营业务所实现的收入总额，包括主营业务收入和其他业务收入。

营业成本是指企业经营业务所发生的实际成本总额，包括主营业务成本和其他业务成本；研发费用是指企业进行研究与开发过程中发生的费用化支出，以及计入管理费用的自行开发无形资产的摊销；投资收益（或损失）是指企业以各种方式对外投资所取得的收益（或损失）；公允价值变动收益（或损失）是指企业交易性金融资产等公允价值变动形成的应计入当期损益的利得（或损失）；信用减值损失是指企业计提各项金融工具信用减值准备所确认的信用损失；资产减值损失是指企业计提有关资产减值准备所形成的损失。

2. 利润总额

利润总额 = 营业利润 + 营业外收入 - 营业外支出

其中：营业外收入是指企业发生的与日常活动无直接关系的各项利得；营业外支出是指企业发生的与日常活动无直接关系的各项损失。

3. 净利润

净利润 = 利润总额 - 所得税费用

其中：所得税费用是指企业确认的应从当期利润总额中扣除的当期所得税费用和递延所得税费用。

（二）期间损益的结转

1. 账户设置

在会计核算中，企业应设置“本年利润”科目，核算企业本年度实现的净利润（或发生的净亏损）。“本年利润”科目属于所有者权益类科目，贷方登记企业当期所实现的各项收入及利得，包括主营业务收入、其他业务收入、投资收益、补贴收入、营业外收入等；借方登记企业当期所发生的各项费用、支出及损失，包括主营业务成本、税金及附加、其他业务成本、销售费用、管理费用、财务费用、投资收益（净损失）、营业外支出、所得税费用等。年度终了，应将本年收入和支出相抵后结出的本年实现的净利润或发生的亏损，转入“利润分配”科目，结转后本科目应无余额。

2. 账务处理

会计期末，企业应将“主营业务收入”“其他业务收入”“营业外收入”等科目的余额分别转入“本年利润”科目的贷方；将“主营业务成本”“其他业务成本”“税金及附加”“销售费用”“管理费用”“财务费用”“营业外支出”“所得税费用”等科目的余额分别转入“本年利润”科目的借方。结转后，“本年利润”科目如为贷方余额表示当年实现的净利润；如为借方余额，表示当年发生的净亏损。

【例 10 - 10】美的公司 2 ×23 年有关损益类科目的年末余额，如表 10 - 1 所示。

表 10 - 1　　美的公司 2 ×23 年损益类科目年末余额

科目名称	借或贷	期末结转前余额
主营业务收入	贷	9 000 000
其他业务收入	贷	1 050 000
投资收益	贷	1 500 000
营业外收入	贷	75 000
主营业务成本	借	6 000 000
其他业务成本	借	600 000
税金及附加	借	120 000
资产减值损失	借	175 000
销售费用	借	750 000
管理费用	借	930 000
财务费用	借	450 000
营业外支出	借	200 000

解析：美的公司采用表结法年末一次性结转损益类科目，在 2 ×23 年末将各损益类科目年末余额结转至“本年利润”科目，应编制会计分录为：

1. 结转各项收入、利得类科目

借：主营业务收入　　9 000 000
　　其他业务收入　　1 050 000
　　投资收益　　1 500 000
　　营业外收入　　75 000
　　贷：本年利润　　11 625 000

2. 结转各项费用、损失类科目

借：本年利润　　9 225 000
　　贷：主营业务成本　　6 000 000
　　　　其他业务成本　　600 000
　　　　税金及附加　　120 000
　　　　资产减值损失　　175 000
　　　　销售费用　　750 000
　　　　管理费用　　930 000
　　　　财务费用　　450 000
　　　　营业外支出　　200 000

3. 结转所得税费用

解析：经过上述结转后，“本年利润”科目的贷方发生额合计 11 625 000 元，减去借方发生额合计 9 225 000 元为利润总额（即税前会计利润）2 400 000 元。假设美的公司 2×23 年度不存在所得税纳税调整以及递延所得税因素，所得税税率为 25%，则应交所得税 = 2 400 000×25% =600 000 元，应编制会计分录如下：

（1）确认所得税费用

借：所得税费用　　600 000
　　贷：应交税费——应交所得税　　600 000

（2）将所得税费用转入“本年利润”科目

借：本年利润　　600 000
　　贷：所得税费用　　600 000

经过上述结转后，“本年利润”科目此时为贷方余额 1 800 000 元，即为 2×22 年度实现的净利润。

（三）结转本年利润

年度终了，企业还应将“本年利润”科目的本年累计余额转入“利润分配——未分配利润”科目，如本年利润为贷方余额，借记“本年利润”科目，贷记“利润分配——未分利润”科目；如借方余额，则做相反的会计分录即可。结转后，“本年利润”科目应无余额。“本年利润”科目期末处理流程，如图 10－9 所示。

【例 10－11】 承上例，结转本年利润。

解析：美的公司应于 2×23 年末应将“本年利润”科目余额转入“利润分配”科目，应编制会计分录如下：

借：本年利润　　1 800 000
　　贷：利润分配——未分配利润　　1 800 000

经过结转后，2×23 年末，美的公司“本年利润”科目期末余额为零。

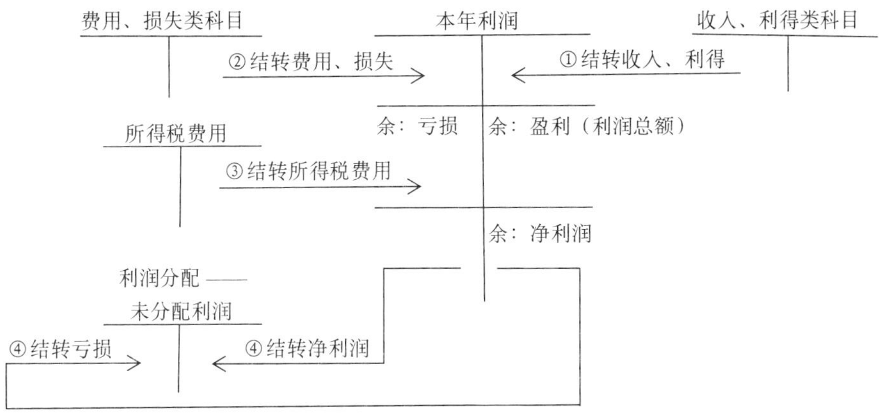

图 10－9　“本年利润”科目期末处理流程

三、利润的分配

利润分配是指企业根据国家有关规定、企业章程和投资者的决议，对企业当年可供分配的利润所进行的分配。企业当年可供分配的利润有多少呢？其计算公式为：

可供分配利润＝当年实现的净利润＋年初未分配利润（或减去年初未弥补亏损）＋其他转入

（一）利润分配的程序

根据国家有关规定，企业利润分配需要遵循一定的程序：

（1）提取法定盈余公积。根据《公司法》的有关规定，在弥补完以前年度亏损的前提下，公司制企业应按本年实现净利润的 10% 提取法定盈余公积，非公司制企业法定盈余公积的提取比例可超过净利润的 10%。企业提取的法定盈余公积累计额超过其注册资本的 50% 时，可不再提取。

（2）提取任意盈余公积金。任意盈余公积是企业按照股东会或者股东大会决议提取的盈余公积。企业提取的盈余公积经批准可用于弥补亏损、转增资本或者发放现金股利或利润等。

（3）向投资者分配利润。企业实现的净利润在扣除上述项目后，再加上期初未分配利润，即为可供投资者分配的利润。

可供投资者分配的利润＝可供分配利润－提取的法定盈余公积金－提取的任意盈余公积金

（二）利润分配与结转的账务处理

企业应通过“利润分配”科目，核算企业利润的分配（或亏损的弥补）和历年分配后的未分配利润（或为弥补亏损），该科目应分别“提取法定盈余公积”“提取任意盈余公积”“应付现金股利或利润”“未分配利润”等进行明细核算；同时设置“盈余公积”科目反映和监督盈余公积的形成和使用情况。

1. 提取盈余公积

企业按规定提取盈余公积金时，借记“利润分配”科目，贷记“盈余公积”科目。

【例 10－12】 承上例，美的公司 2×22 年度实现净利润 1 800 000 元，按 10% 的比例提取法定盈余公积，按当年净利润的5%提取任意盈余公积。

解析：本例中，美的公司提取法定盈余公积和任意盈余公积使所有者权益类科目“利润分配”减少270 000元，所有者权益类科目“盈余公积”增加270 000元。应编制会计分录如下：

借：利润分配——提取法定盈余公积 180 000
　　　　　　——提取任意盈余公积 90 000
　　贷：盈余公积——提取法定盈余公积 180 000
　　　　　　　　——提取任意盈余公积 90 000

2. 分配股利（利润）

企业提取完盈余公积后，向投资者分配利润，应借记“利润分配”科目，贷记“应付股利”科目。

【例10-13】 承前例，美的公司经股东大会批准，向投资者分配现金股利1 000 000元。

解析：本例中，美的公司宣告发放现金股利使企业的所有者权益科目“利润分配”减少1 000 000元，负债类科目“应付股利”账户增加1 000 000元。应编制会计分录如下：

借：利润分配——应付现金股利 1 000 000
　　贷：应付股利 1 000 000

3. 结转已分配利润

年终，将已经分配的利润转入“利润分配——未分配利润”科目。

【例10-14】 承前例，美的公司结转以上已分配的利润。

解析：本例中，这笔经济业务使企业的所有者权益类科目“利润分配——未分配利润”减少1 270 000元，所有者权益类科目“利润分配”下的其他明细账户均已结转为零。应编制会计分录如下：

借：利润分配——未分配利润 1 270 000
　　贷：利润分配——提取法定盈余公积 180 000
　　　　　　　　——提取任意盈余公积 90 000
　　　　　　　　——应付现金股利 1 000 000

经过结转，“利润分配”科目下除“利润分配——未分配利润”明细科目以外，其他明细科目余额为零。

第三节 财务报表的编制与披露

一、概述

（一）财务报表的概念

财务报表是指企业对外提供的反映企业某一特定日期财务状况和某一会计期间经营成果、现金流量的文件。它是企业根据日常的会计核算资料归集、加工和汇总后形成的，是企业会计核算的最终成果。

在日常的会计核算中，企业通过填制和审核会计凭证，登记会计账簿，把各项经济业务完整、连续、分类地登记在会计账簿中，虽然比会计凭证反映的信息更加条理化、系统化，但就某一会计期间的经济活动的整体而言，其所能提供的仍是分散的、部分的信息，不能通过其内在联系，集中揭示和反映该会计期间经营活动和财务收支的全貌。因此，每个会计期末，必须根据账簿上记录的资料，按照规定的报表格式、内容和编制方法，作进一步的归集、加工和汇总，编制成相应的会计报表，全面、综合地反映企业的财务状况、经营成果和现金流动情况，为有关各方提供全面的信息。

企业编制财务报表的主要目的，就是为财务会计报告使用者提供与企业财务状况、经营成果和现金流量等有关的会计信息，反映企业管理层受托责任的履行情况，有助于财务报表使用者做出经济决策。财务会计报告使用者通常包括投资者、债权人、政府及相关机构、企业管理人员、职工和社会公众等。不同的财务会计报告使用者对财务会计报告所提供信息的要求各有侧重。

（二）企业财务报表的组成

一套完整的财务报表至少应当包括“四表一注”，即资产负债表、利润表、现金流量表、所有者权益（或股东权益，下同）变动表以及附注。列报，是指交易和事项在报表中的列示和在附注中的披露。在财务报表的列报中，“列示”通常反映资产负债表、利润表、现金流量表和所有者权益变动表等报表中的信息，“披露”通常反映附注中的信息。

资产负债表、利润表和现金流量表分别从不同角度反映企业的财务状况、经营成果和现金流量。资产负债表反映企业在某一特定日期所拥有的资产、需偿还的债务、以及股东（所有者）拥有的净资产情况；利润表反映企业在一定会计期间的经营成果，即利润或亏损的情况，表明企业运用所拥有的资产的获利能力；现金流量表反映企业在一定会计期间现金和现金等价物流入和流出的情况（本教材暂不涉及）；所有者权益变动表反映企业所有者权益的各组成部分当期的增减变动情况（本教材暂不涉及）。企业的净利润及其分配情况是所有者企业权益变动的组成部分，相关信息已经在所有者权益变动表及其附注中反映，企业不需要再单独编制利润分配表。

附注是财务报表不可或缺的组成部分，是对在资产负债表、利润表、现金流量表和所有者权益变动表等报表中列示项目的文字描述或明细资料，以及对未能在这些报表中列示项目的说明等。

（三）财务报表的编制要求

为了使财务报表能够最大限度地满足各有关方面的需要，实现编制财务报表的基本目的，充分发挥财务报表的作用，企业编制财务报表应当根据真实的交易、事项以及完整、准确的账簿记录等资料，严格遵循国家会计准则规定的编制基础、编制依据、编制原则和编制方法。其编制的财务会计报告应当真实可靠、相关可比、全面完整、编报及时、便于理解。其基本要求如下：

（1）合法性。企业编制和对外提供财务报表应该符合有关法律法规的规定。

（2）真实性。企业的财务报表应该如实反映企业的生产经营情况及其成果，提供经济事实，而不应该弄虚作假或粉饰。

（3）完整性。企业财务报表必须完整地反映企业的生产经营情况及其成果，不能残缺不全，更不能估计隐瞒、遗漏。

企业对外提供的财务报表应当依次编定页数，加具封面，装订成册，加盖公章。封面上应当注明：企业名称、企业统一代码、组织形式、地址、报表所属年度或者月份、报出日期，并由企业负责人和主管会计工作的负责人、会计机构负责人（会计主管人员）签名并盖章；设置总会计师的企业，还应当由总会计师签名并盖章。

二、资产负债表的编制

（一）列报要求

1. 总体列报要求

（1）分类别列报。资产负债表列报，最根本的目标就是应如实反映企业在资产负债表日所拥有的资源、所承担的负债以及所有者所拥有的权益。因此，资产负债表应当按照资产、负债和所有者权益三大类别分类列报。

（2）资产和负债按流动性列报。资产和负债应当按照流动性分别分为流动资产和非流动资产、流动负债和非流动负债列示。流动性，通常按资产的变现或耗用时间长短或者负债的偿还时间长短来确定。按照财务报表列报准则的规定，应先列报流动性强的资产或负债，再列报流动性弱的资产或负债。

（3）列报相关的合计、总计项目。资产负债表中的资产类项目至少应当列示流动资产和非流动资产的合计项目；负债类项目至少应当列示流动负债、非流动负债以及负债的合计项目；所有者权益类应当列示所有者权益的合计项目。

2. 资产的列报

资产负债表中的资产反映企业过去的交易或者事项形成的、由企业拥有或者控制的、预期会给企业带来经济利益的资源。资产应当按照流动资产和非流动资产两大类别在资产负债表中列示，在流动资产和非流动资产类别下进一步按性质分项列示。

（1）流动资产和非流动资产的划分。资产负债表中的资产应当分别流动资产和非流动资产列报。资产满足下列条件之一的，应当归类为流动资产：①预计在一个正常营业周期中变现、出售或耗用。这主要包括应收账款、存货等资产。需要指出的是，变现一般针对应收账款等而言，指将资产变为现金；出售一般针对产品等存货而言；耗用一般指将存货（如原材料）转变成另一种形态（如产成品）。②主要为交易目的而持有。这主要是指根据《企业会计准则第 22 号——金融工具确认和计量》划分的交易性金融资产。但是并非所有交易性金融资产均为流动资产，比如自报告期日起超过 12 个月到期且预期持有超过 12 个月的衍生工具应当划分为非流动资产。③预计在资产负债表日起一年内（含一年）变现。④自资产负债表日起一年内，交换其他资产或清偿负债的能力不受限制的现金或现金等价物。

（2）正常营业周期。判断流动资产、流动负债时所称的一个正常营业周期，是指企业从购买用于加工的资产起至收回现金或现金等价物的期间。

正常营业周期通常短于一年，在一年内有几个营业周期。但是，也存在正常营业周期长于一年的情况，如房地产开发企业开发用于出售的房地产开发产品，造船企业制造的用于出售的大型船只等，从购买原材料进入生产，到制造出产品出售并收回现金或现金等价物的过程，往往超过一年，在这种情况下，与生产循环相关的产成品、应收账款、原材料尽管是超过一年才变现、出售或耗用，仍应作为流动资产列示。当正常营业周期不能确定时，应当以一年（12 个月）作为正常营业周期。

3. 负债的列报

资产负债表中的负债反映企业过去的交易或者事项形成的、预期会导致经济利益流出企业的现时义务。负债应当按照流动负债和非流动负债在资产负债表中进行列示，在流动负债和非流动负债类别下再进一步按性质分项列示。

（1）流动负债与非流动负债的划分。流动负债的判断标准与流动资产的判断标准相类似。负债满足下列条件之一的，应当归类为流动负债：①预计在一个正常营业周期中清偿；②主要为交易目的而持有；③自资产负债表日起一年内到期应予以清偿；④企业无权自主地将清偿推迟至资产负债表日后一年以上。

（2）资产负债表日后事项对流动负债与非流动负债划分的影响。流动负债与非流动负债的划分是否正确，直接影响到对企业短期和长期偿债能力的判断。如果混淆了负债的类别，将歪曲企业的实际偿债能力，误导报表使用者的决策。对于资产负债表日后事项对流动负债与非流动负债划分的影响，需要特别加以考虑。

①资产负债表日起一年内到期的负债。对于在资产负债表日起一年内到期的负债，企业预计能够自主地将清偿义务展期至资产负债表日后一年以上的，应当归类为非流动负债；不能自主地将清偿义务展期的，即使在资产负债表日后、财务报告批准报出日前签订了重新安排清偿计划协议，从资产负债表日来看，此项负债仍应当归类为流动负债。

②违约长期债务。企业在资产负债表日或之前违反了长期借款协议，导致贷款人可随时要求清偿的负债，应当归类为流动负债。这是因为，在这种情况下，债务清偿的主动权并不在企业，企业只能被动地无条件归还贷款，而且该事实在资产负债表日即已存在，所以该负债应当作为流动负债列报。但是，如果贷款人在资产负债表日或之前同意提供在资产负债表日后一年以上的宽限期，企业能够在此期限内改正违约行为，且贷款人不能要求随时清偿时，在资产负债表日的此项负债并不符合流动负债的判断标准，应当归类为非流动负债。

4. 所有者权益的列报

资产负债表中的所有者权益是企业资产扣除负债后由所有者享有的剩余权益，资产负债表中的所有者权益类一般按照净资产的不同来源和特定用途进行分类，应当按照实收资本（或股本）、资本公积、其他综合收益、盈余公积、未分配利润等项目分项列示。

（二）资产负债表的结构

资产负债表一般由表头、表体两部分组成。表头部分应列明报表名称、编制单位名称、资产负债表日、报表编号和计量单位；表体部分是资产负债表的主体，列示用以说明企业财务状况的各个项目。我国企业的资产负债表采用账户式结构，分为左右两方，左方为资产项目，大体按资产的流动性大小排列，右方为负债及所有者权益项目，一般按要求清偿时间的先后顺序排列。

资产负债表遵循“资产 = 负债 + 所有者权益”这会计恒等式，把企业在特定时日所拥有的经济资源和与之相对应的企业所承担的债务及扣除负债以后属于所有者的权益充分反映出来。因此，资产负债表应当分别列示资产总计项目和负债与所有者权益之和的总计项目，并且这二者的金额应当相等。我国一般企业资产负债表格式，如表 10 - 2 所示。

表 10－2　　**资产负债表**　　会企01表

编制单位：　　年　月　日　　单位：元

资产	期末余额	上年年末余额	负债和所有者权益（或股东权益）	期末余额	上年年末余额
流动资产：			流动负债：		
货币资金			短期借款		
交易性金融资产			交易性金融负债		
应收票据			衍生金融负债		
应收账款			应付票据		
应收账款融资			应付账款		
预付款项			预收款项		
其他应收款			合同负债		
存货			应付职工薪酬		
合同资产			应交税费		
持有待售资产			其他应付款		
一年内到期的非流动资产			持有待售负债		
其他流动资产			一年内到期的非流动负债		
流动资产合计			其他流动负债		
非流动资产：			流动负债合计		
债权投资			非流动负债：		
其他债权投资			长期借款		
长期应收款			应付债券		
长期股权投资			其中：优先股		
其他权益工具投资			永续债		
其他非流动金融资产			租赁负债		
投资性房地产			长期应付款		
固定资产			预计负债		
在建工程			递延收益		
生产性生物资产			递延所得税负债		
油气资产			其他非流动负债		
使用权资产			非流动负债合计		
无形资产			负债合计		
开发支出			所有者权益（或股东权益）：		
商誉			实收资本（或股本）		
长期待摊费用			其他权益工具		
递延所得税资产			其中：优先股		
其他非流动资产			永续债		
非流动资产合计			资本公积		

续表

资产	期末余额	上年年末余额	负债和所有者权益（或股东权益）	期末余额	上年年末余额
			减：库存股		
			其他综合收益		
			专项储备		
			盈余公积		
			未分配利润		
			所有者权益（或股东权益）合计		
资产总计			负债和所有者权益（或股东权益）总计		

（三）“年初余额”的填列方法

“年初余额”栏内各项目数字，应根据上年末资产负债表相关项目的“期末余额”栏内所列数字填列，且与上年末资产负债表“期末余额”栏目相一致。如果企业在会计当期发生了会计政策变更、前期差错更正，应当对“年初余额”栏中的有关项目进行相应调整。如果本年度资产负债表规定的各个项目的名称和内容同上年度不相一致，应对上年年末资产负债表各项目的名称和数字按本年度的规定进行调整，按调整后的数字填入“年初余额”栏内。

（四）“期末余额”的填列方法

资产负债表“期末余额”栏一般应根据资产、负债和所有者权益类科目的期末余额填列。

1. 根据总账科目的余额直接填列

例如，“短期借款”“应付票据”“应付职工薪酬”“应交税费”“应付利息”“应付股利”“其他应付款”“实收资本”“资本公积”“盈余公积”等项目，应当根据相关总账科目的余额直接填列。

2. 根据总账科目的余额计算填列

有些项目需根据几个总账科目的余额计算填列。例如，“货币资金”项目，应当根据“库存现金”“银行存款”“其他货币资金”等科目期末余额合计填列。

3. 根据有关明细科目的余额计算填列

例如，“开发支出”项目，应根据“研发支出”科目中所属的“资本化支出”明细科目期末余额填列；“应付账款”项目，应根据“应付账款”和“预付账款”科目所属的相关明细科目的期末贷方余额合计数填列；“一年内到期的非流动资产”“一年内到期的非流动负债”项目，应根据有关非流动资产或负债项目的明细科目余额分析填列。

4. 根据总账科目和明细科目的余额分析计算填列

例如，“长期借款”项目，应当根据“长期借款”总账科目余额扣除“长期借款”科目所属明细科目中将于一年内到期的部分填列。

5. 根据总账科目与其备抵科目抵销后的净额填列

“长期股权投资”项目，应根据相关科目的期末余额填列，已计提减值准备的，还应扣减相应的减值准备；“固定资产”“无形资产”项目，应根据相关科目的期末余额扣减相关的累计折旧（或摊销）填列，已计提减值准备的，还应扣减相应的减值准备。

6. 综合运用上述填列方法分析填列

主要包括：“应收票据”“应收利息”“应收股利”“其他应收款”项目，应根据相关科目的期末余额，减去“坏账准备”科目中有关坏账准备期末余额后的金额填列；“应收账款”项目，应根据“应收账款”和“预收账款”科目所属各明细科目的期末借方余额合计数，减去“坏账准备”科目中有关应收账款计提的坏账准备期末余额后的金额填列；“预付款项”项目，应根据“预付账款”和“应付账款”科目所属各明细科目的期末借方余额合计数，减去“坏账准备”科目中有关预付款项计提的坏账准备期末余额后的金额填列；“存货”项目，应根据“材料采购”“原材料”“发出商品”“库存商品”“周转材料”“委托加工物资”“生产成本”“受托代销商品”等科目的期末余额合计，减去“受托代销商品款”“存货跌价准备”科目期末余额后的金额填列，材料采用计划成本核算，以及库存商品采用计划成本核算或售价核算的企业，还应按加或减材料成本差异、商品进销差价后的金额填列。

（五）资产负债表主要项目的填列举例说明

1. 资产项目的填列举例说明

（1）“货币资金”项目，反映企业库存现金、银行结算户存款、外埠存款、银行汇票存款、银行本票存款、信用卡存款、信用证保证金存款等的合计数。本项目应根据“库存现金”“银行存款”“其他货币资金”科目余额的合计数填列。

【例 10 - 15】 2×23 年 12 月 31 日，美的公司“库存现金”科目余额为 164.5 万元，“银行存款”科目余额为 2 858 152.9 万元，“其他货币资金”科目余额为 2 668 692.5 万元。

解析：2×23 年 12 月 31 日，美的公司资产负债表中“货币资金”项目“期末余额”栏的列报金额 = 164.5 + 2 858 152.9 + 2 668 692.5 = 5 527 009.9 万元。

（2）“交易性金融资产”项目，反映资产负债表日企业分类为以公允价值计量且其变动计入当期损益的金融资产，以及企业持有的指定为以公允价值计量且其变动计入当期损益的金融资产的期末账面价值。该项目应根据“交易性金融资产”科目的相关明细科目期末余额分析填列。自资产负债表日起超过一年到期且预期持有超过一年的以公允价值计量且其变动计入当期损益的非流动金融资产的期末账面价值，在“其他非流动金融资产”项目反映。

【例 10 - 16】 2×23 年 12 月 31 日，美的公司“交易性金融资产”相关明细科目期末余额如下：“结构性存款”借方余额为 160 660.8 万元，“交易性权益工具投资”借方余额为 126 459.5 万元，“其他”借方余额为 41 639 万元。

解析：2×23 年 12 月 31 日，美的公司资产负债表中“交易性金融资产”项目“期末余额”栏的列报金额 = 160 660.8 + 126 459.5 + 41 639 = 328 459.3 万元。

（3）“应收账款”项目反映资产负债表日以摊余成本计量的、企业因销售商品、提供服务等经营活动应收取的款项。该项目应根据“应收账款”科目的期末余额，减去“坏账准备”科目中有关应收账款计提的坏账准备期末余额后的净额分析填列。

【例 10 - 17】 2×23 年 12 月 31 日，美的公司“应收账款”科目余额为 2 957 058.2 万

元，“坏账准备”科目中相关坏账准备期末余额为 133 260. 9 万元。

解析：2×23 年 12 月 31 日，美的公司资产负债表中“应收账款”项目“期末余额”栏的列报金额 =2 957 058. 2 -133 260. 9 =2 823 797. 3 万元。

（4）“预付款项”项目，反映企业按照购货合同规定预付给供应单位的款项。本项目根据“预付账款”和“应付账款”科目所属各明细账户的期末借方余额合计数，减去“坏账准备”科目中有关预付账款计提的坏账准备期末余额后的净额填列。如“预付账款”科目所属各明细账期末为贷方余额的，应在资产负债表“应付账款”项目内填列。

（5）“存货”项目反映企业期末在库、在途和在加工中的各项存货的可变现净值或成本（成本与可变现净值孰低）。存货包括各种原材料、商品、在产品、半成品、发出商品、包装物、低值易耗品、发出商品等。本项目应根据“在途物资（材料采购）”“原材料”“库存商品”“周转材料”“委托加工物资”“生产成本”和“委托代销商品”等科目的期末余额合计数，减去“受托代销商品款”“存货跌价准备”科目期末余额后的净额填列。材料采用计划成本核算以及库存商品采用计划成本或售价核算的企业，应按加或减材料成本差异、减商品进销差价后的金额填列。

【例 10 -18】 2×23 年 12 月 31 日，美的公司有关科目余额如下：“库存商品”科目借方余额为 3 475 345. 9 万元，“原材料”科目借方余额为 867 514. 3 万元，“生产成本”科目借方余额为 251 924. 1 万元，“委托加工物资”科目借方余额为 42 783. 8 万元，“合同履约成本”科目借方余额为 36 858. 4 万元，“存货跌价准备”科目贷方余额为 69 936. 8 万元。

解析：2×23 年 12 月 31 日，美的公司资产负债表中“存货”项目“期末余额”栏的列报金额 =3 475 345. 9 +867 514. 3 +251 924. 1 +42 783. 8 +36 858. 4 -69 936. 8 =4 604 489. 7 万元。

（6）“一年内到期的非流动资产”项目，反映企业预计自资产负债表日起一年内变现的非流动资产。该项目应该根据有关科目的期末余额分析填列。

【例 10 -19】 2×23 年 12 月 31 日，美的公司一年内到期的其他债权投资为 587 507. 6 万元，一年内到期的长期应收款为 55 359. 1 万元，一年内到期的其他非流动资产为 3 112 441. 1 万元。

解析：2×23 年 12 月 31 日，美的公司资产负债表中“一年内到期的非流动资产”项目“期末余额”栏的列报金额 =587 507. 6 +55 359. 1 +3 112 441. 1 =3 755 307. 8 万元。

（7）“固定资产”项目，反映资产负债表日企业固定资产的期末账面价值和企业尚未清理完毕的固定资产清理净损益。该项目根据“固定资产”科目期末余额，减去“累计折旧”和“固定资产减值准备”科目期末余额，以及“固定资产清理”科目的期末余额填列。

【例 10 -20】 2×23 年 12 月 31 日，美的公司“固定资产”科目借方余额为 5 486 686. 2 万元，“累计折旧”科目贷方余额为 2 872 834. 8 万元，“固定资产减值准备”科目贷方余额为 5 552. 2 万元。

解析：2×23 年 12 月 31 日，美的公司资产负债表中“固定资产”项目“期末余额”栏的列报金额 =5 486 686. 2 -2 872 834. 8 -5 552. 2 =2 608 299. 2 万元。

（8）“无形资产”项目，反映企业持有的专利权、非专利技术、商标权、著作权和土地使用权等无形资产的成本减去累计摊销和减值准备后的净值。该项目应根据“无形资产”科目的期末余额，减去“累计摊销”“无形资产减值准备”科目期末余额后的净额填列。

【例10－21】2×23年12月31日，美的公司“无形资产”科目借方余额为2 378 101.4万元，“累计摊销”科目贷方余额为6 644 31万元，“无形资产减值准备”科目贷方余额为22 778.9万元。

解析：2×23年12月31日，美的公司资产负债表中“无形资产”项目“期末余额”栏的列报金额＝2 378 101.4－6 644 31－22 778.9＝1 690 891.5万元。

2. 负债项目的填列举例说明

（1）“短期借款”项目，反映企业向银行或其他金融机构等借入的期限在1年期以下（含1年）的各种借款。该项目应根据“短期借款”科目的期末余额填列。

【例10－22】2×23年12月31日，美的公司“短期借款”相关明细科目期末贷方余额如下：信用借款为319 216.3万元，保证借款为139 921.9万元，质押借款为57 809.8万元。

解析：2×23年12月31日，美的公司资产负债表中“短期借款”项目“期末余额”栏的列报金额＝319 216.3＋139 921.9＋57 809.8＝516 948万元。

（2）“应付账款”项目，反映资产负债表日以摊余成本计量的、企业购买原材料、商品和接受服务等经营活动应支付的款项。该项目应根据“应付账款”和“预付账款”科目所属的相关明细科目的期末贷方余额合计数填列。

【例10－23】2×23年12月31日，美的公司“应付账款”相关明细科目期末贷方余额为5 988 077.2万元，“预付账款”相关明细科目期末贷方余额为435 245.6万元。

解析：2×23年12月31日，美的公司资产负债表中“应付账款”项目“期末余额”栏的列报金额＝5 988 077.2＋435 245.6＝6 423 322.5万元。

（3）“预收款项”项目，反映企业按购货合同规定预收的款项。该项目根据“预收账款”和“应收账款”科目所属各明细科目的期末贷方余额合计数填列。如“预收账款”科目所属各明细账期末有借方余额的，应在资产负债表“应收账款”项目内填列。

（4）“合同负债”项目，反映企业按照企业会计准则的相关规定，根据企业履行履约义务与客户付款之间的关系在资产负债表中列示的合同负债。“合同负债”项目根据“合同负债”的相关明细科目期末余额分析填列。

【例10－24】2×23年12月31日，美的公司“合同负债”相关明细科目期末贷方余额如下：预收货款及劳务款为2 514 333.7万元，预收工程款为281 670.1万元。

解析：2×23年12月31日，美的公司资产负债表中“合同负债”项目“期末余额”栏的列报金额＝2 514 333.7＋281 670.1＝2 796 003.8万元。

（5）“应付职工薪酬”项目，反映企业为获得职工提供的服务或解除劳动关系而给予的各种形式的报酬或补偿。该项目应根据“应付职工薪酬”科目所属各明细科目的期末贷方余额分析填列。

【例10－25】2×23年12月31日，美的公司“应付职工薪酬”相关明细科目期末贷方余额如下：应付工资为653 992.3万元，职工福利费为32 681.1万元，社会保险费为7 934万元，住房公积金为2 568.7万元，工会经费和职工教育经费为2 200.2万元，其他短期薪酬为4 821万元，其他为1 1024.4万元。

解析：2×23年12月31日，美的公司资产负债表中“应付职工薪酬”项目“期末余额”栏的列报金额＝653 992.3＋32 681.1＋7 934＋2 568.7＋2 200.2＋4 821＋1 1024.4＝715 221.7万元。

（6）“应交税费”项目，反映企业按照税法规定计算应缴纳的各种税费，包括增值税、消费税、所得税、资源税、土地增值税、城市维护建设税、房产税、城镇土地使用税、车船使用税、教育费附加、矿产资源补偿费等。企业代扣代交的个人所得税，也通过该项目列示。该项目应根据“应交税费”科目的期末贷方余额填列；如“应交税费”科目期末为借方余额，以“-”号填列。

【例10-26】 2×23年12月31日，美的公司“应交税费”相关明细科目期末贷方余额如下：应交企业所得税为281 352.2万元，未交增值税为97 503.5万元，其他为116 677.8万元。

解析：2×23年12月31日，美的公司资产负债表中“应交税费”项目“期末余额”栏的列报金额=281 352.2+97 503.5+116 677.8=4 995 533.5万元。

（7）“一年内到期的非流动负债”项目，反映企业各种非流动负债将于资产负债表日后一年之内到期部分的金额，包括一年内到期的长期借款、长期应付款、租赁负债和应付债券。该项目应根据上述科目的期末余额分析计算后填列。

【例10-27】 2×23年12月31日，美的公司一年内到期的长期借款为624 848.4万元，一年内到期的租赁负债为99 214.2万元。

解析：2×23年12月31日，美的公司资产负债表中“一年内到期的非流动负债”项目“期末余额”栏的列报金额=624 848.4+99 214.2=724 062.6万元。

（8）“长期借款”项目，反映企业想银行或其他金融机构借入的1年期以上（不含1年）的各期借款。该项目应根据“长期借款”科目的期末余额，减去“长期借款”科目所属的明细科目中将在资产负债表日一年内到期且企业不能自主地将清偿义务展期的长期借款后的金额计算填列。

【例10-28】 2×23年12月31日，美的公司“长期借款”相关明细科目期末贷方余额如下：保证借款为3 506 323.9万元，信用借款为2 186 043.8万元，抵押借款为941.1万元，质押借款为134.4万元，其中：一年到期的信用借款为623 272.9万元，一年到期的抵押借款为941.1万元，一年到期的质押借款为134.4万元。

解析：2×23年12月31日，美的公司资产负债表中“长期借款”项目“期末余额”栏的列报金额=3 506 323.9+（2 186 043.8-623 272.9）+（941.1-941.1）+（134.4-134.4）=5 068 594.8万元。

（9）“预计负债”项目，反映企业根据或有事项等相关准则确认的各项预计负债，包括对外提供担保、未决诉讼、产品质量保证、重组义务、亏损性合同以及固定资产和矿区权益弃置义务等产生的预计负债。该项目根据“预计负债”账户期末余额填列。

3. 所有者权益项目的填列举例说明

（1）“实收资本（或股本）”项目，反映企业各投资者实际投入的资本（或股本）总额。该项目应根据“实收资本（股本）”账户的期末余额填列。

（2）“资本公积”项目，反映企业收到投资者出资超出其在注册资本或股本中所占的份额以及直接计入所有者权益的利得和损失等。该项目应根据“资本公积”科目的期末余额填列。

【例10-29】 2×23年12月31日，美的公司“资本公积”相关明细科目期末贷方余额如下：股本溢价为1 550 757.7万元，股份支付激励方案为2 27 910.8万元，其他为

190 645.4 万元。

解析：2×23 年 12 月 31 日，美的公司资产负债表中“资本公积”项目“期末余额”栏的列报金额 = 1 550 757.7 + 2 27 910.8 + 190 645.4 = 1 969 313.9 万元。

（3）“盈余公积”项目，反映企业盈余公积的期末余额。该项目应根据“盈余公积”科目的期末余额填列。

（4）“未分配利润”项目，反映企业尚未分配的利润。该项目应根据“本年利润”科目和“利润分配”科目的期末余额计算填列，如为未弥补的亏损，在该项目内以“-”号填列。

三、利润表的编制

利润表编制的原理是“收入 - 费用 = 利润”的会计等式和收入与费用的配比原则。企业在生产经营中不断取得各项收入，同时发生各种费用，收入减去费用的剩余部分为企业的盈利，如果企业经营不善，发生的生产经营费用超过取得的收入，超出部分为企业的亏损。将取得的收入和发生的相关费用进行对比，对比结果表现为企业的经营成果。企业将经营成果的核算过程和结果编制成报表，即利润表。

（一）利润表的结构

我国企业的利润表采用多步式格式，即通过对当期的收入、费用、支出项目按性质加以归类，按利润形成的主要环节列示一些中间性利润指标，分步计算当期净损益，以便财务报表使用者理解企业经营成果的不同来源。

利润表一般由表头、表体两部分组成。表头部分应列明报表名称、编制单位名称、编制日期、报表编号和计量单位。表体部分为利润表的主体，列示了形成经营成果的各个项目和计算过程。

为了使财务报表使用者通过比较不同期间利润的实现情况，判断企业经营成果的未来发展趋势，企业需要提供比较利润表。为此，利润表金额栏分为“本期金额”和“上期金额”两栏分别填列。我国一般企业利润表的格式，如表 10-3 所示。

表 10-3　　**利润表**　　会企 02 表

编制单位：　　年　　单位：元

项目	本期金额	上期金额
一、营业收入		
减：营业成本		
税金及附加		
销售费用		
管理费用		
财务费用		
其中：利息费用		
利息收入		
加：其他收益		
投资收益（损失以“-”号填列）		

续表

项目	本期金额	上期金额
其中：对联营企业和合营企业的投资收益		
以摊余成本计量的金融资产终止确认收益（损失以“-”号填列）		
公允价值变动收益（损失以“-”号填列）		
信用减值损失（损失以“-”号填列）		
资产减值损失（损失以“-”号填列）		
资产处置收益（损失以“-”号填列）		
二、营业利润（亏损以“-”号填列）		
加：营业外收入		
减：营业外支出		
三、利润总额（亏损总额以“-”号填列）		
减：所得税费用		
四、净利润（净亏损以“-”号填列）		
（一）持续经营净利润（净亏损以“-”号填列）		
（二）终止经营净利润（净亏损以“-”号填列）		
五、每股收益		
（一）基本每股收益		
（二）稀释每股收益		

（二）利润表的编制步骤

第一步，以营业收入为基础，减去营业成本、税金及附加、销售费用、管理费用、研发费用、财务费用、加上其他收益、投资收益（或减去投资损失）、净敞口套期收益（或减去净敞口套期损失）、公允价值变动收益（或减去公允价值变动损失）、资产减值损失、信用减值损失、资产处置收益（或减去资产处置损失），计算出营业利润。

第二步，以营业利润为基础，加上营业外收入，减去营业外支出，计算出利润总额。

第三步，以利润总额为基础，减去所得税费用，计算出净利润（或净亏损）。

第四步，以净利润（或净亏损）和其他综合收益为基础，计算综合收益总额。

第五步，以净利润（或净亏损）为基础，计算每股收益。

（三）上期金额的填列方法

按照财务报表列报的基本要求，利润表必须提供比较数据，因此利润表各项目需要列报“本期金额”和“上期金额”以供比较。利润表中的“上期金额”栏各项目如为年度利润表，则应根据上年年末利润表的“本期金额”栏数字填列；如果本年度利润表各个项目的名称和内容与上年度不一致的，应将上年年末利润表各项目的数字按照本年度的规定进行调整，将调整后的数字填入本年度的上期金额栏内。

（四）本期金额的填列方法

“本期金额”栏内各期数字，除“基本每股收益”和“稀释每股收益”项目外，应当按照相关科目的发生额分析填列。如“营业收入”项目，根据“主营业务收入”“其他业务收入”科目的发生额分析计算填列；“营业成本”项目，根据“主营业务成本”“其他业务成本”科目的发生额分析计算填列。

（五）利润表主要项目的填列举例说明

1. “营业收入”项目

反映企业经营主要业务和其他业务所确认的收入总额。该项目应根据“主营业务收入”和“其他业务收入”科目的发生额分析填列。

【例 10－30】美的公司 2×23 年度“主营业务收入”科目发生额明细如下所示：暖通空调收入合计 15 063 458.6 万元，消费电器收入合计 12 528 473.7 万元，机器人及自动化系统收入合计 2 992 767.4 万元，其他收入合计 1 061 777.7 万元；“其他业务收入”科目发生额合计 2 745 275.7 万元。

解析：美的公司 2×23 年利润表中“营业收入”项目“本期金额”栏的列报金额 =（15 063 458.6 + 12 528 473.7 + 2 992 767.4 + 1 061 777.7）+ 2 745 275.7 = 34 391 753.1 万元。

2. “营业成本”项目

反映企业经营主要业务和其他业务所发生的成本总额。该项目应根据“主营业务成本”和“其他业务成本”科目的发生额分析填列。

【例 10－31】美的公司 2×23 年度“主营业务成本”科目发生额明细如下所示：暖通空调成本合计 11 623 402.5 万元，消费电器成本合计 8 744 908 万元，机器人及自动化系统成本合计 2 366 477.2 万元，其他成本合计 2 353 100.3 万元；“其他业务成本”科目发生额合计 2 353 160.3 万元。

解析：美的公司 2×23 年利润表中“营业成本”项目“本期金额”栏的列报金额 =（11 623 402.5 + 88 744 908 + 2 366 477.2 + 2 353 100.3）+ 2 353 160.3 = 23 700 709.8 万元。

3. “税金及附加”项目

反映企业经营业务应负担的消费税、城市维护建设税、教育费附加、资源税、土地增值税、房产税、车船税、城镇土地使用税、印花税等相关税费。该项目应根据“税金及附加”科目的发生额分析填列。

【例 10－32】美的公司 2×23 年度“税金及附加”科目的发生额如下：城市维护建设税合计 53 422.5 万元，教育费附加合计 40 648 万元，其他合计 61 617.9 万元。

解析：美的公司 2×23 年利润表中“税金及附加”项目“本期金额”栏的列报金额 = 53 422.5 + 40 648 + 61 617.9 = 156 588.4 万元。

4. “销售费用”项目

反映企业在销售商品过程中发生的包装费、广告费等费用和维销售本企业商品而专设销售机构的职工薪酬、业务费等经营费用。该项目应根据“销售费用”科目的发生额分析填列。

5. “管理费用”项目

反映企业为组织和管理生产经营发生的管理费用。该项目应根据“管理费用”科目的发生额分析填列。

6. “财务费用”项目

反映企业为筹集生产经营所需资金而发生的应予费用化的利息支出。该项目应根据“财务费用”科目的相关明细科目发生额分析填列。“利息收入”项目，反映企业应冲减财务费用的利息收入，该项目应根据“财务费用”科目的相关明细科目的发生额分析填列。

【例10－33】美的公司2×23年度“财务费用”科目的发生额如下：银行借款利息费用合计183 091.5万元，银行存款利息收入合计583 771.3万元，汇兑损益费用合计50 708.1万元，银行手续费等其他支出11 222.6万元。

解析：美的公司2×23年利润表中“财务费用”项目“本期金额”栏的列报金额＝183 091.5＋50 708.1＋11 222.6－583 771.3＝－338 749.1万元。其中：“利息费用”项目“本期金额”栏的列报金额为183 091.5万元，“利息收入”项目“本期金额”栏的列报金额为583 771.3万元。

7. “公允价值变动收益”项目

反映企业应当计入当期损益的资产或负债公允价值变动收益。该项目应根据“公允价值变动损益”科目的发生额分析填列，如为净损失，该项目以“－”号填列。

【例10－34】美的公司2×23年度“公允价值变动损失”科目的发生额如下：衍生金融工具公允价值变动收益合计81 592.2万元，结构性存款公允价值变动损失合计4 456.2万元，权益工具投资公允价值变动损失合计102 253.1万元。

解析：美的公司2×23年利润表中“公允价值变动收益”项目“本期金额”栏的列报金额＝81 592.2－4 456.2－102 253.1＝－25 117.1万元。

8. “信用减值损失”项目

反映企业按照相关准则的要求计提的各项金融工具信用减值准备所确认的信用损失。该项目应根据“信用减值损失”科目的发生额分析填列。

【例10－35】美的公司2×23年度“信用减值损失”科目的发生额如下：应收账款坏账损失合计47 535.7万元，其他应收款坏账转回合计277.6万元，应收票据坏账损失合计3 013.2万元，发放贷款和垫款减值损失合计1 120.2万元，长期应收款减值转回合计22.9万元。

解析：美的公司2×23年利润表中“信用减值损失”项目“本期金额”栏的列报金额＝47 535.7－277.6＋3 013.2＋1 120.2－22.9＝51 368.6万元。

9. “资产减值损失”项目

反映企业有关资产发生的减值损失。该项目应根据“资产减值损失”科目的发生额分析填列。

【例10－36】美的公司2×23年度“资产减值损失”科目的发生额如下：存货跌价损失合计44 859.1万元，无形资产减值损失合计4 859.3万元，合同资产减值损失合计2 442.2万元，长期股权投资减值损失合计617.9万元，固定资产减值损失合计557.8万元。

解析：美的公司2×23年利润表中“资产减值损失”项目“本期金额”栏的列报金额＝44 859.1＋4 859.3＋2 442.2＋617.9＋557.8＝53 336.3万元。

10. “营业利润”项目

反映企业实现的营业利润。如为亏损，该项目以“－”号填列。

11. “营业外收入”项目

反映企业发生出营业利润以外的收益，主要包括与企业日常活动无关的政府补助、盘盈利得、捐赠利得等。该项目根据“营业外收入”科目的发生额分析填列。

12. “营业外支出”项目

反映企业发生的除营业利润以外的支出，主要包括公益性捐赠支出、非常损失、盘亏损失、非流动资产损毁报废损失等。该项目应根据“营业外支出”科目的发生额分析填列。

13. “利润总额”项目

反映企业实现的利润。如为亏损，该项目以“ - ”号填列。

14. “所得税费用”项目

反映企业应从当期利润总额中扣除的所得税费用。该项目应根据“所得税费用”科目的发生额分析填列。

15. “净利润”项目

反映企业实现的净利润。如为亏损，该项目以“ - ”号填列。

16. “每股收益”项目

包括基本每股收益和稀释每股收益两项指标，反映普通股或潜在普通股已公开交易的企业，以及正处在公开发行普通股或潜在普通股过程中的企业的每股收益信息。

四、会计报表附注

（一）财务报表附注的概念

附注是财务报表不可或缺的组成部分，是对在资产负债表、利润表、现金流量表和所有者权益变动表等报表中列示项目的文字描述或明细资料，以及对未能在这些报表中列示项目的说明等。

财务报表中的数字是经过分类与汇总后的结果，是对企业发生的经济业务的高度简化和浓缩的数字，如果没有形成这些数字所使用的会计政策、理解这些数字所必需的披露，财务报表就不可能充分发挥效用。因此，附注与资产负债表、利润表、现金流量表、所有者权益变动表等报表具有同等的重要性，是财务报表的重要组成部分。报表使用者了解企业的财务状况、经营成果和现金流量，应当全面阅读附注。

（二）附注披露的基本要求

（1）附注披露的信息应是定量、定性信息的结合，从而能从量和质两个角度对企业经济事项进行完整的反映，也才能满足信息使用者的决策需求。

（2）附注应当按照一定的结构进行系统合理的排列和分类，有顺序地披露信息。由于附注的内容繁多，因此更应按逻辑顺序排列，分类披露，条理清晰，具有一定的组织结构，以便于使用者理解和掌握，也更好地实现财务报表的可比性。

（3）附注相关信息应当与资产负债表、利润表、现金流量表和所有者权益变动表等报表中列示的项目相互参照，以有助于使用者联系相关联的信息，并由此从整体上更好地理解财务报表。

（三）会计报表附注披露的内容

按《企业会计准则第 30 号——财务报表列报》的规定，企业应当披露的附注信息主要包括下列内容：

（1）企业的基本情况：①企业注册地、组织形式和总部地址；②企业的业务性质和主要经营活动；③母公司以及集团最终母公司的名称；④财务报告的批准报出者和财务报告批准报出日。

（2）财务报表的编制基础。

（3）遵循企业会计准则的声明。企业应当声明编制的财务报表符合企业会计准则的要求，真实、完整地反映了企业的财务状况、经营成果和现金流量等有关信息。如果企业编制的财务报表只是部分地遵循了企业会计准则，附注中不得做出这种表述。

（4）重要会计政策和会计估计。根据财务报表列报准则的规定，企业应当披露采用的重要会计政策和会计估计，不重要的会计政策和会计估计可以不披露。①重要会计政策的说明。②重要会计估计的说明。

（5）会计政策和会计估计变更以及差错更正的说明。企业应当按照《企业会计准则第28号——会计政策、会计估计变更和差错更正》及其应用指南的规定，披露会计政策和会计估计变更以及差错更正的有关情况。

（6）报表重要项目的说明。企业应当以文字和数字描述相结合、尽可能以列表形式披露报表重要项目的构成或当期增减变动情况，并且报表重要项目的明细金额合计，应当与报表项目金额相衔接。在披露顺序上，一般应当按照资产负债表、利润表、现金流量表、所有者权益变动表的顺序及其项目列示的顺序。

（7）其他需要说明的重要事项。这些重要事项主要包括或有事项、资产负债表日后非调整事项、关联方关系及其交易等。

第四节 财务报表审计

一、财务报表审计

财务报表审计，是指注册会计师依法接受委托，按照独立审计准则的要求，对被审计单位的财务报表实施必要的审计，获取充分、适当的审计证据，并对财务报表发表审计意见。

（一）财务报表审计目的

（1）对被审计单位财务报表的编制是否符合《企业会计准则》及国家其他有关财务会计法规的规定。

（2）财务报表在所有重大方面是否公允地反映了被审计单位的财务状况、经营成果和资金变动情况。

（3）会计处理方法的选用是否符合一贯性原则等方面发表审计意见。

（二）财务报表审计意义

（1）通过报表审计，有利于报表使用者做出正确的决策。真实可靠的会计信息是报表使用者做出正确决策的重要依据。由于企业管理当局所处的地位，使他们难以保证会计信息的真实可靠性；又由于财务会计报表所提供的会计信息专业性很强，它的使用者难以对它的真实可靠性做出准确的判断，更不可能亲自处理。而由独立于企业之外的审计人员对企业财务会计报表进行审核，便于验证财务会计报表所提供信息的真实可靠性，有利于报表使用者做出正确的决策。

（2）通过报表审计，有利于保护投资者和债权人的合法权益。不同的报表使用者是不同的利益主体，其间通常存在一定的利益冲突。就投资者而言，他们最关心的是投资风险和报酬，需要企业提供真实可靠的信息，以评估企业支付股利的能力和投资风险的大小；就债权人而言，他们最关心的是债权能否及时收回，需要企业提供真实可靠的信息，以评价企业的偿债能力。但企业管理当局为了骗取投资和债权，有可能采取弄虚作假的手段，如虚构资产、隐瞒负债等，致使财务会计报表所提供的会计信息不能如实地反映企业的实际情况。审计人员通过对财务会计报表的审计，可以揭示并纠正各项错误和弊端，确认报表所反映内容的真实性与正确性，有利于保护投资者和债权人的合法权益。

（3）通过报表审计，有利于促使企业改善内部管理。财务会计报表总括地反映了企业的财务状况、经营成果和理财过程，它几乎涵盖了企业所有的经济活动。审计人员通过对财务会计报表的审查分析，可以了解和揭露企业生产经营过程中的薄弱环节以及管理中的漏洞，进而提出改进的意见和建议，促使企业改善内部管理，提高经济效益。

（4）通过报表审计，有利于提高审计工作效率。财务审计，通常采用逆查法，从审查和分析财务会计报表着手，将会计工作的终点作为审计工作的起点。由于财务会计报表集中反映了企业一定时期的财务状况和经营成果，通过对财务会计报表的分析、审查，就可以找出审计的重点和疑点，为进一步审查账目提供线索，指明方向，使审计工作做到有的放矢，从而节约审计资源，提高审计工作的效率。

（三）财务报表审计的目标

财务报表审计属于鉴证业务，注册会计师的审计意见旨在提高财务报表的可信赖程度。财务报表审计的目标是注册会计师通过执行审计工作，对财务报表的下列方面发表审计意见：①财务报表是否按照适用的会计准则和相关会计制度的规定编制；②财务报表是否在所有重大方面公允反映被审计单位的财务状况、经营成果和现金流量。

（四）财务报表审计的一般原则

（1）遵守职业道德要求。注册会计师应当遵守相关的职业道德规范，恪守独立、客观、公正的原则，保持专业胜任能力和应有的关注，并对执业过程中获知的信息保密。还应当遵守会计师事务所质量控制准则，按照审计准则的规定执行审计工作。

（2）保持职业怀疑态度。职业怀疑态度是指注册会计师以质疑的思维方式评价所获取审计证据的有效性，并对相互矛盾的审计证据，以及引起对文件记录或管理层和治理层提供的信息的可靠性产生怀疑的审计证据保持警觉。在计划和实施审计工作时，注册会计师应当保持职业怀疑态度，充分考虑可能存在导致财务报表发生重大错报的情形。

（3）注重合理保证。注册会计师按照审计准则的规定执行审计工作，能够对财务报表整体不存在重大错报获取合理保证。由于审计中存在的固有限制影响注册会计师发现重大错报的能力，注册会计师不能对财务报表整体不存在重大错报获取绝对保证。导致固有限制的因素主要包括：①选择性测试方法的运用；②内部控制的固有局限性；③大多数审计证据是说服性而非结论性的；④为形成审计意见而实施的审计工作涉及大量判断；⑤某些特殊性质的交易和事项可能影响审计证据的说服力。审计工作不能对财务报表整体不存在重大错报提供担保，审计意见不是对被审计单位未来生存能力或管理层经营效率、效果提供的保证。

（4）关注审计风险和重要性。被审计单位在实施战略以实现其目标的过程中可能面临各种经营风险，注册会计师应当重点关注可能影响财务报表的经营风险。合理保证意味着审计风险始终存在，注册会计师应当通过计划和实施审计工作，获取充分、适当的审计证据，将审计风险降至可接受的低水平。

审计风险是指财务报表存在重大错报而注册会计师发表不恰当审计意见的可能性，审计风险取决于重大错报风险和检查风险。注册会计师应当实施审计程序，评估重大错报风险，并根据评估结果设计和实施进一步审计程序，以控制检查风险。重大错报风险是指财务报表在审计前存在重大错报的可能性；检查风险是指某一认定存在错报，该错报单独或连同其他错报是重大的，但注册会计师未能发现这种错报的可能性。

首先，注册会计师应当关注财务报表的重大错报，但没有责任发现对财务报表整体不产生重大影响的错报。与此同时，注册会计师还应当考虑已识别但未更正的单个或累计的错报是否对财务报表整体产生重大影响，重要性与审计风险相关，注册会计师应当合理确定重要性水平。

其次，在设计审计程序以确定财务报表整体是否存在重大错报时，注册会计师应当从财务报表层次和各类交易、账户余额、列报（包括披露，下同）认定层次考虑重大错报风险。财务报表层次重大错报风险通常与控制环境有关，并与财务报表整体存在广泛联系，可能影响多项认定，但难以界定于某类交易、账户余额、列报的具体认定。

再次，注册会计师应当评估财务报表层次的重大错报风险，并根据评估结果确定总体应对措施，包括向项目组分派更有经验或具有特殊技能的审计人员、利用专家的工作或提供更多的督导等。

最后，注册会计师应当评估认定层次的重大错报风险，并根据既定的审计风险水平和评估的认定层次重大错报风险确定可接受的检查风险水平。在既定的审计风险水平下，可接受的检查风险水平与认定层次重大错报风险的评估结果成反向关系。评估的重大错报风险越高，可接受的检查风险越低；评估的重大错报风险越低，可接受的检查风险越高。注册会计师应当获取认定层次充分、适当的审计证据，以便在完成审计工作时，能够以可接受的低审计风险对财务报表整体发表审计意见。

二、财务报表审计报告

审计报告是注册会计师就企业财务报表编制是否恰当地反映了企业的财务状况和经营成果所出具意见的报告。企业年度财务报表都要经过注册会计师审计并且出具审计报告。审计报告内容包括审计意见及形成审计意见的基础、管理层对财务报表的责任、注册会计师对财务报表的审计责任等。审计意见的基本类型包括无保留意见、保留意见、否定意见和无法表示意见。无保留意见的审计报告主要是认为财务报表在所有重大方面按照适用的财务报告编制基础的规定编制并实现公允反映；保留意见的审计报告主要认为存在重大错报但不具有广泛性或者审计范围受限不能得出不存在重大错报但不具有广泛性；否定意见的审计报告主要认为存在重大错报且具有广泛性；无法表示意见的审计报告认为审计范围受限不能得出不存在重大错报且具有广泛性。

下面是一个标准的无保留意见的审计报告实例。

【例10－37】审计报告

审计意见类型	标准的无保留意见
审计报告签署日期	2×23年4月27日
审计机构名称	普华永道中天会计师事务所（特殊普通合伙）
审计报告文号	普华永道中天审字（2×23）第10017号
注册会计师姓名	姚文平、吴芳芳

普华永道中天审字（2×23）第10017号

美的集团股份有限公司全体股东：

一、审计意见

（一）我们审计的内容

我们审计了美的集团股份有限公司（以下简称"美的集团"）的财务报表，包括2×22年12月31日的合并及公司资产负债表，2×22年度的合并及公司利润表、合并及公司现金流量表、合并及公司股东权益变动表以及财务报表附注。

（二）我们的意见

我们认为，后附的财务报表在所有重大方面按照企业会计准则的规定编制，公允反映了美的集团2×22年12月31日的合并及公司财务状况以及2×22年度的合并及公司经营成果和现金流量。

二、形成审计意见的基础

我们按照中国注册会计师审计准则的规定执行了审计工作。审计报告的"注册会计师对财务报表审计的责任"部分进一步阐述了我们在这些准则下的责任。我们相信，我们获取的审计证据是充分、适当的，为发表审计意见提供了基础。

按照中国注册会计师职业道德守则，我们独立于美的集团，并履行了职业道德方面的其他责任。

三、关键审计事项

关键审计事项是我们根据职业判断，认为对本期财务报表审计最为重要的事项。这些事项的应对以对财务报表整体进行审计并形成审计意见为背景，我们不对这些事项单独发表意见。

我们在审计中识别出的关键审计事项汇总如下：

（一）暖通空调及消费电器收入确认（略）

（二）商誉减值测试（略）

四、其他信息

美的集团管理层对其他信息负责。其他信息包括美的集团2×22年年度报告中涵盖的信息，但不包括财务报表和我们的审计报告。

我们对财务报表发表的审计意见不涵盖其他信息，我们也不对其他信息发表任何形式的鉴证结论。

结合我们对财务报表的审计，我们的责任是阅读其他信息，在此过程中，考虑其他信息是否与财务报表或我们在审计过程中了解到的情况存在重大不一致或者似乎存在重大错报。

基于我们已经执行的工作，如果我们确定其他信息存在重大错报，我们应当报告该事实。在这方面，我们无任何事项需要报告。

五、管理层和治理层对财务报表的责任

美的集团管理层负责按照企业会计准则的规定编制财务报表，使其实现公允反映，并设计、执行和维护必要的内部控制，以使财务报表不存在由于舞弊或错误导致的重大错报。

在编制财务报表时，管理层负责评估美的集团的持续经营能力，披露与持续经营相关的事项（如适用），并运用持续经营假设，除非管理层计划清算美的集团、终止运营或别无其他现实的选择。

治理层负责监督美的集团的财务报告过程。

六、注册会计师对财务报表审计的责任

我们的目标是对财务报表整体是否不存在由于舞弊或错误导致的重大错报获取合理保证，并出具包含审计意见的审计报告。合理保证是高水平的保证，但并不能保证按照审计准则执行的审计在某一重大错报存在时总能发现。错报可能由于舞弊或错误导致，如果合理预期错报单独或汇总起来可能影响财务报表使用者依据财务报表作出的经济决策，则通常认为错报是重大的。

在按照审计准则执行审计工作的过程中，我们运用职业判断，并保持职业怀疑。

同时，我们也执行以下工作：

（一）识别和评估由于舞弊或错误导致的财务报表重大错报风险；设计和实施审计程序以应对这些风险，并获取充分、适当的审计证据，作为发表审计意见的基础。由于舞弊可能涉及串通、伪造、故意遗漏、虚假陈述或凌驾于内部控制之上，未能发现由于舞弊导致的重大错报的风险高于未能发现由于错误导致的重大错报的风险。

（二）了解与审计相关的内部控制，以设计恰当的审计程序。

（三）评价管理层选用会计政策的恰当性和做出会计估计及相关披露的合理性。

（四）对管理层使用持续经营假设的恰当性得出结论。同时，根据获取的审计证据，就可能导致对美的集团持续经营能力产生重大疑虑的事项或情况是否存在重大不确定性得出结论。如果我们得出结论认为存在重大不确定性，审计准则要求我们在审计报告中提请报表使用者注意财务报表中的相关披露；如果披露不充分，我们应当发表非无保留意见。我们的结论基于截至审计报告日可获得的信息。然而，未来的事项或情况可能导致美的集团不能持续经营。

（五）评价财务报表的总体列报（包括披露）、结构和内容，并评价财务报表是否公允反映相关交易和事项。

（六）就美的集团中实体或业务活动的财务信息获取充分、适当的审计证据，以对财务报表发表审计意见。我们负责指导、监督和执行集团审计，并对审计意见承担全部责任。

我们与治理层就计划的审计范围、时间安排和重大审计发现等事项进行沟通，包括沟通我们在审计中识别出的值得关注的内部控制缺陷。

我们还就已遵守与独立性相关的职业道德要求向治理层提供声明，并与治理层沟通可能被合理认为影响我们独立性的所有关系和其他事项，以及相关的防范措施（如适用）。

从与治理层沟通过的事项中，我们确定哪些事项对本期财务报表审计最为重要，因而构成关键审计事项。我们在审计报告中描述这些事项，除非法律法规禁止公开披露这些事项，或在极少数情形下，如果合理预期在审计报告中沟通某事项造成的负面后果超过在公众利益方面产生的益处，我们确定不应在审计报告中沟通该事项。

普华永道中天
会计师事务所（特殊普通合伙）
中国 · 上海市
2×23 年 4 月 27 日

注册会计师
姚文平（项目合伙人）
注册会计师
吴芳芳

解析：根据上述审计报告，存在相关的重要术语，如“我们认为”或者“注册会计师认为”“在所有重大方面”“公允反映”等以及不同审计意见类型等对企业财务报表信息质量有不同的解读。

（1）“我们认为”：审计报告均由若干注册会计师签字，意味着签字的注册会计师对审计报告负责。“我们认为”表明审计报告的审计意见是签字的注册会计师的主观认为或是主观判断，并不完全代表客观实际。

（2）“在所有重大方面”：对于“重大”的判断取决于注册会计师的主观判断，不同注册会计师判断可能存在重大差异；“在所有非重大方面”存在的问题，则不影响注册会计师的审计意见的形成。

（3）“公允反映”：表明财务报表的编制依据的《企业会计准则》无论如何变迁，公允的反映企业客观实际始终是会计追求的目标；但是否“公允”则还是依赖于注册会计师的主观判断 。

一般来说，随着注册会计师业务素质、道德素质和监管力度的加大，审计意见对财务报表的鉴证作用会越来越大；无保留意见和保留意见审计报告的财务报告质量普遍高于否定意见和无法表示意见的财务报告质量。

思考与练习

一、思考题

1. 在期末会计计量时，为何要执行谨慎性原则？

2. 或有负债与预计负债的区别是什么？是否需要进行会计确认？

3. 在期末会计事项处理中，为何要分别进行收入、费用的期末账项调整？

4. 什么是利润？为何要分别计算不同层次的利润指标？

5. 资产负债表、利润表、现金流量表以及所有者权益变动表分别反映了哪些企业会计信息？

6. 如何理解财务报表审计报告出具的四种审计意见？

二、选择题

1. 下列各项中，体现谨慎性要求的是（　　）。

A. 企业对售出商品可能发生的保修义务确认预计负债

B. 企业按照交易或者事项的经济实质进行会计确认、计量和报告

C. 企业提供的会计信息与投资者等财务报告使用者的经济决策需要相关

D. 企业提供的会计信息清晰明了，便于投资者等财务报告使用者理解和使用

2. 甲企业根据对应收款项收回风险的估计，决定对应收账款和其他应收款按其余额的0.5 %计提坏账准备。2×23 年 12 月 1 日，“坏账准备”科目借方余额为 3 000 元。2×23 年 12 月 31 日，“应收账款”明细科目借方余额为 700 000 元，“其他应收款”明细科目借方余额为 100 000 元。该企业 2×23 年 12 月 31 日应补提的坏账准备的金额（　　）元。

A. 1 000　　B. 6500

C. 7 000　　D. 8 000

3. 2×23 年 12 月 31 日，甲企业存货的成本为 200 万元，可变现净值为 160 万元，存货跌价准备金额为 40 万元。2×24 年 1 月 31 日存货的成本为 150 万元，可变现净值为 180 万元，该企业应当计提的存货跌价准备为（　　）万元。

A. 0　　B. －40

C. －30　　D. 40

4. 下列各项中，不能表明企业的固定资产可能发生了减值迹象的是（　　）。

A. 固定资产的市价当期大幅下跌

B. 固定资产的市价当期大幅上涨

C. 预计有形损耗和无形损耗

D. 法律或者类似规定对固定资产使用的限制

5. 2×23 年 12 月 31 日，甲企业对某项存在减值迹象的外购厂房进行减值测试，减值测试的结果表明该建筑物的可收回金额为 1 000 万元。该企业 2×20 年 6 月 15 日购入该建筑物，原价为 1 500 万元，甲企业采用年限平均法计提折旧，预计使用年限为 20 年，预计净残值为 0。2×23 年 12 月 31 日该项建筑物应计提的减值准备的金额为（　　）万元。

A. 500　　B. 231. 25

C. 237. 5　　D. 262. 5

6. 甲公司于 12 月 21 日收到法院通知，被告知乙公司状告甲公司侵权，要求甲公司赔偿 100 万元，至年末未结案。甲公司在年末编制财务报表时，根据法律诉讼的进展情况以及专业人士的意见，认为胜诉的可能性为 60%，败诉的可能性为 40%，如果败诉有可能被要求支付 50 万元。下列各项中，关于甲公司年末会计处理表述正确的是（　　）。

A. 确认预计负债 100 万元　　B. 确认预计负债 50 万元

C. 确认预计负债 0 元　　D. 确认预计负债 80 万元

7. 甲公司 11 月收到法院通知被某单位提起诉讼，要求甲公司赔偿违约造成的经济损失 100 万元，至 12 月 31 日，法院尚未做出判决。对于此项诉讼，甲公司预计有 80% 的可能性败诉，需支付赔偿对方 60 万—80 万元，并支付诉讼费用 2 万元。下列各项中，当年 12 月 31 日甲公司需要做的会计处理是（　　）。

A. 不确认预计负债，但是在报表附注中披露

B. 确认预计负债 72 万元，同时在报表附注中披露有关信息

C. 确认预计负债 62 万元，同时在报表附注中披露有关信息

D. 确认预计负债 100 万元

8. 2×23 年 7 月 1 日，甲公司将自有厂房出租给乙公司，合同约定租期 1 年，每月租金为 3 万元，按季结算。不考虑相关税费及其他因素，下列各项中，关于甲公司确认租金收入表述正确的是（　　）。

A. 2×23 年 6 月 30 日确认租金收入 36 万元

B. 2×23 年 7 月 1 日确认租金收入 9 万元

C. 2×23 年 7 月 31 日确认租金收入 3 万元

D. 2×23 年 9 月 30 日确认租金收入 9 万元

9. 2×23 年 12 月 1 日，甲公司以银行存款预付 2×24 年度厂部财产保险费 18 000 元。不考虑相关税费及其他因素，下列各项中，该项业务对甲公司 2×23 年度会计报表相关项目影响表述正确的是（　　）。

A. 利润表“管理费用”项目增加 18 000 元

B. 利润表“管理费用”项目增加 1 500 元

C. 资产负债表“预付账款”项目增加 18 000 元

D. 资产负债表“合同负债”项目增加 18 000 元

10. 2×23 年 4 月 1 日，甲公司从银行借入期限 6 个月的借款 100 万元，合同约定借款年利率为 6%，到期一次还本，按季度支付利息。不考虑相关税费及其他因素，下列各项中，2×23 年 4 月，甲公司应付而尚未支付的利息费用应计入的资产负债表项目是（　　）。

A. 其他应付款　　B. 短期借款

C. 应付利息　　D. 长期借款

11. 下列各项中，引起企业所有者权益总额发生变动的是（　　）。

A. 结转本年利润　　B. 提取盈余公积

C. 分配现金股利　　D. 结转已分配利润

12. 下列各项中，财务会计报告的主体和核心是（　　）。

A. 会计财务报表　　B. 会计报表附注

C. 指标体系　　D. 资产负债表

13. 下列各项中，关于资产流动性表述正确的是（　　）。

A. 现金的流动性强于固定资产　　B. 存货的流动性强于银行存款

C. 应收账款的流动性强于存货　　D. 固定资产的流动性强于存款

14. 下列各项中，财务报表中各项目金额的直接来源是（　　）。

A. 原始凭证　　B. 日记账

C. 记账凭证　　D. 账簿记录

15. 下列各项中，企业对外提供的反映企业某一特定日期财务状况和某一会计期间经营成果、现金流量等会计信息的文件是（　　）。

A. 资产负债表　　B. 利润表

C. 附注　　D. 财务会计报告

16. 2×23 年 12 月 31 日，甲公司“固定资产”账户余额为 960 万元，“累计折旧”账户余额为 190 万元，“固定资产减值准备”账户余额为 70 万元，则该公司 2×23 年 12 月 31 日的资产负债表中，“固定资产”项目期末余额为（　　）万元。

A. 700　　B. 770

C. 890　　D. 960

17. 2×23 年末，甲公司应收账款明细账借方余额合计为 50 000 元，假设预收账款余额为 0，当年应收账款计提的坏账准备共 8 000 元，则年末资产负债表上所列示的“应收账款”为（　　）元。

A. 50 000　　B. 42 000

C. 58 000　　D. 80 00

18. 企业 2×23 年 12 月 31 日编制的年度利润表中，“本期金额”一栏反映的是（　　）。

A. 12 月 31 日利润或亏损的形成情况

B. 12 月累计利润或亏损的形成情况

C. 本年度利润或亏损的形成情况

D. 第 4 季度利润或亏损的形成情况

19. 下列各项中，关于财务报表审计报告的表述正确的有（　　）。

A. 审计报告是注册会计师就企业财务报表编制是否恰当地反映了企业的财务状况和经营成果所出具意见的报告

B. 企业月度财务报表都要经过注册会计师审计并且出具审计报告

C. 无法出具意见的审计报告主要认为存在重大错报且具有广泛性

D. 保留意见的审计报告认为审计范围受限不能得出不存在重大错报且具有广泛性

20. 下列各项中，体现会计核算谨慎性要求的有（　　）。

A. 对固定资产采用年数总和法计提折旧　　B. 计提无形资产的减值准备

C. 投资性房地产采用公允价值计量模式　　D. 存货期末采用成本与可变现净值孰低计价

21. 下列各项中，影响企业营业利润的有（　　）。

A. 营业成本　　B. 税金及附加

C. 资产减值损失　　D. 投资净损失

22. 下列各项中，财务会计报告使用者包括（　　）。

A. 管理层　　B. 出资人

C. 银行　　D. 税务机关

23. 下列各项中，财务会计报告包括（　　）。

A. 财务报表　　B. 财务报表附注

C. 财务情况说明书　　D. 其他应当在财务会计报告中披露的相关信息和资料

24. 下列各项中，属于利润表提供的信息有（　　）。

A. 实现的营业收入　　B. 发生的营业成本

C. 营业利润　　D. 企业的净利润或亏损总额

25. 下列各项中，关于财务报表附注的表述正确的是（　　）。

A. 附注中包括财务报表重要项目的说明

B. 对未能在财务报表列示的项目在附注中说明

C. 如果没有需要披露的重大事项，企业不必编制附注

D. 附注中包括会计政策和会计估计变更以及差错更正的说明

26. 下列各项中，注册会计师出具的审计报告中，审计意见包括有（　　）。

A. 无保留意见　　B. 保留意见

C. 否定意见　　D. 无法表示意见

27. 下列各项中，属于审计报告的内容的有（　　）。

A. 审计意见　　B. 形成审计意见的基础

C. 管理层对财务报表的责任　　D. 注册会计师对财务报表的审计责任

三、业务题

1. 甲公司按照成本与可变现净值孰低法对期末存货进行计价。第一年末，该公司 A 材料账面成本为 15 万元，预计可变现净值为 13 万元；第二年末，A 材料账面成本为 18 万元，预计可变现净值为 17 万元；第三年末，A 材料账面成本为 16 万元，预计可变现净值为 18 万元；第四年末，A 材料账面成本为 21 万元，预计可变现净值为 20 万元。

要求：不考虑其他因素，根据上项经济业务编制会计分录。

2. 甲公司为咨询公司，2 ×23 年 7 月 1 日，发生如下经济业务：

（1）借入短期借款 100 万元，期限 6 个月，借款年利率 3.6%，按季度支付利息；

（2）预付本季度财产保险费 9 万元；

（3）与乙公司签订合同，向其提供咨询服务，为期一年，合同约定共收取咨询费 12 万元，于每季度末收取；

（4）向丙公司出租闲置的汽车一部，期限半年，并预收 3 个月租金 2.1 万元。

要求：不考虑相关税费及其他因素，根据上述业务为甲公司完成 2 ×23 年 7 月的会计处理。

3. 甲企业为增值税一般纳税人，适用的增值税率为 13%，企业所得税率为 25%。该企业 2 ×23 年度有关资料如下：①本年度对外销售商品 50 000 件，该商品销售成本每件为 12 元，销售价格每件为 20 元（不含增值税）；②本年度内计入投资收益的债券利息收入为 60 000 元，其中，国债利息收入为 20 000 元；③本年度内发生管理费用 50 000 元，其中企业公司管理人员工资费用 25 000 元，业务招待费 20 000 元。按税法规定可在应纳税所得额前扣除的管理人员工资费用为 20 000 元，业务招待费 5 000 元；④本年度内补贴收入 3 000 元（计入当期营业外收入）。按税法规定应交纳所得税。

要求：

（1）不考虑其他因素，计算该企业 2 ×23 年利润表中有关项目的金额：①营业利润；②利润总额；③本年度应交所得税；④净利润。

（2）按税后利润的 10% 提取法定盈余公积，编制会计分录。

（3）将税后利润的 40% 分配给投资者，编制会计分录。

四、案例分析题

（一）案例一

根据甲公司与乙公司签订的“对赌协议”可知，2 ×22—2 ×25 年甲公司每年需实现 10% 以上的净资产收益率。2 ×22 年甲公司宣告实现净资产收益率 10.52%，乙公司委托审计人员对甲公司 2 ×22 年的年度财务报表及其附注进行审计时，发现以下事项：

（1）资产负债表中“固定资产”项目的期末数比年初数增加了 1 000 万元，增幅为 10%，但是“累计折旧”项目的期末数比年初数减少了 30 万元，减幅达到 7%。经查明原因，是该企业变更了固定资产的折旧方法；

（2）利润表中“营业收入”项目本年金额与上年金额相比变化不大，而此时正处于物价持续上涨时期，但是“营业成本”项目本年金额比上年金额减少 2 230 万元，减幅达 23.1%。经查明原因，是该企业对存货发出成本的核算由加权平均法改为先进先出法；

（3）该企业本年度发生设备故障而停产发生的损失及修理费用均计入长期待摊费用，未计入当期损益；

（4）该企业自 2×22 年起将坏账准备计提率由 1% 调整至 0.5%，在年度财务报表中未披露坏账准备计提率的变更对当期利润的影响。

要求：根据上述资料，回答以下问题。

（1）甲企业上述行为的目的是什么？其是通过何种手段实现该目的的？

（2）作为注册会计师，对于甲企业的财务报表应该出具何种审计意见？

（二）案例二

礼品店的收支核算

小陈大学毕业后创办了陈记有限责任公司，主要业务是制作销售生日礼品。2×23 年 5 月份发生如下业务：①5 月 1 日，与客户 A 达成 12 000 元的订单意向；②5 月 2 日，打电话向供应商表达订购原材料 6 000 元的意向；③5 月 5 日，向客户 A 确认订单后，要求供应商送原材料；④5 月 8 日，收到供应商送来原材料 6 000 元，暂未付款；⑤5 月 15 日，将制作好的礼品送交 5 月 1 日达成订单意向的客户 A，价款为 12 000 元，对应的材料成本为 5 000 元。客户 A 支付 10 000 元现金，剩余部分暂欠；⑥5 月 25 日，支付供应商原材料款 6 000 元现金；⑦5 月 31 日，支付本月工资、房租、水电 4 000 元现金。

要求：不考虑增值税、期初余额等因素，根据上述资料，回答以下问题。

（1）分析 5 月 1 日至 5 日发生的经济业务是否可以确认为会计处理的经济业务？为什么？

（2）为 5 月份发生的经济业务编制会计分录。

（3）税前利润是多少？编制本月的简易利润表。

（4）计算本月的现金流入、现金流出与现金净流量。月末现金余额是多少？

（5）5 月末有哪些资产？编制本月末的简易资产负债表。

（6）本月末公司有钱组织公司团建活动吗？

（三）案例三

小王和小张同为在校大三的学生，出于创业的兴趣，两人于 2×23 年初注册成立一家公司，注册资本是 20 万元，经营范围是制作及销售手工奶茶。由于奶茶店同业竞争激烈，为了减少公司的开支，有效降低费用，未雇佣任何店员，两人身兼数职，既是合伙人，也是店员，由于小张修读过会计课程，所以同时还担任公司会计和出纳的角色。2×23 年度，小张记录了如下经济业务：

（1）小王和小张各自出资 10 万元，成立公司，款项存入公司账户；

（2）支付 2 年店面租金 3.6 万元；

（3）支付广告费 0.5 万元；

（4）支付制冰机等设备款 2 万元，该设备预计可使用 5 年；

（5）支付二人工资共计 4.8 万元；

（6）支付牛奶、茶包、糖等原料款8万元，尚剩余原料价值1万元；

（7）取得销售收入16万元。

小王同学根据自己的记账结果，认为2×23年亏损，不需要缴纳企业所得税，也就没有必要编制财务报表。于是，他根据自己的判断，完成账簿登记工作后，就结束了所有的会计工作。

要求：根据上述资料，回答以下问题。

（1）该公司的会计工作是否存在问题？

（2）请为该公司编制2×23年度资产负债表、利润表。

第十一章　财务报告分析

“管理最难的一点就是：不放，做不大；放了，收不住，企业就要失控。所以必须靠财务制度和管理流程去管控、拿捏这个分寸。二级平台一个月开一次经营分析会，事业部一个季度开一次。我要看结果，看数据，看财务指标。”

——何享健，美的公司创始人，入选改革开放 40 年百名杰出民营企业家

学习目标

1. 了解财务报告分析的目的与程序
2. 掌握财务报告分析的思路与方法
3. 掌握反映盈利能力、偿债能力、营运能力财务指标的含义及计算
4. 理解设置发展能力分析的财务指标的意义
5. 掌握杜邦财务分析体系及其具体运用
6. 理解沃尔评分法及其应用的局限性

本章重点

财务报告分析的基本方法；比率分析法对企业盈利能力、偿债能力、营运能力的分析；杜邦财务分析体系及其运用。

本章内容提要

▷ 财务报告分析概述
▷ 盈利能力分析
▷ 偿债能力分析
▷ 营运能力分析
▷ 发展能力分析
▷ 财务综合分析

课堂思政

在党的二十大报告中，提到了“推进数据要素市场化配置”，这也为财务报告分析提供了更加精确的数据基础。利用数据分析技术挖掘财务数据，可以为财务研究提供更加精确的

数据支持，帮助管理者更好地把握企业未来的发展趋势和地位。另外，在财务报告分析中，需要与企业的战略规划相结合，以确保决策的准确性和及时性。党的二十大报告还提出“以创新驱动发展”，这也强调了企业需要在财务管理方面创新思考和创新实践，寻找创新点和切入点，从而取得更好的经济效益。

第一节　财务报告分析概述

一、财务报告分析的目的

在市场经济中，企业的日常经营繁忙复杂，收入利润与费用风险等交织一起，如果没有分析思路与专门方法，只能“雾里看花”，而“不识庐山真面目”。

财务报告分析是指以会计报表和其他相关资料为依据和起点，采用一系列的专门方法和技术，系统分析和评价企业的财务状况、经营成果和现金流量情况，为投资者、债权人和管理层等会计信息使用者了解过去、评价现在、预测未来并做出正确的决策提供准确的会计信息的一种科学方法。

不同的会计信息使用者与企业有着不同的利益关系。如企业的股东、债权人及企业管理当局、客户和税务、银行等部门，他们与企业有着直接的利益关系；此外，证券监督部门、注册会计师、律师等，他们与企业有着间接的利益关系。这些会计信息使用者所关心的侧重点不同，因此，进行财务报告分析的目的也不相同。

（1）对于企业的投资者或股东来说，由于拥有企业的所有权，同时也是企业风险的最终承担者，因而他们更关心企业的盈利能力和风险状况，以便据此评估企业价值或股票价值，进行有效的投资决策。企业价值主要取决于盈利能力、发展能力与风险程度。因此，企业的 投资者或股东对企业盈利能力、资产管理水平、财务风险、竞争能力、发展前景等更加关注。

（2）企业的债权人在正常情况下对企业主要拥有到期收回本金和利息的权利。因此企业的短期偿债能力和长期偿债能力为其财务分析的首要目的。当然，企业的盈利能力是保证企业具有偿债能力的根本保障，对于债权人来讲，盈利能力分析也重要。

（3）政府以社会管理者的身份了解企业纳税情况、遵守法规和市场秩序情况以及对社会的贡献程度等。具体到政府部门，如财政部门、税务部门、统计部门及监管部门等，利用企业提供的会计信息，为本部门提供决策的数据支持。如通过财务报告分析可以了解一个行业是否有超额利润，为制定税收提供合理依据。

（4）企业内部管理层必须全面及时地分析企业的生产经营状况和财务状况。他们进行财务报告分析的目的在于监控企业的经营情况，挖掘财务信息数据背后的深刻原因，以便尽早 发现问题，采取改进的措施。

除了以上的会计信息使用者外，还有企业职工、客户和注册会计师等中介机构，他们也很关心企业的经营状况。企业内部的职工十分关心企业的经营效益、工作的稳定性和安全保障程度；与企业有业务往来的客户通过财务分析了解企业的发展方向，预测对自身的影响；注册会计师等中介机构通过财务分析确定审计重点。

二、财务报告分析的程序

财务报告分析一般应按以下分析程序进行：

（1）确定财务报告分析的目标，制订工作计划。会计信息使用者希望依据财务报告分析做出不同的决策，所以，在进行财务报告分析之前，首要的任务就是要确定分析的目标，并制订工作计划，以便进行有效的财务分析。

（2）搜集财务报告分析的相关资料。目标确定之后，就应该着手收集相关的相关信息资料，以供分析利用。这些资料一般包括企业对外报送的财务报表、宏观经济环境信息、行业及竞争对手信息、企业内部经营信息、注册会计师的审计报告等。

（3）根据分析目的，运用科学的财务报告分析方法。财务报告分析方法很多，应当根据不同的分析目的，采用不同的分析方法，并深入比较、研究所收集的资料。

（4）得出分析结果，撰写分析报告。将分析的结果形成书面报告，向信息使用者提供财务信息，为其决策服务。同时还应当对分析资料、分析方法的局限性等做出说明。

三、财务报告分析的思路

企业财务运行结果分析一般包括五个方面：即偿债能力、盈利能力、营运能力、发展能力以及财务综合分析。通过对这五个方面的分析，可以对企业的财务状况和经营成果有一个整体评价，如图 11－1 所示。

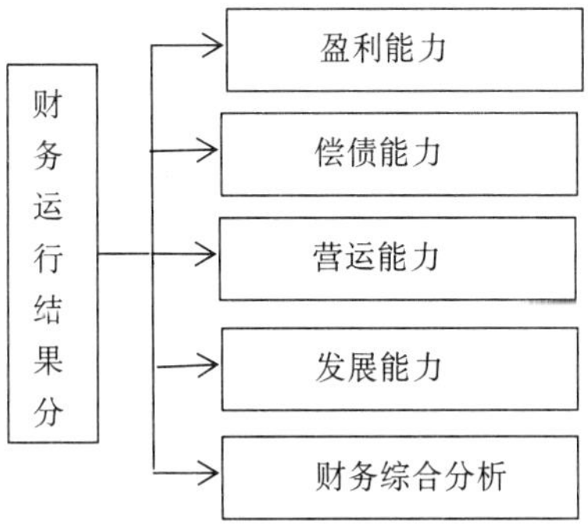

图 11－1　财务运行结果分析思路

四、财务报告分析的方法

财务报告分析方法主要有比较分析法、比率分析法和因素分析法。

（一）比较分析法

比较分析法是将同一企业不同时期的财务状况和经营成果或不同企业同一时期的财务状况和经营成果进行比较，从而揭示企业财务状况和经营成果中存在差异的分析方法。比较分析法可以分为纵向比较分析法和横向比较分析法。

（1）纵向比较分析法又称趋势分析法，是将同一企业连续若干期的财务状况和经营成果进行比较，确定其增减变动的方向、数额和幅度，以此来揭示企业财务状况和经营成果发展趋势。

（2）横向比较分析法，是将本企业的财务状况和经营成果与其他企业的同期财务状况和经营成果进行比较，确定其存在的差异及程度，以此来揭示企业财务状况和经营成果中所存在的问题。

（二）比率分析法

比率分析法是将企业同一时期财务报表中的相关项目进行对比，得出一系列财务比率，以此来揭示企业的财务状况和经营成果。财务比率包括构成比率、效率比例和相关比率。

（1）构成比率又称结构比率，是反映某项经济指标的各个组成部分与总体之间关系的财务比率，如流动资产占总资产的比率、流动负债占总负债的比率等。

（2）效率比率，是反映某项经济活动投入与产出之间关系的财务比率，用来考察经济活动的经济效益，揭示企业盈利能力，如资产报酬率、销售净利率等。

（3）相关比率，是反映经济活动中某两个或两个以上相关项目比值的财务比率，用来考察各项经济活动之间的相互关系，揭示企业财务状况，如流动比率、速动比率等。

（三）因素分析法

因素分析法也称因素替换法、连环替代法，它主要用来确定几个关联因素对分析对象的综合财务指标的各自影响程度。采用这种方法的出发点在于，当有若干因素对分析对象发生影响作用时，假设其他各个因素都不发生变化，顺序确定每一个因素单独变化所产生的影响。

五、美的公司财务报表

（一）资产负债表

表 11－1 **合并资产负债表**

美的公司 2×22 年 12 月 31 日 单位：万元

资产	期初数	期末数	负债和股东权益	期初数	期末数
流动资产：			流动负债：		
货币资金	7 187 556	5 527 010	短期借款	538 162	516 948
交易性金融资产计入当期损益的金融资产	587 920	328 459	向中央银行借款	17 888	
衍生金融资产	54 587	66 548	吸收存款及同业存放	7 818	7 747
应收票据	478 491	475 813	交易性金融负债		158 077
应收账款	2 463 644	2 823 797	衍生金融负债	15 760	23 461
应收账款融资	1 027 355	1 352 654	应付票据	3 275 201	2 557 242
预付款项	435 281	436 721	应付账款	6 598 356	6 423 323
其他应收款	310 407	221 118	预收款项		
存货	4 592 444	4 604 490	合同负债	2 391 660	2 796 004
合同资产	382 347	449 896	应付职工薪酬	753 517	715 222
发放贷款和垫款	2 065 660	1 413 876	应交税费	540 427	495 533

续表

资产	期初数	期末数	负债和股东权益	期初数	期末数
持有待售资产			其他应付款	428 810	432 203
一年内到期非流动资产	1 985 158	3 755 308	持有待售负债		
其他流动资产	3 315 600	4 654 237	一年内到期非流动负债	2 894 754	724 062
流动资产合计	24 886 450	26 109 927	其他流动负债	4 822 795	5 784 352
非流动资产：			流动负债合计	22 285 148	20 634 174
债权投资			非流动负债：		
其他债权投资	789 394	1 109 426	长期借款	1 973 402	5 068 595
长期应收款	87 136	61 460	应付债券		31 6362
发放贷款和垫款	85 193	69 329	租赁负债	153 355	150 748
长期股权投资	379 671	518 882	长期应付款		
其他权益工具投资	4 575	4 136	预计负债	31 057	39 498
其他非流动金融资产	591 287	1 062 524	递延收益	122 846	172 109
投资性房地产	85 920	80 994	长期应付职工薪酬	182 502	148 846
固定资产	2 285 285	2 608 299	递延所得税负债	495 025	464 767
在建工程	269 093	384 378	其他非流动负债	68 769	68 048
生产性生物资产			非流动负债合计	3 026 956	6 428 973
油气资产			负债合计	25 312 104	27 063 147
使用权资产	229 735	233 988	股东权益：		
无形资产	1 717 307	1 690 892	股本	698 656	699 727
开发支出			其他权益工具		
商誉	2 787 474	2 854 865	资本公积	2 051 693	1 969 314
长期待摊费用	19 424	157 990	减：库存股	（1 404 455）	（1 493 394）
递延所得税资产	819 231	1 024 430	其他综合收益	（175 895）	10 829
其他非流动资产	3 637 435	4 284 007	一般风险准备	71 992	67 200
非流资产合计	13 908 160	16 145 600	专项储备	1 554	1 635
			盈余公积	944 990	1 070 293
			未分配利润	10 298 276	11 967 920
			少数股东权益	995 695	898 856
			股东权益合计	13 482 506	15 192 380
资产总计	38 794 610	42 255 527	负债及股东权益总计	38 794 610	42 255 527

企业负责人：方洪波　　主管会计工作的负责人：钟铮　　会计机构负责人：陈丽红

（二）利润表

表 11－2　　　　　　　　　合并利润表

美的公司　　　　　　　　　　2×22 年　　　　　　　　　　单位：万元

项　　目	上年数	本年数
一、营业收入	34 336 083	34 570 871
减：营业成本	(26 462 608)	(26 059 585)
税金及附加	(160 938)	(156 588)
销售费用	(2 864 734)	(2 871 612)
管理费用	(1 026 628)	(1 158 266)
研发费用	(1 201 491)	(1 261 851)
财务费用	438 611	338 749
加：其他收益	130 750	189 611
投资收益（损失以“－”号填列）	236 577	20 805
公允价值变动收益（损失以“－”号填列）	(16 641)	(25 117)
信用减值损失（损失以“－”号填列）	(38 345)	(51 369)
资产减值损失（损失以“－”号填列）	(48 342)	(53 336)
资产处置收益（损失以“－”号填列）	5 826	(5 985)
二、营业利润（亏损以“－”号填列）	3 328 120	3 476 327
加：营业外收入	62 474	39 541
减：营业外支出	(18 840)	(20 275)
三、利润总额（亏损总额以“－”号填列）	3 371 754	3 495 593
减：所得税费用	(470 216)	(514 570)
四、净利润（净亏损以“－”号填列）	2 901 538	2 981 023
（一）按经营持续性分类		
持续经营净利润（净亏损以“－”号填列）	2 901 538	2 981 023
终止经营净利润（净亏损以“－”号填列）		
（二）按所有权归属分类		
归属于本公司股东的净利润/（亏损）	2 857 365	2 955 351
少数股东损益	44 173	25 672
五、其他综合收益的税后净额	(23 731)	189 292
六、综合收益总额	2 877 807	3 170 315
归属于本公司股东的综合收益总额	2 836 657	3 141 939
归属于少数股东的综合收益总额	41 150	28 376
七、每股收益		
基本每股收益（人民币元）	4.17	4.34
稀释每股收益（人民币元）	4.14	4.33

企业负责人：方洪波　　　　主管会计工作的负责人：钟铮　　　　会计机构负责人：陈丽红

（三）现金流量表

表 11－3　　**合并现金流量表**

美的公司　　2×22 年　　单位：万元

项目	上年数	本年数
一、经营活动产生的现金流量		
销售商品、提供劳务收到的现金	31 048 982	3 169 9782
发放贷款及垫款净减少额	—	666 004
存放中央银行款项净减少额	128 793	9 131
向中央银行借款净增加额	17 888	—
收取利息、手续费及佣金的现金	188 972	178 806
收到的税费返还	996 833	1 093 480
收到其他与经营活动有关的现金	660 082	729 596
经营活动现金流入小计	33 041 550	34 376 799
购买商品、接受劳务支付的现金	(20 921 604)	(22 134 571)
发放贷款和垫款净增加额	(406 243)	—
吸收存款和同业存放款项净减少额	(936)	(71)
向中央银行借款净减少额	—	(17 888)
支付利息、手续费及佣金的现金	(10 111)	(5 714)
支付给职工以及为职工支付的现金	(3 209 585)	(3 567 496)
支付的各项税费	(1 561 328)	(1 738 725)
支付其他与经营活动有关的现金	(3 422 573)	(3 446 551)
经营活动现金流出小计	(29 532 379)	(30 911 016)
经营活动产生的现金流量净额	3 509 170	3 465 783
二、投资活动（使用）/产生的现金流量		
收回投资收到的现金	12 162 815	9856472
取得投资收益所收到的现金	564 828	380 010
处置固定资产、无形资产和其他长期资产收回的现金净额	33 619	23 923
处置子公司及其他营业单位收到的现金净额	18 849	1 483
收到其他与投资活动有关的现金	—	33 508
投资活动现金流入小计	12 780 110	10 295 395
购建固定资产、无形资产和其他长期资产支付的现金	(682 536)	(735 212)
投资支付的现金	(10 534 725)	(10 814 920)
取得子公司及其他营业单位支付的现金净额	(202 891)	(96 215)
投资活动现金流出小计	(11 420 152)	(11 646 346)
投资活动（使用）/产生的现金流量净额	1 359 959	(1 350 951)
三、筹资活动使用的现金流量		
吸收投资收到的现金	155 095	134 828
其中：子公司吸收少数股东投资收到的现金	6 316	2 682

续表

项目	上年数	本年数
取得借款收到的现金	1 603 380	464 632
发行债券收到的现金	—	284 520
发行短期融资券收到的现金	299 963	399 950
收到其他与筹资活动有关的现金	56 084	7 016
筹资活动现金流入小计	2 114 522	5 473 946
偿还债务支付的现金	(1 822 535)	(4 092 079)
兑付短期融资券支付的现金	(600 000)	(400 000)
分配股利、利润或偿付利息支付的现金	(1 289 413)	(1 374 004)
其中：子公司支付给少数股东的股利、利润	(42 695)	(27 922)
支付其他与筹资活动有关的现金	(1 523 028)	(693 352)
筹资活动现金流出小计	(5 234 976)	(6 559 434)
筹资活动使用的现金流量净额	(3 120 454)	(1 085 488)
四、汇率变动对现金及现金等价物的影响	(48 522)	28 849
五、现金及现金等价物净增加额	1 700 153	1 058 193
加：年初现金及现金等价物余额	2 354 851	4 055 004
六、年末现金及现金等价物余额	4 055 004	5 113 197

企业负责人：方洪波　　主管会计工作的负责人：钟铮　　会计机构负责人：陈丽红

第二节　盈利能力分析

盈利能力是指企业赚取利润的能力。不论是企业的所有者、债权人，还是企业的经营管理者，都重视和关心企业的盈利能力。

一般说来，企业的利润有不同的计算口径。企业的多元化发展，使主营业务和其他业务划分渐渐模糊，因此利润表中也将各种经营业务获得的收入和发生的成本合并列示，不再加以区分。毛利是利润表中营业收入减去营业成本计算得出的。随着资本市场的逐步完善和企业现金流的大量累积，投资活动已经成为企业正常经营活动不可分割的部分。因此，将投资收益纳入营业利润中。营业利润是利润表中营业收入减去营业成本、税金及附加、销售费用、管理费用、研发费用、财务费用，加上其他收益、投资收益、公允价值变动收益、信用减值损失、资产减值损失和资产处置收益调整后计算得出的。营业利润是企业最基本经营活动的成果，也是企业一定时期获得利润中最主要、最稳定的来源。

另外，由于在营业利润中增加了投资收益、公允价值变动收益和资产处置收益等内容，增加了营业利润的复杂性。在进行报表分析时，可以将剔除这三个项目后计算的利润与投资收益进行对比，判断企业营业利润主要来源于企业的经营活动还是投资活动，进而判断企业是一个以经营为主的企业还是以投资活动为主的企业。

反映企业盈利能力的指标主要有销售毛利率、销售净利率、资产报酬率、净资产收益率等。对于股份有限公司，还应分析每股收益、每股净资产、每股股利、股利支付率和市盈率等。

一、毛利率

毛利是指销售收入扣除主营业务的直接成本后的利润部分，因其尚未减去期间费费和税金，还不是净利，故称毛利。就取数的方便，毛利用利润表中营业收入减去营业成本计算得出。毛利率则是毛利除以营业收入，其计算公式为：

毛利率 = 毛利 ÷ 营业收入 × 100%　（公式 11－1）

销售毛利率指标的大小主要取决于产品的销售价格与制造成本，用来衡量企业根据产品成本进行产品定价的能力。一般来说，毛利率高的企业在行业内具有更高的议价权，说明其产品在某些方面具有独特的优势。

【例 11－1】 美的公司 2×22 年利润表，如表 11－2 所示。根据表 11－2 计算美的公司 2×22 年的毛利率。

美的公司销售毛利 = 34 570 871 － 26 059 585 = 8 511 286（万元）

美的公司销售毛利率 = 8 511 286 ÷ 34 570 871 × 100% = 24.62%

经计算，美的公司 2×22 年销售毛利率为 24.62%。可进一步与该公司历史水平、同行业平均水平对比，分析美的公司产品的盈利水平。

如果能够获得企业的内部数据，还可计算主营业务毛利率，更加精准地衡量其主要产品或服务的盈利空间。

二、销售净利率

销售净利率指企业净利润与营业收入的比率，其计算公式为：

销售净利率 = 净利润 ÷ 营业收入 × 100%　（公式 11－2）

销售净利率指标反映企业从营业收入中获取利润的能力。从销售净利率的指标关系来看，净利润额与销售净利率成正比关系，而营业收入额与销售净利率呈反比关系。企业在增加营业收入额的同时，必须相应地获得更多的净利润，才能使销售净利率保持不变或有所提高。

通过分析销售净利率的升降变动，可以促使企业在扩大销售的同时，注意改进经营管理，控制成本和费用，提高盈利水平。

【例 11－2】 根据表 11－2 计算美的公司 2×22 年的销售净利率。

美的公司销售净利率 = 2 981 023 ÷ 34 570 871 × 100% = 8.62%

经计算，美的公司 2×22 年销售利润率为 8.62%。可与该公司历史水平、同行业平均水 平对比，进一步分析美的公司的盈利水平。

三、总资产收益率

总资产收益率是企业净利润与平均资产总额的比率，其计算公式为：

总资产收益率 = 净利润 ÷ 平均资产总额 × 100%　（公式 11－3）

总资产收益率主要用来衡量企业利用资产获取利润的能力。在分析企业总资产收益率时，可以与该企业以前会计年度的总资产收益率比较，也可以与同行业平均总资产收益率比较。通过比较分析，评价企业经营效率，发现其经营管理中存在的问题，以便及时调整经营方针，提高资产的利用效率。

【例11－3】根据表11－1、表11－2计算美的公司2×22年的总资产收益率。

美的公司平均资产总额＝(38 794 610＋42 255 527)÷2＝40 525 068.50（万元）

美的公司总资产收益率＝2 981 023 ÷40 525 068.50×100%＝7.36%

经计算，美的公司2×22年总资产收益率为7.36%。可与该公司历史水平、同行业平均水平对比，进一步分析美的公司的盈利水平。

四、净资产收益率

净资产收益率也叫净资产报酬率或所有者权益收益率，是企业净利润与平均所有者权益总额的比率，计算公式为：

净资产收益率＝净利润÷平均所有者权益×100%　　（公式11－4）

净资产收益率越高，说明企业利用所有者权益获取利润的能力越强。所有者非常重视该项指标，因为事关其投入资金是否保值增值。

【例11－4】根据表11－1、表11－2计算美的公司2×22年的净资产收益率。

美的公司平均所有者权益＝(13 482 508＋15 192 380)÷2＝14 337 443（万元）

美的公司净资产收益率＝2 981 023÷14 337 443×100%＝20.79%

经计算，美的公司2×22年净资产收益为20.79%。可与该公司历史水平、同行业平均水平等对比，进一步分析美的公司的盈利水平。本章第六节将对此综合性指标进行分解分析。

五、经营现金流指标

营业现金比率是企业经营现金净流入与营业收入的比率，其计算公式为：

营业现金比率＝经营现金净流入÷营业收入×100%　　（公式11－5）

【例11－5】根据表11－2、表11－3计算美的集团2×22年的营业现金比率。

美的集团营业现金比率＝3 465 783÷34 570 871×100%＝10.03%

核心利润获现率是企业经营活动产生的现金流量净额与核心利润的比率，核心利润是营业收入扣除营业成本、税金及附加、销售费用、管理费用、财务费用后的净额。

核心利润获现率＝经营活动产生的现金流量净额÷核心利润　（公式11－6）

核心利润＝营业收入－营业成本－营业税金及附加－销售费用－管理费用－财务费用　（公式11－7）

【例11－6】根据表11－2、表11－3计算美的集团2×22年的核心利润获现率。

美的集团的核心利润＝34 570 871－26 059 585－156 588－2 871 612－1 158 266＋338 749＝4 663 569（万元）

美的集团的核心利润获现率＝3 465 783÷4 663 569×100%＝74.32%

六、市盈率

市盈率是针对股份有限公司而设计的指标，其计算公式为：

市盈率＝每股市价÷每股收益　　（公式11－8）

市盈率是股票市场上反映股票投资价值的重要指标，该比率的高低反映了市场上投资者对股票投资收益和投资风险的预期。一方面，市盈率越高，意味着投资者对股票的收益预期越看好，投资价值越大；反之，投资者对该股票评价越低；另一方面，市盈率越高，也说明获得一定的预期利润投资者需要支付更高的价格，因此投资于该股票的风险也越大；市盈率越低，说明投资于该股票的风险越小。

第三节　偿债能力分析

一、短期偿债能力分析

债务是企业承担的现实义务，偿债能力是企业持续经营的保障。短期偿债能力是指企业某一时点上应付即将到期债务的能力。反映企业短期偿债能力的财务比率主要有流动比率、速动比率、现金比率等。

（一）流动比率

流动比率是企业流动资产与流动负债的比率，其计算公式为：

流动比率 = 流动资产 ÷ 流动负债　　（公式 11 - 9）

流动比率是衡量企业短期偿债能力最常用的指标。企业能否偿还短期债务，要看有多少短期债务，以及有多少可变现偿债的流动资产。流动资产越多，短期债务越少，则短期偿债能力越强。如果用流动资产偿还全部流动负债，企业剩余的是营运资金（流动资产 - 流动负债 = 营运资金），营运资金越多，说明不能偿还的风险越小。因此，营运资金的也多少可以反映偿还短期债务的能力。但是，营运资金是流动资产与流动负债之差，是绝对数，如果之间规模相差很大，绝对数相比的意义很有限。而流动比率是流动资产和流动负债的比值，是相对数，排除了企业规模不同的影响，更适合企业之间以及本企业不同历史时期的比较。

通常认为，该指标越高，表明企业流动资产流转的越快，偿还流动负债的能力越强。值得注意的是，流动比率不一定越高越好。因为，流动资产是盈利能力比较低的资产，该指标如果过高，也可能意味着企业的资金利用效率比较低，盈利能力会受影响，对企业的生产经营和长远发展不利。一般而言，流动比率维持在 2 比较合适。在使用该指标时，应密切结合企业生产经营的特点、企业的融资能力与金融生态环境。

在对该指标进行评价时，应与同行业的其他企业进行比较，与行业的平均水平进行比较，找出过高或过低的原因。还必须注意流动资产和流动负债所包括的内容以及经营上的因素，一般情况下，销售周期、流动资产中的应收账款数额和存货的周转速度是影响流动比率的主要因素。

【例 11 - 7】根据表 11 - 1 计算美的公司 2 × 22 年流动比率。

美的公司 2 × 22 年流动比率 = 26 109 927 ÷ 20 634 174 = 1. 27

经计算，美的公司 2 × 22 年流动比率为 1. 27。可与该公司历史水平、同行业平均水平对比，进一步分析美的公司的偿债能力。

（二）速动比率

速动比率又称酸性测试比率，是企业速动资产与流动负债的比值。速动比率是对流动比率的补充，其计算公式为：

速动比率 = 速动资产 ÷ 流动负债　　（公式 11 - 10）

速动资产包括现金、交易性金融资产和应收账款等项目，通常以流动资产减去存货的金额作为速动资产的金额。其主要原因：一是流动资产中存货的变现速度最慢，例如，制造业的原材料变现，需要经过生产过程、销售过程和回款过程，周期较长；二是存货的账面价值与实际偿债能力可能因某种原因存在较大的差异，如有些存货已毁损尚未做出处理、有些存货已经用于抵押等。扣除存货后，实际上是对企业短期偿债能力的更谨慎反映。

一般而言，理想的速动比率维持 1 比较合适。因为行业不同，速动比率会有很大差别，没有统一标准的速动比率值。通常认为，该指标越高，表明企业流动资产变现速度越快，偿还流动负债的能力越强。

值得注意的是，速动比率也不一定越高越好。因为，速动资产在流动资产中盈利能力是最低的，该指标如果过高，也可能意味着企业的资金沉淀，资金使用效率低下，盈利能力弱，对企业的生产经营和长远发展不利。同时，使用该指标时，也应密切结合企业生产经营的特点与融资能力。

【例 11 - 8】 根据表 11 - 1 计算美的公司 2 × 22 年速动比率。

美的公司 2 × 22 年速动比率 = (26 109 927 - 4 604 490) ÷ 20 634 174 = 1.04

经计算，美的公司 2 × 22 年速动比率为 1.04。可与该公司历史水平、同行业平均水平对比，进一步分析美的公司的偿债能力。

（三）现金比率

现金比率是指企业现金类资产与流动负债的比率，现金类资产包括库存现金、随时可用于支付的存款和现金等价物。其计算公式为：

现金比率 = (库存现金 + 银行存款 + 现金等价物) ÷ 流动负债

【例 11 - 9】 根据表 11 - 1 计算美的公司 2 × 22 年现金比率。

美的公司 2 × 22 年现金比率 = (5 527 010 + 328 459) ÷ 20 634 174 = 0.28

经计算，美的公司 2 × 22 年现金比率为 0.28，表明其现金储备较为充裕，即时偿债能力较强。

二、长期偿债能力分析

长期偿债能力是指企业偿还长期债务的能力。反映企业长期偿债能力的财务比率主要有资产负债率、产权比率、利息保障倍数等。

（一）资产负债率

资产负债率是企业负债总额与资产总额的比例，它反映形成资产的全部资金来源中有多大比例是通过借债来筹措的，也可以衡量企业在清算时保护债权人利益的程度。其计算公式为：

资产负债率 = 负债总额 ÷ 资产总额 × 100%　　（公式 11 - 11）

该指标是国际公认的反映企业偿债能力和财务风险的重要指标，不论是企业的债权人，还是企业的投资者都十分关注这个指标。资产负债率适度，通常说明企业投资者或者债权人的投资风险比较小，企业未来风险也比较小，投资具有较强的安全性。

值得注意的是，不能简单地以该指标的高低来评价企业的负债水平和偿债能力。因为，资产负债率较高，一方面可能说明企业负债程度高，财务风险比较大；另一方面，也可能说明企业较好地利用了财务杠杆，以较低的资金成本进行生产经营。因此，对这个指标的评价应当结合企业的实际生产经营情况、投资回报率、所处的竞争环境、行业发展趋势和国家的宏观经济环境等诸多因素进行。国际上一般公认该指标较好的比率50%左右，不同行业、不同发展阶段的企业资产负债率不尽相同。

【例11－10】 根据表11－1计算美的公司2×22年资产负债率。

美的公司2×22年资产负债率＝27 063 147÷42 255 527×100%＝64.05%

经计算，美的公司2×22年资产负债率为64.05%。可与该公司历史水平、同行业平均水平对比，进一步分析美的公司的偿债能力。

（二）利息保障倍数

利息保障倍数是企业息税前利润与全部利息费用之比，又称已获利息倍数，用以衡量偿付借款利息的能力。其计算公式为：

利息保障倍数＝息税前利润÷全部利息费用×100%　（公式11－12）

公式中的分子“息税前利润”是指利润表中未扣除利息费用和所得税费用的利润；分母“全部利息费用”是指本期发生的全部应付利息，不仅包括财务费用中的利息费用，还应该包括计入固定资产成本的资本化利息。利息保障倍数反映了企业经营所得支付债务利息的能力。这个比率太低，说明企业难以保证用经营所得来按时按量支付债务利息，这会引起债权人的担心。一般来说，企业的利息保障倍数至少要大于1，否则，就难以偿付债务及利息，长此以往，会导致债务诉讼甚至企业破产倒闭。

第四节　营运能力分析

营运能力是指企业资金（资产）的周转效率。一般而言，资金周转速度越快，说明企业的资金（资产）管理水平越高，资金利用效率越高，企业可以较少的投入获得较多的收益。反映企业营运能力的指标主要有应收账款周转率、存货周转率、流动资产周转率、固定资产周转率和总资产周转率等。

一、应收账款周转率

应收账款周转率是反映企业应收账款周转速度的比率，有两种表示方法：

应收账款周转次数，其计算公式为：

应收账款周转次数＝营业收入÷平均应收账款　（公式11－13）

应收账款周转天数，其计算公式为：

应收账款周转天数＝360÷应收账款周转率　（公式11－14）

应收账款周转次数反映一定时期内应收账款转变为现金的次数，它说明应收账款流动的速度。应收账款周转天数表示企业从取得应收账款的权利到收回款项、转换为现金所需要的时间。

一般来说，应收账款周转率反映了企业应收账款变现速度及管理效率的高低，周转率高表明企业收账迅速，账龄期限较短，可以减少收账费用和坏账损失，从而相对增加企业流动资产的投资收益。另外，周转率高也说明资产的流动性大，变现快，因此短期偿债能力也强。否则，企业的营运资金会过多地呆滞在应收账款上，影响正常的资金周转。

【例 11 - 11】 根据表 11 - 1、表 11 - 2 计算美的公 2 × 22 年应收账款周转率和周转天数。

美的公司平均应收账款 =（2 823 797 + 2 463 644）÷ 2 = 2 643 720. 5（万元）

美的公司应收账款周转率 = 34 570 871 ÷ 2 643 720. 5 = 13. 08（次）

美的公司应收账款周转天数 = 360 ÷ 13. 08 = 27. 52（天）

经计算，美的公司 2 × 22 年应收账款周转率为 13. 08 次；周转天数为 27. 52 天。可与该公司历史水平、同行业平均水平对比，分析美的公司的营运能力。

二、存货周转率

存货周转率是反映企业存货周转速度的比率，有两种表示方法：

存货周转次数，其计算公式为：

存货周转率 = 营业成本 ÷ 平均存货　　　（公式 11 - 15）

存货周转天数，其计算公式为：

存货周转天数 = 360 ÷ 存货周转率　　　（公式 11 - 16）

存货周转率反映一定时期内存货周转的次数，是衡量和评价企业购入存货、投入生产、销售收回等各环节管理效率的综合性指标。用时间表示的存货周转率就是存货周转天数。

一般来讲，存货周转速度越快，存货的占用水平越低，流动性越强，存货转换为现金或应收账款的速度越快。提高存货周转率可以提高企业的盈利能力与变现能力，而存货周转速度越慢则盈利能力与变现能力越差。因此，通过存货周转率的分析，有助于寻找存货管理上存在的问题，尽可能降低存货资金的占用水平，提高企业的各项能力。

【例 11 - 12】 根据表 11 - 1、表 11 - 2 计算美的公司 2 × 22 年存货周转率和周转天数。

美的公司平均存货 =（4 604 490 + 4 592 444）÷ 2 = 4 598 467（万元）

美的公司存货周转率 = 26 059 585 ÷ 4 598 467 = 5. 67（次）

美的公司存货周转天数 = 360 ÷ 5. 67 = 63. 49（天）

经计算，美的公司 2 × 22 年存货周转率为 5. 67 次；周转天数为 63. 49 天。可与该公司历史水平、同行业平均水平对比，分析美的公司的营运能力。

三、流动资产周转率

流动资产周转率是反映企业流动资产周转速度的比率，这个指标是营业收入与平均流动资产的比率，其计算公式为：

流动资产周转率 = 营业收入 ÷ 平均流动资产　　　（公式 11 - 17）

一般情况下，该指标越高，表明企业流动资产周转速度越快，相同时间内的周转次数越多，利用效果越好。在较快的周转速度下，流动资产会相对节约，其意义相当于流动资产投入的扩大，在某种程度上增强了企业的盈利能力；而周转速度慢，则需更多流动资金参加周转，形成资金的浪费，降低企业的盈利能力。

【例 11 - 13】 根据表 11 - 1、表 11 - 2 计算美的公司 2 × 22 年流动资产周转率。

美的公司平均流动资产 =（26 109 927 + 24 886 450）÷ 2 = 25 498 188. 5（万元）

美的公司流动资产周转率 =34 391 753 ÷25 498 188.5 =1.36（次）

经计算，美的公司 2×22 年流动资产周转率为 1.36 次。可与该公司历史水平、同行业平均水平对比，分析美的公司的营运能力。

四、固定资产周转率

固定资产周转率反映企业固定资产周转速度的比率。这个指标是营业收入与平均固定资产的比率，其计算公式为：

固定资产周转率 = 营业收入 ÷ 平均固定资产　（公式 11 -18）

固定资产周转率高，说明企业固定资产投资得当，结构合理，利用效率高，管理水平好。如果该比率偏低，说明企业固定资产利用效率不高，提供的生产成果不多，企业的营运能力不强。

【例 11 -14】 根据表 11 -1、表 11 -2 计算美的公司 2×22 年固定资产周转率。

美的公司平均固定资产 =（2 608 299 +2 285 285）÷2 =2 446 792（万元）

美的公司固定资产周转率 =34 391 753 ÷2 446 792 =14.13（次）

经计算，美的公司 2×22 年固定资产周转率为 14.13 次。可与该公司历史水平、同行业平均水平对比，分析美的公司的营运能力。

五、总资产周转率

总资产周转率是反映企业全部资产营运能力的指标，其计算公式为：

总资产周转率 = 营业收入 ÷ 平均总资产　（公式 11 -19）

总资产周转率是考察企业资产运营效率的一项重要指标，体现了企业经营期间全部资产从投入产出周而复始的流转速度，反映了企业全部资产的管理质量和利用效率。由于该指标是一个包容性较强的综合指标，因此，从因素分析的角度来看，它要受到固定资产周转率、流动资产周转率、存货周转率和应收账款周转率等指标的影响。

【例 11 -15】 根据表 11 -1、表 11 -2 计算美的公司 2×22 年总资产周转率。

美的公司平均总资产 =（42 255 527 +38 794 610）÷2 =40 525 068.5（万元）

美的公司总资产周转率 =34 391 753 ÷40 525 068.5 =0.85（次）

经计算，美的公司 2×22 年总资产周转率为 0.85 次。可与该公司历史水平、同行业平均水平对比，分析美的公司的营运能力。

第五节　发展能力分析

市场经济固有的竞争规律和优胜劣汰法则迫使企业必须不断地追求发展与进步。发展能力是企业在生存的基础上，扩大规模、壮大实力的潜在能力。分析发展能力主要考察以下六项指标：营业收入增长率、资本保值增值率、资本积累率、总资产增长率、营业利润增长率、技术投入比率。

一、营业收入增长率

营业收入增长率，是企业本年营业收入增长额与上年营业收入总额的比率，反映企业营业收入的增减变动情况。其计算公式为：

营业收入增长率 = 当年营业收入增长额 ÷ 上年营业收入总额 × 100%

（公式 11 - 20）

其中：本年营业收入增长额 = 本年营业收入总额 - 上年营业收入总额　（公式 11 - 21）

营业收入增长率大于零，表明企业本年营业收入有所增长。该指标值越高，表明企业营业收入的增长速度越快，企业市场前景越好。

二、资本保值增值率

资本保值增值率，是企业扣除客观因素后的本年末所有者权益与年初所有者权益的比率，反映企业当年资本在企业自身努力下实际增减变动的情况。其计算公式为：

资本保值增值率 = 扣除客观因素后的本年末所有者权益 ÷ 年初所有者权益 × 100%

（公式 11 - 22）

一般认为，资本保值增值率越高，表明企业的资本保全状况越好，所有者权益增长越快，债权人的债务越有保障。该指标通常应当大于 100%。

三、资本积累率

资本积累率，是本年末所有者权益增长额与年初所有者权益的比率，反映企业当年资本在企业自身努力下的增减变动幅度。其计算公式为：

资本积累率 = 本年末所有者权益增长额 ÷ 年初所有者权益 × 100%

（公式 11 - 23）

一般认为，资本积累率越高，表明企业的资本增长状况越好，所有者权益增长越快，债权人的债务越有保障。该指标通常应当大于零。

四、总资产增长率

总资产增长率，是企业本年总资产增长额同年初资产总额的比率，反映企业本期资产规模的增长情况。其计算公式为：

总资产增长率 = 当年总资产增长额 ÷ 年初资产总额 × 100%　（公式 11 - 24）

其中：当年总资产增长额 = 年末资产总额 - 年初资产总额　（公式 11 - 25）

总资产增长率越高，表明企业一定时期内资产经营规模扩张的速度越快。但在分析时，需要关注资产规模扩张的质和量的关系，以及企业的后续发展能力，避免盲目扩张。

五、营业利润增长率

营业利润增长率，是企业本年营业利润增长额与上年营业利润总额的比率，反映企业营业利润的增减变动情况。其计算公式为：

营业利润增长率 = 当年营业利润增长额 ÷ 上年营业利润总额 × 100%

（公式 11 - 26）

其中：当年营业利润增长额 = 当年营业利润总额 - 上年营业利润总额　（公式 11 - 27）

六、技术投入比率

技术投入比率，是企业本年科技支出（包括用于研究开发、技术改造、科技创新等方面的支出）与本年营业收入的比率，反映企业在科技进步方面的投入，在一定程度上可以体现企业的发展潜力。其计算公式为：

技术投入比率 = 当年科技支出合计 ÷ 当年营业收入 ×100%　（公式 11 -28）

一般认为，资本三年平均增长率越高，表明企业所有者权益得到保障的程度越大，应对风险和持续发展的能力越强。

根据表 11 -1、表 11 -2，计算出美的公司六个发展能力指标，如表 11 -4 所示。

表 11 -4　美的公司六个发展能力指标计算表

指标	计算公式	指标值
营业收入增长率	营业收入增长率 = 当年营业收入增长额 ÷ 上年营业收入总额 ×100%	(34 570 871 - 34 336 083) ÷ 34 336 083 = 0.68%
资本保值增值率	资本保值增值率 = 扣除客观因素后的本年末所有者权益 ÷ 年初所有者权益 ×100%	假设无客观因素 15 192 380 ÷ 13 482 506 = 112.68%
资本积累率	资本积累率 = 当年所有者权益增长额 ÷ 年初所有者权益 ×100%	(15 192 380 - 13 482 506) ÷ 13 482 50 = 12.68%
总资产增长率	总资产增长率 = 当年总资产增长额 ÷ 年初资产总额 ×100%	(42 255 527 - 38 794 610) ÷ 38 794 610 = 8.92%
营业利润增长率	营业利润增长率 = 当年营业利润增长额 ÷ 上年营业利润总额 ×100%	(3 476 327 - 3 328 120) ÷ 3 328 120 = 4.45%
技术投入比率	技术投入比率 = 当年科技支出合计 ÷ 当年营业收入 ×100%	假设当年科技支出主要是研发费用 1 261 851 ÷ 34 570 871 = 3.65%

第六节　财务综合分析

一、杜邦财务分析体系

（一）杜邦财务分析体系简介

所有权与经营权分离是现代公司的特征，委托代理关系的激励问题一直是实践中的关键。20 世纪 20 年代起，当时的杜邦公司、通用电气公司开始建立事业部的组织结构，将主要的营销和生产职能下放，形成不同的投资中心和利润中心等。为了避免各个中心追求的目标与公司整体目标发生冲突，企业实行责任会计，赋予各个中心管理人员相应的责任，并通过业绩评价进行奖惩，实现股东与管理层、公司整体与责任中心的激励相容。

由此逐渐形成了适用分权制需要的业绩评价指标体系，用于激励和评价分权单位的业绩，并实现企业整体的战略。因为这种业绩评价体系以财务业绩为主，称为财务业绩评价体系，与基于管理决策的财务报表分析框架互为表里。其中以净资产收益率为核心的杜邦财务分析体系，成为企业盛行多年的财务分析体系。

杜邦财务分析体系主要指标之间的关系如下：

净资产收益率 = 销售净利率 × 总资产周转率 × 权益乘数　（公式 11 - 29）
　= 净利润 ÷ 股东权益
　= 净利润 ÷ 营业收入 × 营业收入 ÷ 平均总资产 × 总资产 ÷ 股东权益

净资产收益率是股东最为关心的财务指标，也是评价企业财务业绩的综合性极强的指标。但是，净资产收益率相同的两个企业具体实现路径未必完全一样。

净资收益率是净利润和股东权益的比率；销售净利率是净利润与营业收入的比率；总资产周转率是营业收入与平均总资产的比率。在杜邦财务分析体系中出现一个新的比率，即权益乘数，计算公式为资产 ÷ 股东权益，它是衡量企业负债融资规模的比率。

（二）杜邦财务分析体系的基本框架

（1）杜邦财务分析体系基本思想是将企业净资产收益率逐级分解为多项财务比率的乘积。净资产收益率反映为股东创造的收益，是企业产品竞争力、资产利用效率和财务杠杆状况的综合反映。

（2）销售净利率指标反映企业从营业收入中获取净利润的能力。扩大营业收入，降低成本费用是提高企业销售净利率的根本途径。总资产周转率反映企业资产利用效率。企业要联系营业收入分析企业资产的使用是否合理，流动资产和非流动资产的比例安排是否恰当等。扩大营业收入，能够同时提高销售净利率和总资产周转率。

（3）权益乘数表示企业的负债程度，反映了企业利用负债发挥财务杠杆作用的程度。权益乘数大，说明企业负债程度高，企业会有较多的杠杆利益，但财务风险也高；反之，权益乘数小，说明企业负债程度低，企业会有较少的杠杆利益，但财务风险也低。

通过杜邦财务分析体系自上而下地分析，不仅可以揭示企业各项财务指标间的结构关系，查明各项主要指标变动的影响因素，而且为决策者优化企业经营效率、资产管理效率和合理融资安排提供思路。总的说来，提高净资产报酬率的根本在于扩大销售、节约成本、优化投资配置、加速资金周转、优化资本结构、确立风险意识等。

当然，从企业业绩评价的角度来看，杜邦财务分析体系只包括财务方面的信息，不能全面反映企业的综合实力，有很大的局限性，在实际运用中还要结合企业的其他信息加以分析。

杜邦财务分析体系还可以进一步进行指标分解，获取更多信息。如图 11 - 2 所示。

（三）杜邦财务分析体系的应用举例

下面以美的公司净资产收益率的比较和分解为例，说明其一般应用。

净资产收益率的比较对象，可以是其他企业的同期数据，也可以是本企业的历史数据，这里仅以美的公司 2 ×22 年和 2 ×21 年的数据进行比较。

净资产报酬率 = 销售净利率 × 总资产周转率 × 权益乘数

美的公司 2 ×22 年净资产报酬率 20.79% = 8.62% × 0.85 × 2.83

美的公司 2 ×21 年净资产报酬率 22.40% = 8.45% × 0.92 × 2.89

美的公司净资产收益率变动降低了 1.61%。

与 2 ×21 年相比，美的公司 2 ×22 年净资产报酬率小幅降低，说明集团整体业绩有所下滑。影响净资产收益率变动的有利因素是销售净利率提升，由 8.45% 提高到 8.62%；不利因素是资产周转率和权益乘数下降，资产周转率由 0.92 下降到 0.85，权益乘数由 2.89 下

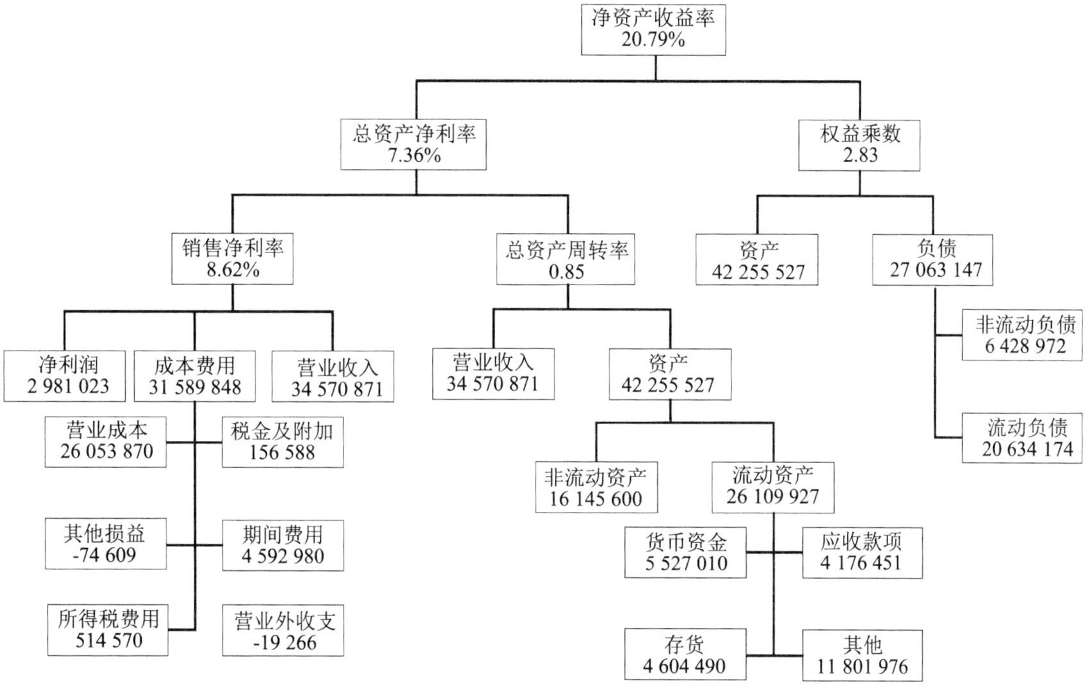

图 11－2　杜邦财务分析体系（金额：万元）

降到 2.83。

利用连环替代法可以定量分析这些因素对净资产收益率变动的影响程度。

（1）销售净利率变动的影响。

用 2×22 年销售净利率计算 2×21 年净资产收益率＝8.62%×0.92×2.89＝22.92%

销售净利率的影响＝22.92%－22.40%＝0.52%

（2）总资产周转率变动的影响。

用 2×22 年销售净利率、总资产周转率计算 2×21 年净资产收益率＝8.62%×0.85×2.89＝21.18%

销售净利率的影响＝21.18%－22.92%＝－1.74%

（3）权益乘数变动的影响。

权益乘数变动的影响＝20.79%－21.18%＝－0.39%

通过分析可知，2×22 年净资产报酬率提高有利因素是销售净利率的提高，使净资产报酬率提高了 0.52%；不利因素主要是总资产周转率降低，导致净资产报酬率减少 1.74%；其次是权益乘数降低，导致净资产报酬率减少 0.39%。因此，要继续保持并提高销售净利率指标，重点关注总资产周转率降低的原因。

二、沃尔评分法

沃尔评分法是亚历山大·沃尔首创的，故称为沃尔评分法。1928 年，亚历山大·沃尔在《信用晴雨表研究》和《财务报表比率分析》两本著作中采用评分方法对企业的信用状况进行综合评价，并提出了信用能力指数的概念。他选择了七个财务比率，包括流动比率、产权比率、固定资产比率、存货周转率、应收账款周转率、固定资产周转率和股权资本周转率，并且对各项财务比率分别给定不同的权重，然后以行业平均数为基础确定各项财务比率的标准值，将各项财务比率的实际值和标准值进行比较，得出一个关系比率，将此关系比率与各项财务比率的权重相乘得出总评分，以此来评价企业的信用状况。在沃尔之后，这种方法不断发展，成为对企业进行财务综合分析的一种重要方法。

沃尔的评分法在理论上有一个明显的缺陷，就是未能证明为什么要选择这 7 个指标，而不是更多或更少些，或者选择其他的财务比率，以及未能证明每个指标所占比重的合理性。这个问题至今仍然没有从理论上得到解决。

沃尔评分法从技术上讲也有一个问题，就是某一个指标严重异常时，会对总评分产生不合逻辑的重大影响。这个毛病是由财务比率与其比重相“乘”引起的，财务比率提高一倍，评分增加 100%；而缩小一倍，其评分只减少 50%。

尽管沃尔评分法在理论上还有待证明，在技术上也不完善，但它还是在实践中被应用。耐人寻味的是很多理论上相当完善的经济计量模型在实践中往往很难应用，而企业实际使用并行之有效的模型却又在理论上无法证明。这可能是人类对经济变量之间数量关系的认识还相当肤浅造成的。

思考与练习

一、思考题

1. 财务报告分析的目的是什么，有哪些会计信息的使用者？

2. 财务报告分析的方法有哪些，如何选择不同方法进行财务报告分析？

3. 评价企业的财务比率有哪些，这些财务比率反映了企业财务状况的哪些方面，如何应用？

4. 如何利用杜邦财务分析体系对企业财务状况进行综合分析？

5. 在对企业财务状况进行评价时，应考虑哪些非财务因素？

二、选择题

1. 毛利率的计算公式为（　　）。

A. 营业收入减去营业成本　　B. 毛利 ÷ 营业成本

C. 毛利 ÷ 营业收入　　D. 净利润 ÷ 营业收入

2. 净资产收益率能反映企业（　　）的投资报酬率。

A. 债权人　　B. 经营者

C. 所有者权益　　D. 合作者

3. 一般来说，被认为较正常的流动比率是（　　）。

A. 200%　　B. 100%

C. 50%　　D. 25%

4. 一般来说，应收账款周转率越高，表明（　　）。

A. 资金占用越大　　B. 坏账风险越大

C. 偿债能力越大　　D. 账龄期限越短

5. 对企业短期资产营运能力分析所采用的指标不包括（　　）。

A. 固定资产周转率　B. 流动资产周转率

C. 营运资金周转率　D. 营业周期

6. CY 公司 2×23 年营业收入为 3 000 000 元。年初应收账款为 720 000 元，年末应收账款为 1 240 000 元。CY 公司 2×23 年应收账款周转天数为（　　）。

A. 150　B. 68

C. 120　D. 117.6

7. 在下列指标中，计算结果越高，说明企业从营业收入中获取利润的能力越强的是（　　）。

A. 存货周转率　B. 销售净利率

C. 资产负债率　D. 速动比率

8. 下列指标中，（　　）不能反映企业偿债能力的指标。

A. 流动比率　B. 资产负债率

C. 存货周转率　D. 利息保障倍数

9. 下列指标中反映企业盈利能力的指标是（　　）。

A. 流动比率　B. 资产负债率

C. 存货周转率　D. 每股收益

10. 市盈率主要取决于两个因素：一是每股收益；二是（　　）。

A. 每股股利　B. 每股账面价值

C. 每股市价　D. 每股股数

11. 在计算速动比率时，要从流动资产中扣除存货等部分，再除以流动负债，主要原因是（　　）。

A. 存货等的价值较大　B. 存货等的质量难以保障

C. 存货等的数量容易丢失　D. 存货等的变现能力最低

12. 如果流动比率大于 1，则下列结论成立的是（　　）。

A. 速动比率大于 1　B. 营运资金大于 1

C. 营运资金大于 0　D. 短期偿债能力绝对有保障

13. 某企业速动比率为 0.8，会引起该比率提高的经济业务是（　　）。

A. 从银行提取现金　B. 赊购商品

C. 收回应收账款　D. 借入短期借款存入银行

14. 某企业 2×23 年平均资产总额为 4 000 万元，实现营业收入 1 400 万元，实现净利润 224 万元，平均资产负债率为 60%，则该企业的净资产收益率为（　　）。

A. 5.6%　B. 14%

C. 16%　D. 9.3%

15. 杜邦财务分析体系的核心指标是（　　）。

A. 净资产收益率　B. 销售净利率

C. 总资产周转率　D. 权益乘数

16. 财务报告分析方法主要有（　　）。

A. 比较分析法　B. 比率分析法

C. 因素分析法　　D. 事前分析法

17. 下列各项中，属于杜邦财务分析体系的指标有（　　）。

A. 流动比率　　B. 资产周转率

C. 净资产收益率　　D. 资产净利率

18. 关于权益乘数，下列说法正确的有（　　）。

A. 主要受资产负债率指标的影响　　B. 负债越高，权益乘数越高

C. 负债越高，权益乘数越低　　D. 负债越低，权益乘数越高

19. 下列指标，反映企业偿债能力的指标有（　　）。

A. 毛利率　　B. 流动比率

C. 资产负债率　　D. 净资产收益率

20. 下列指标，反映企业盈利能力的指标有（　　）。

A. 净资产收益率　　B. 每股收益

C. 市盈率　　D. 存货周转率

三、业务题

CY 股份有限公司盈利能力、偿债能力和营运能力分析。资料：CY 股份有限公司 2×23 年年报资产负债表、利润表如表 11－5、表 11－6 所示。

表 11－5　　**资产负债表**　　会企 01 表

CY 股份有限公司　　2×23 年 12 月 31 日　　单位：万元

资产	期末余额	年初余额	负债和股东权益	期末余额	年初余额
流动资产：			流动负债：		
货币资金	1 800	1 600	短期借款	4 600	4 000
应收票据	1 200	2 000	应付票据	2 000	1 600
应收账款	2 400	2 400	应付账款	400	400
预付账款	140	80	预收账款	800	600
存货	10 400	8 000	其他应付款	200	200
一年内到期的非流动资产			流动负债合计	8 000	6 800
其他流动资产	160	120	非流动负债：		
流动资产合计	16 100	14 200	长期借款	5 000	4 000
非流动资产：			非流动负债合计	5 000	4 000
债权投资	800	800	负债合计	13 000	10 800
固定资产	28 000	24 000	股东权益：		
无形资产	1 100	1 000	股本	24 000	24 000
非流动资产合计	29 900	25 800	盈余公积	3 200	3 200
			未分配利润	5 800	2 000
			股东权益合计	33 000	29 200
资产总计	46 000	40 000	负债和股东权益总计	46 000	40 000

表 11-6　**利润表**　会企 02 表

CY 股份有限公司　2×23 年　单位：万元

项目	行次	本期金额	上期金额
一、营业收入		42 400	37 600
减：营业成本		24 800	21 800
税金及附加		2 400	2 160
销售费用		3 800	3 240
管理费用		2 000	1 600
研发费用			
财务费用		600	400
资产减值损失			
信用减值损失			
加：其他收益			
投资收益（损失以“-”号填列）		600	600
公允价值变动收益（损失以“-”号填列）			
资产处置收益			
二、营业利润（亏损总额以“-”号填列）		9 400	9 000
加：营业外收入		300	200
减：营业外支出		1 300	1 200
三、利润总额（亏损总额以“-”号填列）		8400	8000
减：所得税费用		2 100	2 000
四、净利润（净亏损以“-”号填列）		6 300	6 000
……			
五、每股收益：			
（一）基本每股收益			
（二）稀释每股收益			

假设 CY 股份有限公司发行在外平均普通股股数为 24 000 万股，每 10 股派发现金股利 0.2 元。

要求：根据上述资料，完成以下分析计算。

（1）计算毛利率、销售净利率、资产收益率、净资产收益率、每股收益和每股净资产、每股股利和股利支付率、流动比率、速动比率、现金比率、资产负债率、股东权益比率、产权比率、应收账款周转率和周转天数、存货周转率和周转天数、流动资产周转率和周转天数、固定资产周转率和周转天数、总资产周转率和周转天数。

（2）根据以上指标评价该公司盈利能力、偿债能力和营运能力。

（3）如果全面分析 CY 股份有限公司的财务状况，还应该需要哪些信息？

四、案例分析题

（一）沃尔玛的流动比率、速动比率与其偿债能力分析

资料：根据传统的财务分析，一般而言，流动比率维持在 2 比较合适；而理想的速动比

率维持在 1 比较合适。但是作为世界 500 强的沃尔玛流动比率和速动比率一直处在较低的水平，如表 11 -7 所示（注：沃尔玛会计年度是 2 月 1 日至次年 1 月 31 日）。

表 11 -7　　沃尔玛 2013—2020 年流动比率、速动比率

指标＼年份	2014. 1. 31	2015. 1. 31	2016. 1. 31	2017. 1. 31	2018. 1. 31	2019. 1. 31	2020. 1. 31	2021. 1. 31
流动比率	0. 88	0. 97	0. 93	0. 86	0. 76	0. 80	0. 79	0. 97
速动比率	0. 23	0. 28	0. 24	0. 22	0. 20	0. 23	0. 22	0. 49

要求：根据上述资料，完成以下分析。

（1）沃尔玛历年流动比率小于 1，是否意味着沃尔玛偿债能力不足呢，如何解释？

（2）请结合案例企业实际，谈谈财务比率指标的局限性以及利用财务比率进行分析需要注意的问题。

（二）贵州茅台的毛利率、销售净利率与其竞争优势分析。

资料：贵州茅台毛利率一直处于非常高的水平，连续多年维持在 90% 左右，销售净利率维持在 50% 左右。在行业对比中，毛利率和销售净利率也处在领先位置，如表 11 -8、表 11 -9 所示。

表 11 -8　　贵州茅台 2 ×13—2 ×20 年毛利率、销售净利率

指标	2 ×13	2 ×14	2 ×15	2 ×16	2 ×17	2 ×18	2 ×19	2 ×20
毛利率（%）	92. 9	92. 6	92. 2	91. 2	89. 8	91. 1	91. 3	91. 4
销售净利率（%）	51. 63	51. 53	50. 38	46. 14	49. 82	51. 37	51. 47	52. 18

表 11 -9　　贵州茅台毛利率、销售净利率行业对比数据（12 个月的平均数据）

排名	名称	毛利率（%）	销售净利率（%）
1	贵州茅台	91. 4	51. 6
2	水井坊	84. 6	27. 3
3	泸州老窖	83. 1	35. 4
4	酒鬼酒	78. 2	27. 4
5	舍得酒业	76. 8	26. 6
6	古井贡酒	75. 3	18. 5
7	口子窖	75. 1	33. 0
8	五粮液	74. 3	36. 9
9	洋河股份	73. 5	32. 9
10	山西汾酒	72. 6	23. 7

要求：根据上述资料，完成以下分析。

（1）请分析贵州茅台毛利率和销售净利率之间近 40% 的差异来源。

（2）结合贵州茅台毛利率、销售净利率数据和行业对比数据，分析贵州茅台的竞争优势。

第十二章　会计信息化、财务共享与智能会计

现代会计历经了三次巨大变革：复式记账法的出现、计算机技术产生的会计电算化以及互联网迅速发展带来的财务共享。在数字经济的浪潮下，以大数据、人工智能、移动互联、云计算和物联网为代表的新兴技术将掀起新一轮财务变革，在共享服务的基础上，财务将更加自动化、智能化和数字化。

——陈虎，中兴新云服务公司总裁，被誉为国内“财务共享服务第一人”

学习目标

1. 了解会计信息化的发展历程
2. 了解财务共享的内涵
3. 了解智能会计的发展趋势

本章重点

会计信息化的含义；财务共享的内涵；智能会计的发展趋势。

本章内容提要

▷ 会计信息化的发展历程
▷ 财务共享的内涵
▷ 智能会计的发展趋势

课堂思政

党的二十大报告提出：“推动战略性新兴产业融合集群发展，构建新一代信息技术、人工智能、生物技术、新能源、新材料、高端装备、绿色环保等一批新的增长引擎。构建优质高效的服务业新体系，推动现代服务业同先进制造业、现代农业深度融合。加快发展物联网，建设高效顺畅的流通体系，降低物流成本。加快发展数字经济，促进数字经济和实体经济深度融合，打造具有国际竞争力的数字产业集群。优化基础设施布局、结构、功能和系统集成，构建现代化基础设施体系。”会计信息化的优势在于，可以提高会计工作的效率和准确性，避免了手工操作带来的错误和漏洞。同时，会计信息化也方便了财务管理人员对企业财务状况的监控和研究，便于做出正确的财务决策。通过会计信息化的建设和应用，可以提

高企业的经济效益和管理水平，加快企业的信息化建设步伐，实现经济的高质量发展。

第一节　会计信息化的发展历程

一、会计信息化概述

（一）信息化

信息化是一个集成的概念，它具有明显的层次性，信息化可以划分为三个层次，分别是：社会、国民经济信息化，行业、领域信息化以及组织、企业信息化，而会计信息化则隶属于第三个层次即组织、企业信息化。三个层次之间相互联系，共同构成了信息化的背景。组织和企业的信息化是社会信息化的基本构成单位，信息化的进程往往是从某个组织开始的。

（二）企业管理信息化

企业管理信息化是指在信息化的背景下，以企业现代管理理论为依托，以信息技术为平台，整合企业战略管理、市场营销、生产管理、财务管理等流程，以提高企业核心竞争力，最终实现企业生存、发展和不断壮大的过程。企业信息化的目标是追求企业核心竞争力的提升和经济效益的显著增加。

企业管理信息化也是重新构建管理模式的过程，在这一模式的构建过程中，既包括手段、方法的改变，也包括管理流程、理论的变革，并且这一变革过程正在随着信息技术的迅猛发展和管理理论的不断创新而变得更加猛烈。

（三）会计信息化

会计信息化由于其内涵不同，存在狭义与广义之分。狭义的会计信息化是指依托信息技术以财务业务流程处理为基础，以优化组织结构、规范流程、提升流程效率、降低运营成本或创造价值为目的，以市场视角为内外部客户提供专业化生产服务的分布式管理模式。狭义会计信息化包括ERP、网络财务及财务共享。广义的会计信息化是指将会计信息作为管理信息资源，利用互联网信息技术和有关的理论知识，通过多媒体、人工智能、通信等互联网信息手段加工解决各种会计相关信息的工作模式，为企业经营管理、控制决策和经济运行提供充足、实时、全方位的信息。广义会计信息化涵盖会计电算化、狭义会计信息化（财务共享）和会计智能化。

会计信息化是信息社会的产物，是会计的发展方向。会计信息化不仅仅是将计算机网络通信等先进的信息技术引入会计学科，与传统的会计工作相融合，在业务核算、财务处理等方面发挥作用，它还包括含有更深的内容，如会计基本理论信息化、会计实务信息化、会计教育的信息化、会计管理信息化等。

会计信息化是会计与信息技术结合，是信息社会对企业财务信息管理提出的一个新要求，是企业会计顺应信息化浪潮所做出的必然举措，它是网络环境下企业领导者获取信息的主要渠道，有助于增强企业的竞争力，解决企业电算化存在的“孤岛”现象，是提高会计管理决策能力和企业管理水平的重要手段。

二、我国会计信息化发展历程

1954 年，美国通用电器公司第一次在计算机上计算职工工资，开创了利用计算机处理会计数据的新起点。我国会计信息化工作始于 20 世纪 70 年代末，至今已走过 50 多年的历程。从会计信息化工作的开展程度、组织管理和相关软件开发等因素综合分析，我国会计信息化的发展经历了会计电算化、会计信息化（狭义）和会计智能化三个阶段。

（一）会计电算化阶段

1. 会计电算化实验探索阶段（1979—1981 年）

1979 年，财政部资助 500 万元给长春第一汽车制造厂，进行会计电算化试点工作，主要运用计算机进行工资、产值的计算。1981 年，中国人民大学和长春第一汽车制造厂联合召开了“财务、会计、成本应用电子计算机问题研讨会”，会上首次提出了“会计电算化”概念，这标志着我国进入了会计电算化的探索阶段。

2. 会计电算化定点化软件阶段（1982—1987 年）

“会计电算化”概念提出的随后几年，广州、上海、北京等地的企业开始定点化开发会计软件产品。

3. 会计电算化商品化软件阶段（1988—1997 年）

1988 年，“首届会计电算化学术研讨会”讨论了会计软件的商品化，财政部也在 1989 年颁布了《会计核算软件管理的几项规定（试行）》，明确了商品化会计软件的基本要求。1994 年 5 月，财政部发布《关于大力发展我国会计电算化事业的意见》，对我国会计电算化事业的发展目标和管理要求等进行了明确规划并提出了具体措施。

（二）会计信息化（狭义）阶段

1. 会计信息化产生阶段——ERP（1998—1999 年）

中国软件行业协会财务及企业管理软件分会在 1998 年召开了“向 ERP 进军”发布会，改变了商品化会计软件的功能以会计核算为主的局面，管理型软件开始受到企业的关注。会计电算化开始与企业管理融合，ERP 系统应用逐步普及，在一定程度上改变了企业信息孤岛和重复开发的局面，会计电算化开始向会计信息化发展和转型。与此同时，会计信息化概念首次在深圳市财政局和金蝶公司联合举办的“会计信息化理论专家座谈会”中提出。

2. 会计信息化初步应用阶段——网络财务（1999—2004 年）

随着互联网的成熟，2000 年用友和金蝶分别推出了自己的网络会计软件服务，我国也开始进入网络财务阶段。

3. 会计信息化推进与发展——会计信息化标准和财务共享（2005—2015 年）

2005 年，以中兴通信为代表的大型集团企业开始建立财务共享服务中心。经济一体化使全球经济规则、技术规则趋同，会计信息化标准成为企业解决财务管理问题的关键技术，2008 年，XBRL 中国地区组织成立，我国会计信息化进入了标准化阶段。

（三）会计智能化阶段

目前，我国还处于会计智能化初步阶段（局部智能化）（2016 年至今）。人工智能的快速发展，触发了新的应用场景。2016 年，德勤和 Kira Systems 宣布将人工智能引入会计、税务、审计等工作中，随后以“四大”为代表的会计师事务所和以金蝶、用友、元年为代表的软件厂商纷纷推出了自己的财务机器人方案。

随着财务云、会计大数据分析与处理技术、智能流程自动化（IPA）、数据中台、数据挖掘等信息技术的应用，软件厂商陆续推出智能财务共享、智能化管理平台等产品。2020 年 8 月 6 日，在 2020 商业创新大会上隆重发布的战略级新品 YonBIP，是企业通过数智化实现商业创新发展的使能平台，帮助企业进入局部应用场景创新、数据相对分散、拥有部分平台能力的数智化 1.0 阶段。2022 年 8 月 27 日，用友公司发布 YonBIP3，帮助企业进入围绕生产、经营及管理主题的融合化应用创新、重视和系统推进数据治理、全面升级数智底座的 2.0 阶段。

第二节　财务共享的内涵

一、财务转型、共享服务及财务共享服务的概念

（一）财务转型

财务共享的产生和发展是随着财务转型的发展一同发展的。“转型”的本义为转变或者转换，是对事物进行一种比较彻底的革命性变革，即通过改变事物的形态或者性质使其更好地满足新的需求。对于企业组织来讲，转型是指通过组织运行逻辑的根本性变化以实现组织行为的根本性变革。经济全球化、技术变革和管理变革是促使企业进行财务转型的重要动因。

财务转型是指企业根据自身的实际情况，为实现价值的最大化而调整企业的财务管理模式以满足企业发展的需要。所谓企业财务管理模式，涵盖企业财务职能、财务组织架构和财务管理方式。企业财务转型可通过财务共享服务等管理模式，再造财务组织和流程，推动财务管理职能从会计核算型向价值创造型转变，实现财务管理效率和价值提升，如图 12 - 1 所示。

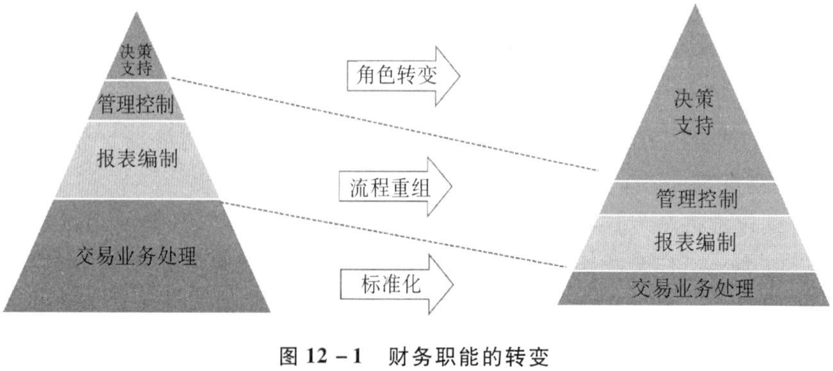

图 12 - 1　财务职能的转变

成功转型的企业，在打造价值创造型财务模式上有其共同的特征，实现了财务的专业化分工，将财务人员划分为战略财务、业务财务和共享财务三类。

1. 战略财务

战略财务是财务职能中的指导层，相当于财务的大脑，是指根据高管层的决策以及企业

战略发展的需求，参与战略制定与推进、将业务财务和共享服务提供的信息转化为对公司经营决策有价值的经营信息分析，支持战略决策落地。战略财务作为总部的参谋中枢，要承担制定集团财务政策，为公司战略及实施提供高价值决策支持，建立全面监管及控制体系，涉及预算管理、成本管理、税务管理、资金管理、会计政策及报表合规性管理、经营绩效管理等相关职能。

战略财务人员主要是企业管理总部的财务人员，应具备战略思维和资本运作能力。总部战略财务人员需要为企业的业务财务和共享财务人员提供财务专业和政策支持，以及相关资源保障，并向下属单位的业务财务人员提出具体工作要求。

2. 业务财务

业务财务对应财务职能中的控制层，是帮助企业提升最直接的一环。业务财务需要深入业务一线，充分分析业务单位财务支持需求，将财务管理融入价值链各环节，全面渗透经营过程，提升经营能力；将共享服务提供的财务数据转变为有效的财务信息，并及时将财务信息传递给相关决策者；促进公司战略和政策向业务单元的推进、落实；具体执行公司预算、成本管理导向、风险管理要求等；协调业务单元的财务运营。业务财务是战略财务与业务单位的信息桥梁，是战略目标、管理工具实施落地的保障。

业务财务人员属于企业经营型人才，应具备运营思维、人际关系及沟通谈判技能以及强大的分析能力，执行企业管理会计职能，主要分布在下属单位和事业部，成为业务部门的合作伙伴。

3. 共享财务

共享财务对应财务职能中的执行层，其最基本的工作是进行会计核算、费用报销、往来款支付管理、财务报表制作等，除此以外，还需向企业集团总部及各业务单位提供专业化的数据支持。共享财务为战略财务和业务财务提供基础财务信息，成为战略财务与业务财务强大的数据支持平台。共享财务人员一般分布在财务共享服务中心。

共享财务处理和提供数据；业务财务将数据转换为信息，在合适的时间提供给合适的人，对其决策产生影响；战略财务将信息归纳总结，形成知识体系，共同构建企业核心竞争力。三者既分工明确又有机地结合在一起，形成了价值创造型“财务互联网”。

（二）共享服务的概念

财务共享服务源于共享服务理念。共享服务是通过对人员、技术和流程的有效整合，实现组织内公共流程的标准化和精简化的一种创新手段。作为一种战略性业务架构，共享服务以客户服务和持续改进的文化为核心，实现价值导向服务，促使组织在更大范围内，甚至在全球范围内能够集中精力于其核心能力，从而使各业务单元创造更多的附加价值。

共享服务提供的服务范围主要包含财务、人力资源、采购、信息技术、市场管理、呼叫中心等业务领域。共享服务运作模式一般是在公司或集团内部成立一个独立的中心，其他业务单元或部门与该中心是内部客户的关系，共享服务中心作为一个组织，通过一套明确的服务水平协议来提供服务。共享服务必须有一个独立组织实体——共享服务中心（Shared Service Center，SSC），为公司内的不止一个业务单元（分、子公司或业务部门）提供明确的专业业务活动支持。共享服务中心具有专业性、统一性、技术性、协议性、服务性等特点。

（三）财务共享服务

财务共享服务是在财务组织深度变革基础上所建立的管理模式，其依托信息化技术，将企业集团大量重复、易于实现标准化、流程化的财务业务从分散的业务部门抽出，集中到一个新的独立运营的业务单元（财务共享服务中心）进行流程再造、标准化、集中处理，以优化组织结构、提升处理效率、降低运营成本、强化决策支持、创造企业价值为目的，并以市场视角为内外部客户提供专业化、标准化服务的管理模式。财务共享服务中心可以将不同国家、地点的实体会计业务通过网络传送相关业务的单据，再由财务共享服务中心人员通过共享业务平台实现在线审核、记账、支付的会计信息系统处理模式。

20 世纪 80 年代初，美国的福特公司最先实施了共享服务模式，在欧洲建立了第一个财务共享服务中心，为其分支机构提供服务。经过 40 年的发展，已经被广泛应用于世界 500 强企业运营管理中。在我国，财务共享服务中心的起步比较晚，中兴通信是第一家成立财务共享服务中心的企业。随后，虽然太平洋保险、苏宁电器、辉瑞药业、中国电信、华为、物美集团、金蝶集团、中国平安、中国电信等也先后建立了财务共享服务中心，但是，对国内大多数企业来说，财务共享服务中心依然是新生事物。财务共享服务中心的发展历程，如图 12－2 所示。

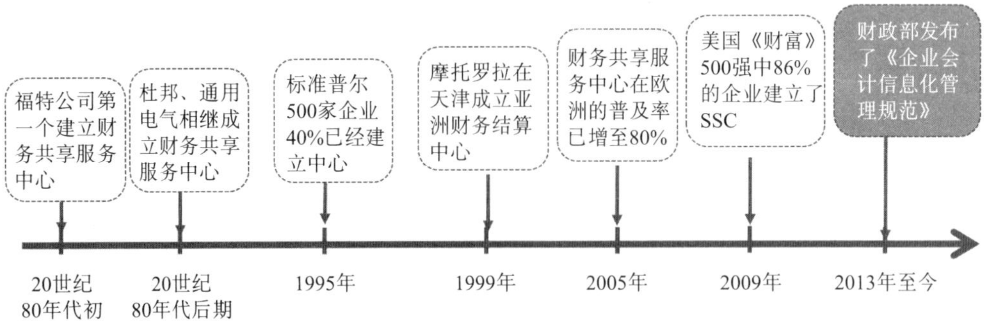

图 12－2　财务共享服务中心发展历程

财务共享服务中心模式的有效运行，需要从选址、流程、组织技术、服务等方面来进行优化和准备。财务共享服务中心应以财务共享服务平台为支撑，实现战略财务、业务财务、共享财务的分层，提升财务对战略决策与业务支持的价值，消除财务与业务的边界。

财务共享服务中心以业务伙伴的形式通过网络和财务共享系统平台，为分布在不同国家和地区的集团成员单位提供标准化、流程化、高效率、低成本的共享财务服务。财务共享服务中心是价值创造的实现。首先，因为财务共享服务中心将不同国家或地区、不同地点的公司实体的会计业务拿到一个共享服务中心记账和报告，保证了会计记录和报告的规范、结构统一。其次，由于不需要在每个公司和办事处都设置会计，因此节省了系统和人工成本。

二、财务共享应用示例——中兴通讯全球票据中心

中兴通讯于 2007 年在西安设立了全球票据中心，通过影像扫描系统将原始凭证以电子流方式会计传递解决票据资料查找困难的问题，同时解决了不能同时调阅同一份凭证、异地调阅、原始凭证由于时间或多次翻阅造成字迹模糊等问题。

中兴通讯的票据处理流程由 6 项作业构成，分别是：单据扫描作业、业务审批作业、会

计审核作业、会计记账作业、单据归档作业、绩效管理作业，如图 12－3 所示。

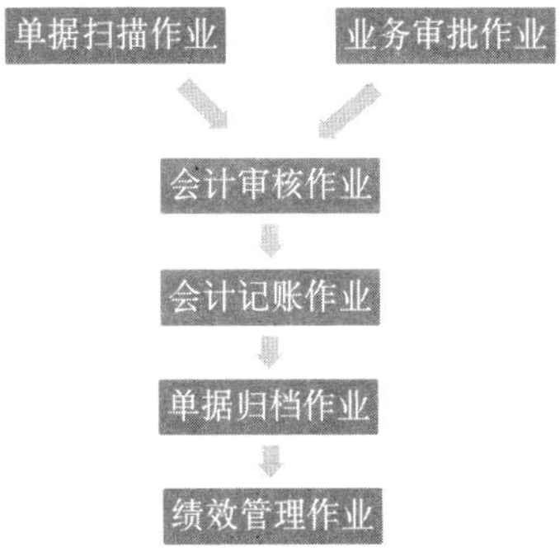

图 12－3　中兴通讯票据处理流程

1. 单据扫描作业

中兴通讯综合考虑成本和效率因素，分别设立财务共享中心扫描点和区域性扫描点两类扫描点，设置专职扫描人员进行单据扫描，异地扫描人员属于财务共享服务中心的外派人员。专职扫描人员将收到实物单据进行分拆、整理及验收，将每份单据通过影像扫描系统扫描入库。每一份报销的原始单据均须粘贴在 A4 纸上，作为附件搭配一张由业务人员填写的报销申请单，记载报销业务的核心信息，尤其是贯穿该份单据处理始终的单据号及条码；影像扫描系统扫描得到每份单据的申请单及其附件，并通过条码与系统内存在的报销申请单相匹配。扫描之后的单据，转入归档库，以便日后退票、退单或匹配凭证之用；单据扫描后，实物单据不再在财务共享服务中心内部流转，以后的各个作业环节全部调用系统内的彩色扫描件。

2. 业务审批作业

报销申请之后，单据扫描作业和业务审批作业可并行。业务审核流程按既定的审核规则及时限进行。业务审核完毕，电子报销单转入 SSC 内部的会计审核。

3. 会计审核作业

财务共享服务中心会计审核岗位人员对电子报销单及其附件按照财务规则进行审核，审核不通过有两种结果：退票和退单。对于违反规定，不符合报销政策的，不予以报销，进行退票处理，将单据原件等资料返回给报销申请人；对于符合报销政策，但是报销单据或手续不完整的，需要退回报销申请人进一步修正。

4. 会计记账作业

报销单据经过会计审核作业后，由财务共享服务中心凭证编制人员根据自己的需要和整体安排，获取待制单信息记录，逐个查看制单，并批量导入 ERP 系统生成记账凭证、审核及记账。

5. 单据归档作业

记账凭证经审核、打印后，需要与原件匹配。待凭证清单打印后，以申请单号及扫描人等信息，找到单据原件，与记账凭证匹配后，按照标准予以装订，并转入档案库。

6. 绩效管理作业

中兴通讯制定了包括数量、质量、效率和服务四方面要求的考核指标，并实行作业操作人员计件工资制。定期分析 SSC 的整体运营绩效，根据分析数据及时优化和改进。运用现场大屏幕数据滚动监控系统对运营过程数据进行统计分析并展现实时报表，检查流程改造及优化效果并传递绩效压力。

中兴通讯全球票据中心不仅能处理差旅发票，还能基于专业发票管理系统处理增值税专用发票、普通发票、运输发票、关税发票等，并能与采购订单、货物接收单进行三单匹配。对于票据的审核，也不再是采用传统的人工检查方式，而是借助专业发票管理系统，根据税务机构发布的发票管理实施条例预定义发票校验规则，实现发票审核的自动化，缩短了发票处理周期。

三、财务共享服务平台示例

（一）财务共享服务平台概念

财务共享平台是基于标准财务运行的基础上，为降低营运成本、提高处理效率，对核算等事务性管理在组织、人员职责分工及业务流程重新整合梳理，以市场视角为内、外部客户提供专业化生产服务的分布式管理模式。

财务共享服务平台是用于接受共享服务各业务领域产生的任务，根据任务分配规则自动推送给业务人员处理，并提供服务监控，方便管理人员了解任务处理分布状况。业务人员的任务处理质量和及时率，为共享服务提供管理平台，是共享服务的核心管理工具。

（二）财务共享服务平台结构

一般财务共享平台规划围绕财务业务的服务构建财务共享服务中心，以金蝶 EAS 财务共享平台为例，其结构包括：员工自主服务门户、财务共享服务、影响服务平台等，如图 12－4 所示。

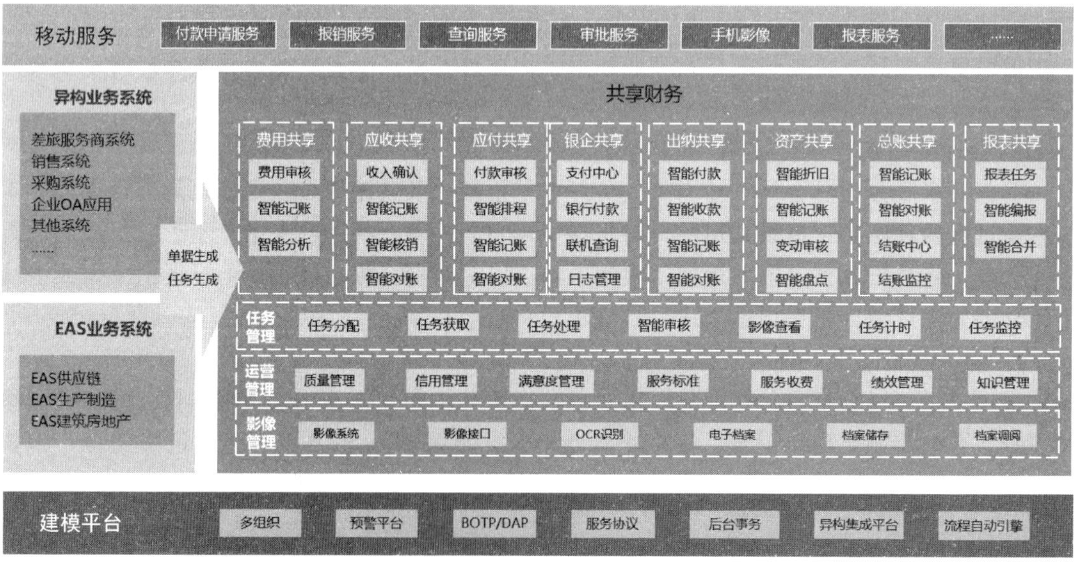

图 12－4　金蝶 EAS 财务共享平台结构

集团财务共享服务中心打破财务组织隔离界限，实现集团业务在同一平台、不同业务类型的专业化分工处理。通过任务池管理、角色管理、门户及工作流管理、多组织操作等平台，为客户、供应商、员工、伙伴提供各种自助服务。集成影像系统完成单据影像扫描与储存，实现电子流与实物流的结合。

金蝶财务共享业务平台包括：费用共享子系统、应收共享子系统、应付共享子系统、出纳共享子系统、银企共享子系统、资产共享子系统、总账共享子系统、报表共享子系统。

1. 费用共享子系统

费用共享子系统通过集成影像系统，完成影像系统与费用报销的接口，报账流程由影像单据传递代替现有纸质单据传递。实物单据扫描后，影像系统自动识别条形码，并根据条形码对影像进行自动分组，系统根据预先设定的规则上传至服务器。财务审核环节通过查看影像和报销单据，实现审核与核算的无纸化流程。

2. 应收共享子系统

应收共享子系统支持企业的应收审核岗可以通过财务共享服务的应收任务中心，在应收共享平台基于影像完成其负责的区域或组织应收相关单据的合规性审核，所有任务系统按预先设定的规则自动推送，灵活高效地处理各项应收任务。

3. 应付共享子系统

应付共享子系统支持企业的应付审核岗可以通过财务共享服务的应收任务中心，在应付共享平台基于影像完成其负责的区域或组织应付相关单据的合规性审核，所有任务系统按预先设定的规则自动推送，灵活高效地处理各项应收任务。

4. 出纳共享子系统

出纳共享子系统的出纳工作平台支持集中处理多家公司的多笔收付款业务、批量审批、批量提交银企互联，跨组织处理多家公司资金日记账、银行对账单、余额调节表，有效解决分散经营模式下的资金集中管理难题。在资金流动过程中，还可以实时监控大额资金的支出，既防范了资金管理风险，也提升了资金集中管控的能力，为资金集中管理搭建服务平台。

5. 银企共享子系统

金蝶 EAS 银企共享子系统是按照财务共享模式重新设计的银企交互系统，与原有的银企互联系统相比，更符合财务共享模式下的岗位细化和多组织批量处理的业务特点，系统根据银企交互的主要工作，提供了银企支付中心这个集成业务处理平台，还提供了银企付款、联机查询、日志管理等常用功能。

6. 资产共享子系统

资产共享子系统为负责固定资产业务处理的共享财务人员，提供集中处理多家组织的固定资产业务。例如，按事先设置的对账方案，核对集团多家公司的固定资产实物账与财务账；期末批量计提固定资产折旧；期末批量对账等，打破组织界限，提高固定资产业务处理效率。

7. 总账共享子系统

金蝶 EAS 总账共享子系统帮助财务共享服务中心的财务人员实现高效准确的记账、对账和结账工作。系统提供记账、对账、结账、账簿报表、现金流量、初始化等会计核算功能，以及预算控制、现金流量表等财务管理功能。这些功能都按财务共享的场景进行了功能重新设计，打破了组织的界限，提供多组织的批量处理。另外，还提供了记账中心、对账中心、结账中心等财务共享专有功能，旨在提高共享人员工作效率。该系统既可以独立运行，又可以与报表共享、出纳共享、费用共享、资产共享、应收共享、应付共享等模块共同使用，提供更完整、全面的财务共享管理解决方案。

8. 报表共享子系统

在金蝶 EAS 报表共享子系统的平台中，一个财务人员每月可负责集团多家公司报表的编制、审批、上报工作。通过该报表共享平台，不需要频繁切换财务组织、报表周期，可以实现多组织的报表批量处理，同时编制或查看多期间多张报表，随时监控各家公司报表编制进度，对于固定模板的报表，还可以实现批量后台计算，大大提高了报表编制及时性和准确性。

（三）财务共享服务平台与其他模块的数据关系

根据埃森哲的一项调查表明，在全球共享服务领域得到最多应用的是财务业务领域，其中应付账款业务实施比率占 83%，总长业务占 65%。固定资产管理占 57%，应收业务占 56%。薪资支付业务占 55%，差旅及费用报销业务占 50%，财务报告占 48%，这些数据表明财务相关业务是企业共享服务的重要组成部分。财务共享服务平台与其他模块的数据关系，如图 12－5 所示。

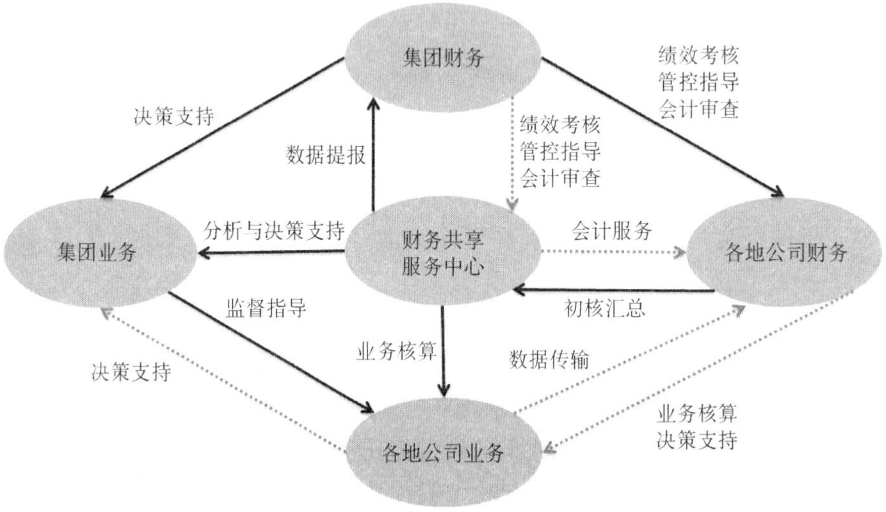

图 12－5　财务共享服务平台与其他模块的数据关系

四、财务共享服务给企业带来的影响

（一）实现业务财务一体化

财务共享服务中心建立的过程是企业内部业务审批流程的梳理再造的过程，也是企业管理规范化提升的过程。所谓业务财务一体化是将企业经营中的三大主要流程，即业务流程、财务会计流程、管理流程有机融合，并将计算机的“事件驱动”概念引入流程设计，建立基于业务事件驱动的财务一体化信息处理流程，使财务数据和业务融为一体。而财务共享服务中心就是在这一指导思想下建立，它将企业的经营信息按使用动机不同划分为若干业务事件。当业务事件发生时，利用事件驱动来记录业务；业务事件处理器按业务和信息处理规则，将企业的财务、业务和管理信息集中于一个数据库，当需要信息时，具有数据使用权的各类“授权”人员通过报告工具自动输出所需信息。这种方式能最大限度地实现数据共享，实时控制经济业务，真正将会计控制职能发挥出来。

（二）提高业务处理效率

财务共享服务以其标准化、专业化的服务向内、外部用户提供品质高、效率快的财务业务核算及决策资讯等支持服务。经过流程改造和组织架构调整，企业集团下辖的所有分、子公司业务都统一在服务中心作业，达到规模效益，把业务处理拆解的更加详细，并分配专业人才负责，服务品质和效率得到大幅度提升。

（三）支持企业快速扩张

通过业务财务一体化以及财务共享服务中心集中化、标准化的业务处理，可以将新加的企业迅速纳入集团公司的标准管理体系，快速提高新进企业的管理水平，而无须担心因管理制度、企业文化等方面的差异导致新进企业融入困难，负面情绪增加，兼并重组失败。

五、财务共享的发展方向

根据财务共享服务中心建设设计的管理成熟度及信息化水平，财务共享服务中心的未来发展可划分为五大阶段：核算共享、报账共享、标准财务共享、业财一体化财务共享以及大共享。

（一）核算共享

该阶段依托财务系统的集中核算功能，在企业实际组织架构、人员岗位及职责分工没有很大调整的前提下，通过授权管理的方式，由财务人员完成多个会计主体的财务核算工作。该阶段是企业的一种经营战略，其原有核算流程及相关标准不变，侧重于财务资源的集中管理、成本的控制及降低。

（二）报账共享

该阶段是在核算共享的基础上，把前端内部员工的网上报账业务纳入进来，借助影像系统，由财务人员完成共享模式下多单位的报账稽核及核算工作。该阶段依赖的系统包含集中核算系统、网上报账系统和影像系统，实现财务人员处理多主体单位的报账稽核等财务业务。费用报销业务是多数企业建设财务共享中心的切入点，该阶段属于共享模式的初级阶段。

（三）标准财务共享

该阶段的典型标志是成立独立的财务共享服务中心，将财务人员集中并进行专业化分工，搭建财务共享服务平台，以任务为驱动进行高效作业，提供标准化财务服务，实现财务职能的分离。该阶段下以财务视角对整体组织架构重新优化调整，设置专门的组织为企业提供标准化服务。组织内财务人员对应专业分组，不再区分每一个财务人员属于哪一个核算组织，而是集中到财务共享服务中心组织，通过专业化分工提升企业整体的财务业务能力。

（四）业财一体化财务共享

该阶段是在原财务共享服务中心的基础上，将财务管理向前延伸，通过深度的业财一体化将以报账为起点变为以业务为起点，管控前移，降低财务风险，支撑企业精细化管理及内控落地。该阶段财务共享的最大区别就是站在整个企业经济活动的价值链体系上思考问题，不仅解决了财务会计及财务管理的问题，而且解决了企业整个经济业务活动跟财务活动同步的问题。将经济业务的起点推至业务源头，对企业信息化整体水平提出了较高的要求。该阶段必须做好信息系统底层内控，通过业务管控系统来支撑财务共享体系建设，同时财务视角应向前移，节约财务资源不再是最终目的。建立业财化一体财务共享后，部分财务人员可从重复性工作中解放出来，向业务前端延伸，从事运营规则制定与监控工作，从而实现整个财务的分层、分级管理。

（五）大共享

财务共享服务中心的未来是大共享，不仅涵盖财务业务，还要包含人力资源、采购、市场管理、信息技术等。企业要实现大共享，需要财务共享先行。国内企业的信息化大都是从财务电算化开始的，财务管理是企业管理的生命线，几乎所有企业的管理水平和竞争能力的体现都是以财务为心的。企业集团管理要有大共享思维，在企业信息化建设方面，应以共享理念为统领。以财务大数据为核心的新财务、大共享、业财融合是未来的发展趋势。企业集团应结合自身的管理现状、业务需求，从财务共享开始，选择适合企业的财务共享模式，并明确未来的管理路线图。

第三节　智能会计的发展趋势

智能时代，信息成为企业可以利用的重要资源，企业对传统的会计信息系统进行智能化升级改造，既顺应了信息技术发展的必然趋势，也是企业管理者充分挖掘、有效应用会计信息的必要手段。会计云、会计大数据以及物联网技术使会计数据来源更多元化、开放化、网络化，而人工智能（AI 技术）的发展，也引发了智能会计革命。

一、人工智能在会计领域的应用

（一）机器人技术的应用

目前，在会计领域应用较多的人工智能技术是机器人技术，机器人自动执行企业具有明确业务规则、结构化输入和输出的操作流程，及机器人流程自动化（Robotic Process Automation RPA）。RPA 本质上是一种能按特定指令完成工作的软件，这种软件安装在个人计算机或大型服务器上，通过模拟键盘、鼠标等人工操作来实现办公操作的自动化。

财务机器人是一类遵循既定的规则和程序，采用机器人流程自动化技术，通过模拟、增强与拓展财务人员与计算机系统的交互过程，辅助财务人员完成工作量大、重复性强、易于标准化的财务业务，从而优化财务流程，降低财务运作成本，提升财务工作效率，提高财务工作质量，能够实现财务人员、财务业务和信息系统一体化系统的软件。如安永的 RPA 能够自动完成数据导入、工作底稿校验、税务发票校验、税务表单填写和调整、税务申报表生成及自动申报等工作。

财务机器人适用于具有清晰定义和极少例外情况下的重复性和确定性过程，常常应用于以下场景：费用报销、采购到付款、销售到收款、存货到成本、总账到报表、税务管理等，财务机器人在不同业务场景下的实施功能，如表 12 - 1 所示。

表 12-1 财务机器人（RPA）应用场景及实施功能

应用场景	RPA 实施功能	功能具体描述
费用报销	票据识别	通过 OCR 技术识别各类票据信息
	单据生成	数据分类汇总与分发传递，按规定自动生成报销单
	单据审核	自动审核、校验发票
	报销支付	执行付款
	凭证生成	进行账务处理，根据报销单及附件自动生成记账凭证
	报销分析	生成分析报表与报告
采购到付款	供应商数据管理	自动将供应商提供的资料信息进行上传系统处理（如获取供应商营业执照影像并识别指定位置上的字段信息，填写信息到供应商主数据管理系统，上传相关附件）
	发票校验	基于明确的规则执行发票、订单、收货单三单匹配
	发票处理	发票的扫描结果的自动处理（与机器人结合的 ORC、发票的自动认证）
	付款执行	在缺少直接付款系统对接的场景下，可考虑利用 RPA 提取付款申请系统的付款信息（账号、户名等），并提交网银等资金付款系统进行实际付款操作
	账期处理及报告	自动财务账期处理（应付、预付重分类等）
	供应商询证	自动处理供应商询证信息并将结果信息进行自动反馈
销售到收款	自动开票	RPA 自动抓取销售开票数据，并自动进行开票动作
	应收账款对账及收款核销	RPA 取得应收和实收数据，按照账号、打款备注等信息进行自动对账，并将对账差异进行单独列示，对于对账无误的进行自动账务核销
	客户信用管理	自动进行客户信用信息的查询并将相关数据提供给授信模块，用于客户信用评估、控制
存货到成本	成本统计指标录入	RPA 自动根据规则计算成本指标，并录入相应系统
	成本与费用分摊	RPA 按脚本分步或并行执行相关成本费用分摊循环
	凭证生成	自动完成相关分录录入
总账到报表	主数据管理	主数据变更的自动系统更新，变更的通知、主数据的发布等
	凭证处理	周期性凭证的自动处理、自动结转、自动凭证打印
	关联交易处理	关联交易对账等
	薪酬核算	在缺少系统对接场景下的自动薪酬账务处理
	自动化报告	通过多个财务系统和报表收集数据，自动生成报表
税务管理	发票管理	自动开具增值税发票、自动进行发票验真
	税务处理	进销项差额提醒，进行增值税进项税额抵扣
	凭证生成	税务会计分录自动编制与录入
	税务申报	自动完成纳税申报准备，进行纳税申报
	风险管理	挖掘企业的税务风险，分析企业的税负结构

（二）机器学习技术的应用

机器学习是一门涉及统计学、系统表示、逼近理论、神经网络、优化理论、计算机科学、脑科学等诸多领域的交叉学科，研究计算机如何模拟或实现人类的学习行为，以获取新的知识或技能，重新组织已有的知识结构使之不断改善自身的性能，是人工智能技术的核心。

随着人工智能技术的日益普及和应用成熟，未来机器学习方法将被越来越多的人认知，机器学习分析功能也将越来越多地融入财务软件和相关工具的新版本中。依赖于大数据的机器学习能够把会计领域过去所积累的经验数据化、标准化，提供一个能够感知条件的应用程序，然后提出一个解决方案，将大大提高客户对财务软件和会计专业人员能够提供的咨询服务期望。

2016 年 3 月 10 日，德勤会计师事务所宣布与 Kira Systems 联手，将人工智能引入会计、税务、审计等工作当中。德勤将自己的技术相关业务与 Kira Systems 先进的机器学习技术相结合，建立模型，制造出能快速“阅读”数千份复杂文件，并从中攫取和构建文本信息以更好地做出分析的德勤机器人。2017 年 5 月，德勤财务机器人面世，其是能部署在服务器或计算机上的应用程序，可以做到替代财务流程中的手工操作，管理和监督各自动化财务流程，录入信息、合并数据、汇总统计，根据既定的业务逻辑进行判断，进而识别财务流程中的优化点等。

2018 年 8 月 10 日，毕马威中国推出最新研发的“人工智能信贷审阅工具”。该工具针对金融行业在借贷和投资领域的痛点，应用自然语言处理和大数据技术的领先科技，对信贷文档和信贷相关内外部信息进行更为有效的获取、储存、管理以及分析，在决策支持和流程优化等方面为审计人员赋能。同时，该工具拥有获得海量资料的高速和广域处理能力，能够为审计客户提供更有洞察力的风险分析建议，能够大幅提升信息处理效率，深度挖掘多维度风险信息。

Oracle 也在其财务软件 Fusion 企业资源计划（ERP）云中增加 AI 及机器学习应用，帮助企业高效识别并充分利用财务和运营数据中的趋势和模式，使企业可以在数据加载时查看预测和预测方差，识别方差模式并随时修改计划，提高决策质量和时效性；帮助企业提高应付账款事务处理效率和准确性，且算法会基于历史操作自动适应业务变化；帮助更高效、准确地从 PDF 及其他常用格式的财务文档中提取财务信息，减少甚至消除手动发票录入工作，随着业务发展，系统会持续学习和适应发票格式变更，不断提高文档识别准确性；帮助企业轻松提交和审查工时表、跟踪项目状态以及解决工时录入和项目管理问题；为企业提供直观的嵌入式事件报告工作流，助力企业执行调查、创建针对性行动以及跟踪和更新事件状态，进而提高数据保护水平。

（三）其他人工智能核心技术的应用

除了机器人技术、机器学习技术外，自然语言处理、人机交互、虚拟现实/增强现实、计算机视觉、生物特征识别、认知计算等人工智能技术的发展，也会为会计工作带来新的应用场景的可能，基于这些技术，机器能够执行更为复杂的任务。

二、财务机器人对会计的影响

当前，在我国应用的财务机器人，实际是基于机器人流程自动化（RPA）平台软件的一款应用软件，其专利发明者是 Bataller，他认为 RPA 是一种使业务流程自动化的软件技术。通过使用机器人过程自动化技术，企业可以配置软件或“机器人”来采集和解读数据，同时也用于处理事务、操作数据、触发响应和与其他数字系统进行通信。

（一）RPA 将推动会计和业务流程管理自动化

RPA 是将一些高度结构化的、常规的会计手工任务业务流程由自动化机器人来执行，可使企业的财会人员和管理者有更多的时间做更高端的增值管理工作。RPA 是一套基于规则的业务流程自动化软件工具（服务自动化软件）。RPA 适用于那些高度结构化的任务，诸如财务、会计、审计、采购、人力资源和办公流程等。

机器人流程自动化应用范围很广泛，包括从单一企业的办公流程到大集团企业部署成千上万个不同流程自动化，这里的流程自动化机器人是一款软件，每款软件都被编制成能完成特定任务的程序模块，可以与原来 ERP 系统连接并自动完成各业务流程。

（二）财务机器人的普遍应用，将使普通的财会人员大量转岗

2016 年，德勤在中国企业率先推出 RPA 应用咨询服务，其负责人戴夫·库德认为企业使用 RPA 的目的是将传统业务流程的自动化以实现企业的人才、技术和时间资源节省。通过使用 RPA，财务总监相关管理人可以用不到半小时或更短时间完成过去需要花数天或甚至数周才能完成的事务，它有超高工作效率（相当于人的几十倍），而且其工作质量保持零错误，由此节省很多的人力资源和财务成本以及避免了人工差错。

国际四大会计事务所相继推出财务机器人软件，国内的金蝶和用友软件公司也相继发布了云服务财务机器人。随着越来越多的大型企业采用 RPA 自动化软件工具，财务机器人的普及应用将造成大量财会人员下岗或转岗。同时，随着人工智能（AI）技术的不断发展，未来的财务机器人会变得更高级，财会人员必须通过学习重构自身的核心能力，更多开展分析性与开拓性工作。

三、智能化的会计数据处理发展趋势

（一）物联网技术应用于会计领域

财务部门管理资金运动，与数据联系紧密，将物联网技术应用于会计领域，可以为企业财务管理提供结构复杂、规模庞大的数据，企业可以利用各种传感器，将经济业务中各项实物的数据，转变为会计信息系统能够接收处理的信息。由于智能产业的快速发展，与物联网技术相关的电子产品得到普遍应用，使会计信息系统能够更实时、完整、智能地感知经济业务中的事物，获取这些事物所反映的经济业务内容及特征的有关信息。借助会计信息系统，企业管理人员可以突破时间与地域的界限，随时随地进行数据交流，又由于云计算等工具的使用，数据传输速度快，交流和分析的会计数据得以成倍增长。另外，会计大数据的种类较多，既有财务数据又有非财务数据，既有数字数据还包括发票图片、合同文档等半结构化和非结构化数据。

（二）会计大数据蕴含巨大价值

会计大数据在很多方面突破了会计信息的传统概念。例如，会计分期概念，财务工作将企业的生产经营过程按自然时间划分为年、半年、季度和月度等间隔相等的期间，确认期间收入、费用与利润，定期结转损益，编制报表；会计分期概念与会计质量信息要求的及时性有一定冲突，如利息收入、利息支出、投资收益、财务费用等科目与时间密切相关，企业通常在月底进行确认，实际上时间价值每时每刻都在发生，不同性质的会计主体对及时性的要求各不相同，再以年月等自然时间段为标准，不能满足企业对会计信息的追求。物联网、会

计云等信息技术的发展带来了会计信息实时、动态的反映，企业管理者可以通过信息系统随时随地得到各项信息。此外，传统的会计信息遵循货币计量原则，大量无法用货币计量却与决策相关的重要信息被排除在会计资料之外，如重要的人力资源、有价值的销售渠道等，这使企业管理者对这些会计信息的决策相关性提出了质疑，而物联网技术可以获取经济活动中产生的大量非货币信息，满足了会计信息使用者对相关信息的要求。

（三）业务财务的深度融合

智能化的会计信息系统有助于为企业管理者提供个性化的会计服务，一个重要的原因在于业务财务的深度融合，也即在信息化环境中，打破会计流程与其他业务流程的界限，将二者有机结合。

（1）变事后处理为事前事中处理。在会计信息系统建设的早期，业务人员根据发生的经济业务将相关信息录入信息系统，同时提交外部获取及内部生成的各项原始凭证，尽管会计凭证也能自动生成，但是财务人员在进行审核时，基本是在经济业务活动发生之后。在物联网与大数据信息技术应用于会计信息系统后，会计处理流程与其他业务流程深度融合，使会计事后监督的管理方式逐渐向事前事中管理过渡。另外，智能化的会计信息系统不再要求会计人员关注传统的核算职能，而是要深入参与企业的日常活动，熟悉业务流程，了解各项财务信息产生的业务环境。

（2）实现了会计信息与其他业务信息的高度集成化。智能化的会计信息系统，不仅集成管理会计与财务会计工作，而且以业务为驱动，将会计系统与其他业务系统高度集成，实现业务流与会计流同步处理，共享数据信息，管理者对企业的物流、会计信息流、资金流和业务流等进行统一管理和控制。财务业务信息高度集成化后，无论是财务工作还是其他业务工作效率都得到提高，财务工作可以更好地发挥预测、控制、决策支持等职能，进而推动企业业务流程优化与重组，支撑企业的可持续发展。

（3）改变了会计工作的传统职责。业务财务一体化思想将改变传统的会计工作流程和工作方式，随着智能化会计信息系统的升级改造，会计人员需要提升自身的综合素质，既要熟悉财务会计、财务管理知识，又要充分了解企业的各项具体经营业务，还需要掌握智能化会计信息技术。未来会计人员可能不像现在这样有明显的分工和职责，他们可以是熟知会计知识的业务管理人员，也可以是有会计常识的信息技术人员。

（四）决策智能化

会计信息系统应具备辅助决策的功能，从决策支持的管理层次来看，包括高层管理者关注的长期筹资决策、长期投资决策、全面预算、利润分配等决定企业宏观层面的决策；也有中层管理者关注的成本控制、生产决策、销售政策等；还包括基础作业层面的具体决策。智能化的会计信息系统在决策支持方面应具备的基本功能包括：能随时随地采用适当的方法搜集、存储、分析、提供与决策相关的各种结构化、半结构化和非结构化数据，包括图形、音频、视频、文本、模型、方法及知识等；具备学习能力和一定的推理能力，例如，能自动更新知识库，能够判断用户的需求，选择恰当的知识、方法和决策模型，提供个性化的会计服务；人机交互界面良好，报告方式灵活恰当，决策所需要信息可靠、有效且及时。

会计信息系统是人机共建的系统，在辅助决策的功能上，不仅有智能化的决策支持系统，还需要发挥各项专业人才的集体智慧，会计人需要改变思维模式和工作方法。

（1）集体智慧。智能化的会计决策支持系统，在对数据进行收集、整理和分析时，还注重信息的及时共享、反馈与更新，体现出群体智慧和集体决策的思路。会计信息系统是个开放的系统，将众多分散的业务部门、不同专业背景的个人集合在一起，通过信息交流互动所产生的集体决策，更能全面解析决策的事项，恰当地解决问题。管理者可以就决策过程中遇 到的难点开展讨论，听取各方意见，采纳合理建议，对决策方法、决策模型进行优化；建议提供方也可以根据决策实施的效果，发现其业务改进的方向；在决策过程中如果多方决策者对数据的处理方式存在分歧，也可以聘请外部专家，由外部专家根据自己的职业判断，中立地对决策事项提供专家建议。

（2）机器学习。企业寻求智能化、自动化模式的预测、决策和控制，以提高效率，在差异化上实现竞争优势，机器学习就必不可少。会计信息系统要参与决策，就需要有机器学习的能力，并具备以下特征：智能化会计信息系统可以根据已有信息生成决策案例库和知识库；自动识别决策问题，建立决策模型；对于给定的会计领域的决策任务，能实现知识的自动获取，并确保精确性；人机互动界面友好，能指导缺乏经验的决策者根据已有的知识库和案例库解决疑问；智能化会计决策支持系统要做到自我完善，具备适应性和演进能力。

思考与练习

一、思考题

1. 在“大、智、移、云”时代背景下，企业为何要进行财务转型？
2. 战略财务、业务财务与共享财务的区别和联系分别是什么？
3. 财务共享给企业带来什么样的影响？
4. 财务机器人等人工智能技术引入会计工作，给会计人员带来何种冲击？
5. 人工智能在未来是否会取代人工，完成会计工作？

二、案例分析

美的公司财务共享实施案例

1990 年，美的公司营业收入超 1 亿元，2010 年超 1 000 亿元，实现 20 年 1 000 倍的成绩。但是 2011 年后，互联网经济飞速发展，互联网模式迅速在各大行业应用落地，“大规模，低成本”的传统制造业模式不能跟上时代发展。美的公司开始寻求转型，由“规模导向”转型为“利润导向”，以寻求“价值导向”。2012 年，美的公司与麦肯锡咨询和 IBM 达成合作，设计并开始实施针对集团的共享体系构建和数字化改革。

（一）美的公司财务共享内容

1. 确立实施范围

麦肯锡和 IBM 对美的公司的流程框架和主数据模型进行评估和搭建。基于各个事业部中心的工作流程，美的公司确立了全集团模块所实施的流程规则，并由安永进行风控评估。在此之后，美的公司将极具同质化的流程规范形成数据模式，而需要人工干预的内容进行相应保留。在实施过程中，先由试点事业部单位进行系统试运行，再逐步进行全集团的复制推广，且集团要求各事业部门在 80% 的模块上需与集团保持口径一致，20% 的模块上可自行定制，这充分考虑了集团发展的多样性，以保证各个部门的发挥空间。

2. 财务共享体系初营运

为实现集团的标准化、统一化财务战略，美的公司严格控制财务口径的规格，且要求各单位基于企业资源计划 ERP 实行集团统一制定的会计核算体系，同时严格管理各个单位的银行账户，且资金的收付、归集由集团进行统一，应收应付款的结算应符合集团统一的结算规则，且在集团的结算系统下进行。因此，资金收付管理、资金归集调拨以及税务管理、财务预算、报表生成等都以财务共享的方式统一由集团进行管理。

3. 构建数字 1.0 系统

2012 年，为推动“一个美的、一个体系、一个标准”的构建，美的公司逐步建成“632”项目，即六大运营平台（产品生命周期管理 PLM、企业资源计划 ERP、高级计划排程 APS、制造执行系统 MES、供应商关系管理 SRM、客户关系管理 CRM）、三大管理平台（业务经营决策 BI、财务管理 FMS、人力资源管理 HRMS）、两大技术平台（统一门户平台 MIP、集成开发平台 MDP），全面提升集团内部价值。2014—2016 年，为高效整合和监控集团内资源，美的公司联合青铜器 RDM、PTC 和甲骨文等，正式建成个性化的财务共享模式。

4. 建立工业互联网

2016 年 11 月，美的公司原 IT 部门成员组建成立美云智数有限公司，美云智数是美的公司下云计算和提供商，并通过智能制造、物联网、大数据、云计算、移动互联网等技术推出了工业互联网平台 MeiCloud 形成专业解决方案，这使美的公司由从单一财务和信息共享转型为基于全价值链的共享模式。就此，财务共享系统不再简单从事交易数据采集、财务数据分析，更是与商旅系统、供应商协同平台、增值税进项发票管理系统、增值税销项开票系统、合同管理系统、电子报账系统、电子影像系统、电子档案系统、资金管理系统、银企互联等信息系统有机结合，打通研发端、生产设备端、供应链端、业务端和用户端，加速库存的周转并对商品进行全视角的模拟跟踪，美的公司实现了资金的全链条流通。

（二）美的公司流程再造

1. 组织架构再造

为有效整合互联网时代资源，美的公司颠覆层级分明的“集团—事业部”组织模式，实施扁平化的“事业部—平台”模式。此组织平台包括三大板块，分别是事业部、业务平台和总部职能三个板块，各板块之间通过互联网技术实现相互连通。各个事业部自行研发、采购、生产和销售，拥有一定自主权，且之间能够实现资源互通，包括仓储共享、设备共享、人力资源互联以及客户资源协同等，有效促进成本的控制和存货的周转效率。业务平台主要分为物流公司、客服中心、采购中心和金融中心，其中金融中心的主体为美的财务公司，成立于 2010 年 6 月，是佛山首家隶属于企业集团的非银金融机构，负责集中对美的公司的资金进行统筹归集，加强对资金流的控制。总部职能包括制度规范、财务管理、战略管理、人力资源管理等。财务共享中心负责准确地对信息进行录入和报告，所提取的重要财务信息由财务总监、财务经理和共享中心经理共同探讨并反馈给其他高管。因此，共享中心经理同财务经理共同对财务总监负责。

2. 业财融合再造

美的公司的财务共享模式所再造的不仅仅是单一的财务核算方式，而是以精益化和数字化为核心驱动，且具有高效、灵活在各经营单元内发挥协同和管控重要作用的管理体系。

“一个美的、一个体系、一个标准”目标确立，使美的公司搭建的财务共享模式在协同会计核算系统、资金管理系统、税务管理系统的同时，接入研发、采购、供应链、生产、销售以及绩效管理、质量管理流程等端口，成为数据中心，利用信息和资金的高速周转提升连通系统敏感性，并通过数据有效支持企业的经营决策分析，向战略财务、业务财务提供数据和报表，利用信息平台形成体系化的反馈和报告机制。

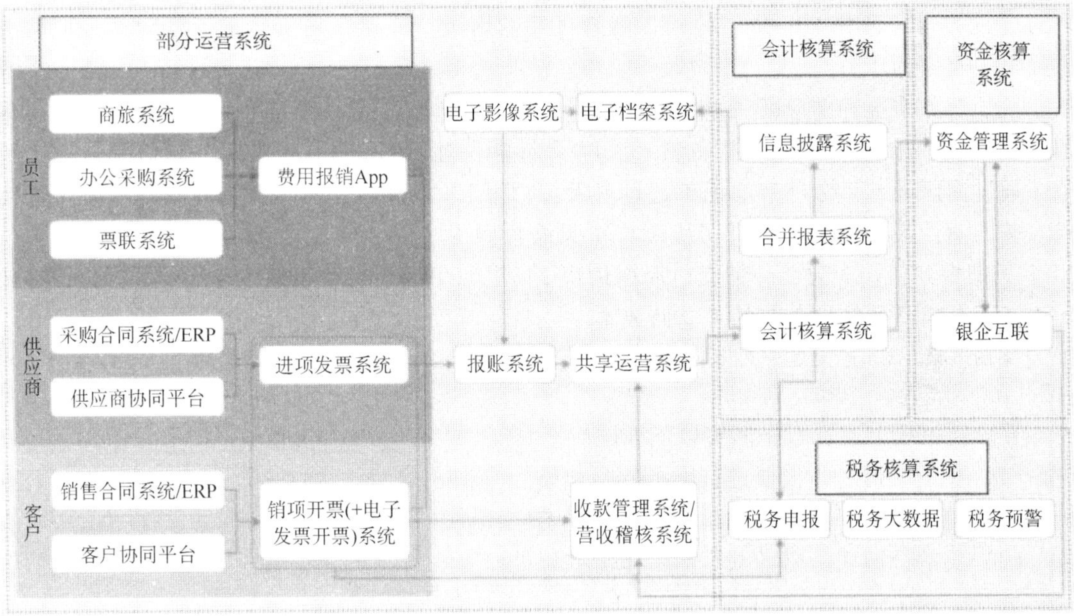

图 12－6　美的公司共享体系架构

3. 财务流程再造

基于共享模式下财务流程的再造是实现财务共享的重要环节，主要针对的是集团的总账管理、收付结算管理和预算管理等。在进行总账管理时，由集团订立针对总账、明细账统一的核算流程，要求集团内核算主体均需按照要求进行核算，如针对应收账款的坏账管理订立统一的标准，并对其进行追踪以保证核算的公允性。收付结算上，各事业部使用集团统一的支付结算系统，包括采购供应商物资、员工工资发放、各项费用支出等，同时所有的支付结算行为都受到业务系统和财务系统的监控，做到每一笔数据都有据可查。预算管理中，财务管理系统 FMS 会针对各事业部的营运能力和盈利能力制订个性化的预算计划，有效控制风险。

4. 资金调拨再造

传统财务管理模式下，美的公司只能通过报表汇总和单据凭证核对的方式对资金的统计，且不具备高效的资金归集调拨能力，但是基于财务共享体系，各集团单位的收付结算需在共享中心银企直联的管理系统上进行，这实现成员单位账户统一集中管理，提高了资金的使用效率，截至 2018 年 3 季度，集团全口径资金归集率均保持在 50% 以上。同时，作为集团实现财务共享模式的先行者和奠基人，美的财务公司为集团公司及其分子公司提供资金集中管理和金融服务，包括协助成员单位进行交易款项的收付以及内部转账结算、金融服务咨询、担保、吸收成员单位存款以及同业拆借等。因此，集团财务管理部门在共享财务平台实现了标准化、专业化，实现对资金的整体把控，便于管理层对市场环境做出清晰预判，从而制定相关战略部署。

5. 存货周转再造

制造业的存货周转通常从供应商的原材料开始，经过生产加工形成商品，由一线人员对商品进行销售，为保护供应制造的仓库通常囤积大量的商品，以备需要，但是这大大加重了商品的保管成本以及日常损耗。为避免存货积压和不必要的耗费，美的公司基于财务共享体系对存货的周转提出“T + 3”模式，刺激存货的周转，加速营运资金的流动效率，同时大大降低了仓储的压力。

基于财务系统和供应商关系管理、客户关系管理，“T + 3”将整个生产周期分为“T 周期”客户下单、“T + 1 周期”备料、“T + 2 周期”生产和“T + 3 周期”物流到货四个环节，通过调研确定每个环节周期不超过三天。“T + 3”模式以客户为导向，快速满足市场需求。美的南沙工厂订单备料周期从最长 4 天缩短到 4 小时，空调内销的交付周期从过去的 20 多天缩短到最快 3 天，外销交付周期最快 24 天，60% 的产品实现了线下直发客户，有效加强了库存商品的管控，节约了仓储成本。

（案例来源：沈琪皓. 财务共享对企业营运资金管理的影响效应分析——以美的公司管理实践为例[D]. 江西师范大学. 2020）

要求：根据上述资料，回答以下问题。

（1）美的公司为什么要进行财务共享建设？

（2）美的公司财务共享建设包含哪些内容？

（3）美的公司实施财务共享后带来哪些好处？

参考文献

［1］刘永泽，陈文铭．会计学［M］．大连：东北财经大学出版社，2018.

［2］陈文铭．会计学习题与案例［M］．大连：东北财经大学出版社，2018.

［3］刘卫，蒋琳玲．会计学原理［M］．成都：西南财经大学出版社，2019.

［4］莱斯利·K. 布莱特纳，罗伯特·N. 安东尼．会计学基础［M］．北京：机械工业出版社，2018.

［5］安本隆晴．人人都要有会计思维［M］．北京：北京联合出版公司，2019.

［6］徐玉德．数字经济时代会计变革的反思与逻辑溯源［J］．会计研究，2022（8）：3－13.

［7］程平．RPA 财务机器人：原理、应用与开发［M］．北京：中国人民大学出版社，2022.

［8］谢志华，杨超，许诺．再论业财融合的本质及其实现形式［J］．会计研究，2020（7）：3－14.

［9］王亚星，李心合．重构“业财融合”的概念框架［J］．会计研究，2020（7）：15－22.

［10］叶康涛．会计管理活动论的当代意义［J］．会计研究，2020（1）：5－15.

［11］刘勤，杨寅．改革开放 40 年的中国会计信息化：回顾与展望［J］．会计研究，2019（2）：26－34.

［12］张敏，吴亭，史春玲等．智能财务人才类型与培养模式：一个初步框架［J］．会计研究，2022（11）：14－26.